Friederike Lampert
Tanzimprovisation

TanzScripte | hrsg. von Gabriele Brandstetter und Gabriele Klein | Band 7

Friederike Lampert (Dr. phil.), Theaterwissenschaftlerin und Choreographin, studierte Ballett an der Hochschule für Musik und darstellende Kunst in Frankfurt a.M. sowie Angewandte Theaterwissenschaft in Gießen. Sie arbeitete zehn Jahre lang professionell als Tänzerin. 2002-2006 arbeitete sie als wissenschaftliche Mitarbeiterin von Prof. Dr. Gabriele Klein am Fachbereich Bewegungswissenschaft, Performance Studies, an der Universität Hamburg und lehrte dort Theorie und Praxis von Tanz. Sie promovierte am Institut für Theaterwissenschaft an der FU Berlin (Prof. Dr. Gabriele Brandstetter). Außerdem wurde sie ausgezeichnet mit dem Tanzwissenschaftspreis NRW 2006.

FRIEDERIKE LAMPERT

Tanzimprovisation

Geschichte – Theorie – Verfahren – Vermittlung

[transcript]

Bibliografische Information der Deutschen Bibliothek
Die Deutsche Bibliothek verzeichnet diese Publikation in der Deutschen Nationalbibliografie; detaillierte bibliografische Daten sind im Internet über http://dnb.ddb.de abrufbar.

transcript Verlag | Hermannstraße 26 | D-33602 Bielefeld | live@transcript-verlag.de

Umschlaggestaltung & Innenlayout: Kordula Röckenhaus, Bielefeld
Umschlagabbildung: Amanda Miller, »Paralipomena« (2005);
© Joachim Hirschfeld, Freiburg
Lektorat & Satz: Friederike Lampert
Druck: Majuskel Medienproduktion GmbH, Wetzlar
ISBN 978-3-89942-743-1

Gedruckt auf alterungsbeständigem Papier mit chlorfrei gebleichtem Zellstoff.

Besuchen Sie uns im Internet: *http://www.transcript-verlag.de*

Bitte fordern Sie unser Gesamtverzeichnis und andere Broschüren an unter: *info@transcript-verlag.de*

Inhalt

Vorwort

Im Übergang vom 20. zum 21. Jahrhundert steht die Improvisation im westlichen künstlerischen Tanz hoch im Kurs. Betrachtet man Workshop-Programme der renommierten zeitgenössischen Tanzfestivals, so begegnen einem Kursangebote wie *instant instinct, contact improvisation, Solo-Improvisation, Technique of Simplicity, The Art of Forgetting, Flying Low* und *Improvisation for Performers.* Dieses Angebot der Weiterbildung für professionelle Tänzer[1] verdeutlicht, dass improvisatorische Verfahren schon längst im zeitgenössischen Choreographieren verwoben sind und neue improvisatorische Fähigkeiten und Kenntnisse der Tanzenden die Ästhetik des zeitgenössischen Tanzes auszeichnen.

Tänzerische Improvisation als Aufführungspraxis ist in den 1980er und 1990er Jahren mehr und mehr Bestandteil von Tanzaufführungen und choreographischen Systemen. Es werden nicht mehr nur fest einstudierte Choreographien den Zuschauern präsentiert, sondern mitunter stellt sich live improvisierter Tanz als künstlerisches Ereignis dar. Was sich dabei als neuartig für die Arbeit des Choreographen herausgestellt hat, ist nicht etwa das Improvisieren als kreatives Mittel zum Choreographieren zu nutzen - dies ist selbstverständlich immer Bestandteil des choreographischen Prozesses und des Tanzens an sich - sondern der systematische Umgang mit Improvisation, sei es im Rahmen der Live-Aufführung oder im analytischen Erforschen und Erweitern der Bewegungsquellen. Improvisatorische Verfahren kennzeich-

---

1 In dieser Arbeit wird aus pragmatischen Gründen durchgehend die männliche Form verwendet.

nen die Arbeiten von zeitgenössischen Choreographen, die die Ästhetik des Tanzes am Anfang des 21. Jahrhunderts entscheidend prägen, wie etwa William Forsythe, Boris Charmatz, Amanda Miller, Xavier le Roy, Meg Stuart, Jonathan Burrows, um nur wenige zu nennen. Sie alle beziehen sich und profitieren von den Choreographen des Postmodern Dance, wie etwa Steve Paxton und Trisha Brown, die in den 1960er und 1970er Jahren das Verständnis von Choreographie durch neue Verfahren, insbesondere der Improvisation und des systematisierten Zufalls, erweiterten.

Das Thema des vorliegenden Buches stellte sich aus der Praxis heraus. Während meiner Arbeit als Tänzerin (u.a. mit der Choreographin Amanda Miller) wurde ich immer wieder mit der Improvisationspraxis konfrontiert. Dabei erfuhr ich das kreative Potenzial der Improvisation als choreographisches Verfahren und insbesondere die Wichtigkeit der „Kunst des Improvisierens" sowie den systematischen Umgang mit Improvisation im Rahmen der Aufführung. Mit dem Thema der hier vorliegenden Dissertation, die Improvisationspraxis im Tanz in einen wissenschaftlichen Kontext zu setzen, wollte ich vor allem deutlich machen, dass künstlerische Improvisation ein Handwerk ist, welches dazu befähigt spontan nach choreographischen Prinzipien zu komponieren. Die weitere Auseinandersetzung forderte den Wandel der Bedeutung von Improvisation im Tanz anhand der jüngeren Geschichte des Tanzes auszuarbeiten und die Formenentstehung der Improvisation mit theoretischen Aspekten zu verbinden. Zudem kommen exemplarisch verschiedene improvisatorische Verfahren und die Vermittlung von Tanzimprovisation in den Blick. Durch diese Verknüpfung unterschiedlicher Aspekte der Improvisation im Tanz habe ich versucht ein komplexes Geflecht über Improvisation entstehen zu lassen und durch diese Herangehensweise dem Begriff der Tanzimprovisation gerecht zu werden. So ist es mein Anliegen mit diesem Buch den Begriff der ‚Tanzimprovisation' neu zu verhandeln und einer wissenschaftlichen Analyse zugänglich zu machen.

Mein Dank gilt insbesondere meinen Betreuerinnen Prof. Dr. Gabriele Brandstetter und Prof. Dr. Gabriele Klein, die mir immer motivierend zur Seite standen, Prof. Dr. Ursula Renner-Henke, die mir dazu verhalf mit der Dissertation zu beginnen, der Förderung für Nachwuchswissenschaftlerinnen von der Albert-Ludwig-Universität Freiburg durch ein Stipendium (HSP 3), Amanda Miller und meinen Kollegen der Pretty Ugly Dancecompany durch die ich so wertvolle Praxiserfahrung gesammelt habe, Tänzer und Choreographen, mit denen ich intensive Gespräche über Improvisation geführt habe: Pim Boonprakob, Jonathan Burrows, Anouk van Dijk, Vitor Garcia, Rick Kam, Jennifer Grisette, Jenny Haak, Nik Haffner, Deborah Jones, Michael Schumacher und Martin Sonderkamp. Ebenso gilt mein Dank Imke Schmincke und Malte Friedrich für ihre aufmunternde Kritik und nicht zuletzt Melanie Haller, die mich in der Endphase durch Korrekturlesen sehr unterstützte.

Einleitung

Verortung der Tanzimprovisation

Der Terminus ‚Improvisation' kommt von dem lateinischen Wort ‚improvisus' und bedeutet: nicht vorhergesehen, unvermutet. Die Wörter ‚improvvisare' (ital.), aus dem Stehgreif dichten, und ‚improviser' (frz.) ‚reden' gehen auf das Wort ‚improvisation' (seit 1807) zurück. Der Begriff ‚Improvisation' wurde im 19. Jahrhundert aus dem Französischen ins Deutsche übernommen und verdrängte dann zunehmend den Begriff der ‚Stehgreifdarbietung'.[1] Die Hauptgebiete der Improvisation sind Musik, Malerei, Theater und Tanz.

In der Musik sind verschiedene Formen der Improvisation zu finden. Sie wird in einer festgefügten Form praktiziert, wie etwa in Variation, Fuge, Kadenz und Choralbearbeitung, wie auch in ‚freieren' Formen wie in der Zufallsmusik, Aleatorik und der Indetermination. Mitte des 20. Jahrhunderts erfolgte eine intensive Auseinandersetzung mit dem Begriff der Improvisation im Hinblick auf die Entstehung ‚offener Kunstwerke'. Komponisten wie John Cage, Boulez und Stockhausen experimentierten mit neuen Kompositionsformen und fanden jeweils ver-

1 Vgl. Heide Eilert: Improvisation, in: Harald Fricke/u.a. (Hg.): Reallexikon der deutschen Literaturwissenschaft, Bd. II. Berlin/u.a.: de Gruyter 2000, S. 140-142, hier S. 140.

schiedene kompositionstheoretische Ansätze im Umgang mit Improvisation.[2]

Im Theater wird die Improvisation als das spontane, freie Spiel ohne oder mit wenig Vorgaben charakterisiert. Sie erscheint in Theaterformen wie den Volkskomödien der Antike, in den Zwischenspielen des mittelalterlichen Dramas, der Commedia dell'Arte und im Stehgreifspiel. Durch das fixierte Literaturtheater und der auftretenden Tendenz zur Texttreue im 18. und 19. Jahrhundert trat die Improvisation in den Hintergrund und wurde erst wieder durch die bildende Kunst der Avantgarde im 20. Jahrhundert als Stilmittel für offenere Theaterformen interessant.[3] Die Künstler des Dadaismus und Surrealismus entfalteten in ihren Experimenten die Improvisation und den Zufall als Kunstform. Man denke hier beispielsweise an die spontanen Lautgedichte und improvisierten Maskentänze der Dadaisten im Café Voltaire oder die von André Breton entwickelte surrealistische Technik der *ecriture automatique*.[4] Dieser künstlerische Umgang mit dem Zufall mündete in der Performance-Kunst der 1960er und 1970er Jahre, bei der die Grenzen der verschiedenen Künste - sei es Malerei, Musik, Schauspiel, Tanz - überschritten wurden. Für die Abstrakten Expressionisten, Action-Painting-Künstler (z.B. Jackson Pollock) oder die Fluxus-Bewegung (z.B. Joseph Beuys) war improvisatorisches Arbeiten unverzichtbar, welches nicht die Kunst, sondern den künstlerischen Vollzug dieser - den Prozess als Kunst - herausstellte.

Während im traditionellen Schauspieltheater die Improvisation vor allem ein grundlegendes Mittel für die Rollenerarbeitung und somit wichtiger Bestandteil der Schauspielausbildung ist, haben sich auch auf Live-Improvisation spezialisierte Improvisationstheater gebildet. Keith Johnstone prägt für eine besondere Form der Theaterimprovisation den Begriff ‚Theatersport'.[5] Improvisationstheater geht auf die Prinzipien

2 Vgl. Sabine Feist: Der Begriff ‚Improvisation' in der neuen Musik, Sinzig: Schewe 1997.
In dieser Studie veranschaulicht Sabine Feist den Facettenreichtum und die verschiedenen Bedeutungszumessungen des Begriffes der Improvisation in der neuen Musik.

3 Vgl. H. Eilert: Improvisation, S. 141.

4 Eine ausführliche Arbeit über die Künste des Zufalls im 20. Jahrhundert liefert Holger Schulze mit seiner Dissertation: Das aleatorische Spiel: Erkundung und Anwendung der nichtintentionalen Werkgenese im 20. Jahrhundert, München: Fink 2000.

5 Die Schauspieltheorien von Konstantin S. Stanislawski sind grundlegend für improvisatorische Trainingsmethoden, welche später durch Lee Stras-

der Commedia dell'Arte und des Stehgreifspiels zurück und ist im Bereich der Comedy anzusiedeln. In postmodernen Theaterformen wird Improvisation systematisch, vor allem in Interaktion mit den Zuschauern in den Stückverlauf eingesetzt, wie beispielsweise die Arbeiten der Wooster Group, Bak-Truppen, Forced Entertainment, She She Pop oder Show Case Beat Le Mot zeigen.

Im Tanz ist die Praxis der Improvisation weitaus weniger erprobt, als in Musik und Schauspiel, wo sie sich in Kompositionsmethoden und als Lehrmittel etabliert hat. Die Tanzimprovisation spielt zunächst keine nennenswerte Rolle in der Bühnentanzgeschichte. Erst mit Beginn des 20. Jahrhunderts wird dem Begriff der Improvisation im Tanz eine Bedeutung zugemessen. Durch die Vertreterinnen der Tanz-Avantgarde (Loie Fuller, Isadora Duncan) wird die Geschlossenheit des akademisch kodifizierten Balletts in Frage gestellt. Das Zufällige, Transitorische und Flüchtige als Kennzeichen der Moderne wird im modernen Tanz mit dem Begriff der Improvisation verbunden[6], im Gegensatz zum festgelegten choreographischen Werk. In der ersten Hälfte des 20. Jahrhunderts stellt Improvisation ein Mittel im choreographischen Prozess dar, das jedoch weniger in der Aufführung (als Performance) für die Präsentation eines ‚Offenen Werkes' genutzt wird. Erst ab den 1950/1960er Jahren wird Improvisation bewusst während der Tanzaufführung eingesetzt und damit wird nicht nur die Tradition der Präsentation bestimmter Tanztechniken auf der Bühne gebrochen, sondern die Improvisation bringt auch die Möglichkeiten völlig neuer choreographischer Konzepte für den Bühnentanz ins Spiel.

Improvisatorische Tanzformen anderer Kulturen, wie indischer Tanz, afrikanischer Tanz, Butoh sowie die Funktion der Improvisation in Gesellschaftstänzen, des Flamenco und des Showtanzes (Step, Jazz Dance) werden in der vorliegenden Arbeit nicht berücksichtigt. Diese bedürfen einer eigenen wissenschaftlichen Betrachtung.

Die Konzentration liegt auf dem Umgang mit Improvisation, insbesondere als Live-Kunst, im westlichen Kunsttanz. Der Schwerpunkt

berg weiterentwickelt wurden. Vgl.: Hans-Wolfgang Nickel: Improvisation, in: Manfred Brauneck/Gerard Schneilin (Hg.): Theaterlexikon, Hamburg: Rowohlt 1986, S. 411. Und zum Thema ‚Theater und Improvisation' vgl. auch: Keith Johnstone: Improvisation und Theater, Berlin: Alexander 1993.

6 Vgl. Gabriele Brandstetter: Tanz-Lektüren. Körperbilder und Raumfiguren der Avantgarde, Frankfurt/M.: Fischer 1995, S. 35.

wird auf Choreographen des Postmodern Dance und des zeitgenössischen Tanzes der 1980er und 1990er Jahre gesetzt.

Fragestellung und Ziel

Der Wandel des Choreographie-Begriffes, der sich durch die Etablierung der Improvisationspraxis im künstlerischen Tanz im 20. Jahrhundert vollzogen hat, ist bisher nicht wissenschaftlich untersucht worden.

Die vorliegende Arbeit soll Einsicht geben in Geschichte, theoretische Aspekte, künstlerische Verfahren und in die Vermittlung von künstlerischer Tanzimprovisation. Zentrale Fragestellung ist dabei nicht nur wie im Laufe des 20. Jahrhunderts mit Improvisation im Tanz umgegangen wird, sondern vor allem *wie* die Formen in einer Improvisation entstehen und welche Strukturen sich für die Form[7] verantwortlich zeigen. Das Besondere und das Schöpferische der Improvisation liegt in der Hervorbringung von ungeplanter, überraschender, ‚andersartiger' Bewegung. Deswegen haben sich mir folgende Fragen gestellt: Wie stellen sich diese ‚andersartigen' Bewegungen her? Und welche Aspekte spielen bei der Formenentstehung der improvisatorischen Bewegung eine Rolle?

In der folgenden Untersuchung liegt demnach der Schwerpunkt auf der Aufdeckung von formbildenden Aspekten der Improvisation, der sich wie ein roter Faden durch die Arbeit zieht. Demnach lassen sich diese Aspekte, im Folgenden als Thesen formuliert, an der Gliederung der Studie in vier Teilen ablesen:

1. Geschichten: Die Form einer Tanzimprovisation ist zurückzuführen auf das jeweilige Verständnis von Improvisation und dem jeweiligen tänzerischen Umgang mit Improvisation. Unterschiedliche Umgangsweisen und Konzepte von Improvisation werden in Teil I aufgezeigt, die sich im Laufe der Tanzimprovisationsgeschichte entwickelt haben.
2. Theorie: Die Form einer Tanzimprovisation ist zurückzuführen auf Geschichte und Diskurs des Körpers, den habitualisierten Körper,

7 Mit dem Begriff der Form des Tanzes frage ich nach dem *Umriss*, der den jeweiligen Tanz ausmacht. Es geht also um die äußerlich sichtbare Form. Gleich welche künstlerischer Absicht der Tanzende hat - ob Tanz verstanden als Sichtbarmachen von inneren Bewegungen oder Tanz verstanden als pure Bewegung - der Umriss des Tanzes steht immer im Vordergrund.

sowie den Umgang mit dem Zufall, der emergente Bewegungsabläufe zustande kommen lässt. Im zweiten Teil wird der tänzerische Habitus und der Prozess der Erneuerung beleuchtet.

3. Verfahren: Die Form einer Tanzimprovisation ist zurückzuführen auf auferlegte künstlerische Strukturen (Pläne, scores) nach denen die Tanzenden sich während der Improvisation orientieren. Improvisatorische Verfahren von zeitgenössischen Choreographen, die improvistorische Strukturen live anwenden, werden im dritten Teil exemplarisch analysiert.
4. Vermittlung: Die Form einer Tanzimprovisation ist zurückzuführen auf die Kunstfertigkeit der erlernten Improvisationstechniken. Die Kunst der Kombinatorik als wesentliches Handwerk und ein pädagogisches Konzept für die Vermittlung von Improvisation werden im vierten Teil vorgestellt.

Ziel dieser Arbeit ist es zum einen die Praxis und den Begriff der künstlerischen Tanzimprovisation auszudifferenzieren und das Verständnis von zeitgenössischer Choreographie zu erweitern und zum anderen die Formenentstehung der Improvisation aufzudecken. Damit möchte ich mit dieser Arbeit einen Beitrag leisten zur wissenschaftlichen Erkenntnis in Tanzforschung und Tanzpädagogik.

Stand der Forschung

Bisher gibt es in der deutschsprachigen wissenschaftlichen Literatur nur wenige Arbeiten über Improvisation im künstlerischen Tanz. Die meisten Schriften über Tanzimprovisation sind zunächst im pädagogischen Bereich anzusiedeln. Den Grundstein für eine Didaktik der Tanzimprovisation legte Rudolf von Laban mit seinem 1948 publizierten Werk: Der Moderne Ausdruckstanz in der Erziehung[8], in dem er ein systematisiertes Spektrum von Bewegungsthemen für die Tanzimprovisation (er nannte es eine ‚freie' Tanztechnik) aufstellte. Später erwieterte Barbara Haselbach die Didaktik der Tanzimprovisation mit ihrer einflussreichen Arbeit: Improvisation Tanz Bewegung.[9] Sie erweitert darin Labans ausgeführte Improvisationsquellen durch ‚Material'. Im-

8 Vgl. Rudolf von Laban: Der Moderne Ausdruckstanz in der Erziehung, Wilhelmshaven: Noetzel [4]1998 (1948).

9 Vgl. Barbara Haselbach: Improvisation Tanz Bewegung, Stuttgart: Klett [6]1993.

provisiert wird nicht nur mit dem Körper, sondern auch mit Material wie Objekte, Geräte, Ornamentik, Sprache und Malerei. Dabei betrachtet sie Improvisation als einen wechselseitigen Prozess zwischen Erfahrung und Gestaltung und fokussiert die durch Tanzimprovisation hervorgerufene Persönlichkeitsentfaltung und kreative Bildung. Einschlägiges Werk zu einer Pädagogik der Tanzimprovisation ist auch Maja Lex und Graziela Padillas Untersuchung des elementaren Tanzes in ihren dreibändigem Werk: Elementarer Tanz.[10] In der Ausdifferenzierung pädagogischer Konzepte des modernen Tanzes liefert Claudia Fleischle-Braun umfassende Vermittlungsvorschläge für eine tänzerische Grundlagenausbildung.[11] Insbesondere durch die genauere Betrachtung des *New Dance* rückt die Improvisation als Gestaltung im Augenblick und als explorative Methode im Unterricht in den Vordergrund.

Tanzpädagogische Aufsätze wie Wiebke Dröges Untersuchung zur Improvisation in der Gruppe[12], Susanne Quintens Thematisierung von Vorstellungsbildern und Bewegungslernen durch Improvisation[13] und Ursula Schorns Betrachtung von Anna Halprins ‚Life-Art-Process'[14] verdeutlichen ebenso das zunehmende Interesse einer detaillierten Auseinandersetzung mit künstlerischer Tanzimprovisation.

Weniger wissenschaftlich, dennoch als bemerkenswerte Auseinandersetzung mit der Tanzimprovisations-Praxis zu erwähnen, ist die 2004 erschienene Arbeit von Ronald Blum: Die Kunst des Fügens. Tanztheaterimprovisation.[15] Er betrachtet darin Improvisationstechniken für das Tanztheater und fokussiert dabei wesentliche Aspekte für die Improvisation als Live-Kunst. Eine ausführliche Beschreibung der Prin-

10 Vgl. Maja Lex/Graziela Padilla: Elementarer Tanz, 3 Bände, Wilhelmshaven: Noetzel ²1997.

11 Vgl. Claudia Fleischle-Braun: Der moderne Tanz. Geschichte und Vermittlungskonzepte, Butzbach-Griedel, Afra 2002.

12 Vgl. Wiebke Dröge: Tanzimprovisation als Performance. Eine Einführung in spontanes Komponieren, in: SportPraxis, 5(2003), S. 17-22.

13 Vgl. Susanne Quinten: Vorstellungsbilder und Bewegungslernen, in: Gesellschaft für Tanzforschung (Hg.), Jahrbuch Tanzforschung 10, Hamburg: Lit 2000, S. 245-256.

14 Vgl. Ursula Schorn: Anna Halprin's Life-Art-Process, in: Gesellschaft für Tanzforschung (Hg.): Jahrbuch Tanzforschung 10, Hamburg: Lit 2000, S. 257-280.

15 Vgl. Ronald Blum: Die Kunst des Fügens. Tanztheaterimprovisation, Oberhausen: Athena 2004.

zipien und Aufgaben der Kontaktimprovisation liefert außerdem Thomas Kaltenbrunner.[16]

Weiter sind nur zwei Monographien zu nennen, die sich speziell zu Improvisation im Tanz auch mit einem theoretischen Ansatz auseinandersetzen: Tai F. Deharde[17] und Martina Bolaender[18].

Tai F. Deharde versucht Rudolf von Labans pädagogisches Konzept zu erweitern. Sie führt aus, dass Labans Bewegungslehre nicht genügt, um emotionale Ausdrucksqualitäten zu erreichen. Neben einer phänomenologischen Annährung an den Tanz, dass sich nur auf einen Teilbereich von Improvisation konzentriert (Tanz als Spiel), wird ein methodisch-didaktisches Konzept vorgeschlagen, dass auf die innere Symbolbildung der Improvisierenden wirken soll. Dabei verfolgt Deharde eine essentielle Vorstellung von Tanz, der als innerer Ausdruck des Leibes verstanden wird. Durch ihr Konzept soll die Wahrnehmungs- und Ausdrucksfähigkeit erweitert werden, die bis zu „transpersonalen Seinserfahrungen führen kann."[19] Ziel dieser Arbeit ist es, Improvisation im Tanz verstanden als Mittel zur Selbsterkenntnis, Selbsterfahrung und schöpferischer Selbstgestaltung in die ästhetische Erziehung einzubinden.

Martina Bolaender verfolgt in ihrer Studie ‚Tanz und Imagination' ein Konzept der Tanzimprovisation, dass sich als ‚Aktive Imagination' auszeichnet. Mit einem psychologisch-therapeutischen Hintergrund entwickelt sie einen Ansatz, der die Gestaltungsprozesse der Improvisation durch Körperbewusstheit und Körperbewusstsein integrativ zu verbinden sucht. Hier wird Tanzimprovisation als identitätsbildend verstanden.

Dass Improvisation im Tanz auch als durchweg formales Kompositionsmittel verstanden werden kann (jenseits des Ziels der Persönlichkeitsentfaltung, Selbsterfahrung und Identitätsbildung), wird weder in Dehardes noch in Bolaenders Studie fokussiert. Diese Auseinandersetzung findet erst in der neueren Tanzwissenschaft statt, indem der

16 Vgl. Thomas Kaltenbrunner: Contact Improvisation. Mit einer Einführung in New Dance, Aachen: Meyer und Meyer 1998. Vgl. auch Ulla Brinkmann: Kontaktimprovisation. Neue Bewegung im Tanz, Frankfurt/ M., Griedel: Afra 1999.

17 Vgl. Tai F. Deharde: Tanz-Improvisation in der ästhetischen Erziehung unter dem Aspekt ihrer Sinn-haftigkeit, Bern/Stuttgart: Haupt 1978.

18 Martina Bolaender: Tanz und Imagination. Verwirklichung des Selbst im künstlerischen und pädagogisch-therapeutischen Prozess, Paderborn: Junfermann 1992.

19 Tai F. Deharde: Tanz-Improvisation, S. 29.

Improvisation eine wichtige und paradigmatische Bedeutung für choreographische Verfahren zugemessen wird. Deutlich wird dies durch die von Gerald Siegmund herausgegebene Anthologie: William Forsythe. Denken in Bewegung[20], in der durch Tänzer und Tanzwissenschaftler die choreographischen Werke, die sich mitunter durch improvisatorische Verfahren auszeichnen, genau betrachtet werden. Durch das von Forsythe (aufbauend auf Laban) entwickelte Improvisationssystem ‚Improvisation Technologies' wird die Improvisation als räumlich-orientierte, formale Bewegungserzeugung verstanden, und prägt damit Forsythes Tanzästhetik. Kerstin Everts Untersuchungen über William Forsythes Arbeitsweise geben Aufschluss über seinen systematischen Umgang mit Improvisation, die sich als Methode für eine Ballettästhetik als völlig neuartig erweist.[21] Ebenso wird das tanzwissenschaftliche Interesse an einer Begriffsbestimmung von Improvisation im Tanz deutlich, wenn Gabriele Brandstetter in ihrem Aufsatz ‚Choreographie als Grabmal. Das Gedächtnis von Bewegung' die Definition der Improvisation als „Bewegung aus Regellosigkeit, als zufalls- oder emotionsgesteuerter ‚Nicht-Code'"[22] hinterfragt.

Die Frage nach einer Theorie der Tanzimprovisation kommt auf. Dies zeigt die 2004 durchgeführte Tagung der Arbeitskreise TanzPädagogik und TanzKunst der Gesellschaft für Tanzforschung, bei der festgestellt wurde, dass man noch weit entfernt sei hierfür einen Vorschlag zu formulieren. Es wurde aber deutlich, dass die Diskussionen um Improvisation und deren unterschiedliche Verfahren seit den 1960er Jahren enorm zugenommen hat und dass der Prozess der Erforschung noch lange nicht abgeschlossen ist.[23] Das 1999 gegründete Deutsche Institut für Improvisation ist um einen interdisziplinären Austausch zwischen Musik, Malerei und Tanz bemüht – dargestellt wird dies in einer

20 Vgl. Gerald Siegmund (Hg.): William Forsythe. Denken in Bewegung, Berlin: Henschel 2004.

21 Vgl. Kerstin Evert: William Forsythes Poetry of Disappearance, in: Gesellschaft für Tanzforschung (Hg.), Jahrbuch Tanzforschung 9, Wilhelmshaven: Noetzel 1998, S. 140-173.

22 Gabriele Brandstetter: Choreographie als Grabmal. Das Gedächtnis von Bewegung, in: Gabriele Brandstetter/Hortensia Völckers (Hg.), ReMembering the Body, Ostfildern-Ruit: Hatje Cantz 2000.

23 Vgl. Heide Lazarus: Tanzen und Würfeln – Improvisation und Imagination im Tanz. Abschlussdiskussion der Arbeitskreis-Jahrestagung, in: Gesellschaft für Tanzforschung: Newsletter, aktuell.sommer.05, (2005), S. 20.

Textsammlung, die die Form des ‚Dresdner Improvisierens' thematisiert.[24]

In der anglo-amerikanischen Tanzforschung fand viel früher als in der deutschsprachigen Tanzforschung eine Auseinandersetzung mit improvisatorischen Verfahren statt, da diese vor allem durch die Entwicklung des amerikanischen Postmodern Dance und seine frühen Experimente mit Improvisation als formales Kompositionsmittel, sich auch dem formalen Tanz gegenüber sah.[25]

Zu nennen sind hier Autorinnen, die sich mit dem amerikanischen Postmodern Dance auseinandersetzen, wie Sally Banes, Cynthia J. Novack und Susan Leigh Foster. Die wissenschaftliche Untersuchung des Postmodern Dance bringt eine Beschreibung des Umgangs mit Improvisation verschiedener Choreographen mit sich. Exemplarisch dafür behandelt Sally Banes in ihrem Buch ‚Terpsichore in Sneakers. Post-Modern Dance' vornehmlich die Tanz-Experimente der Judson Church Gruppe und verdeutlicht wichtige Arbeitsweisen der Tanzimprovisation.[26]

Eine detaillierte Analyse von der Tanzform Contact Improvisation unternimmt Cynthia J. Novack in ihrer Studie ‚Sharing the Dance. Con-

24 Vgl. Angela Rannow (Hg.): Mondscheingiraffen. 25 Jahre Winterkurs für Improvisation und 1. Symposion *Improvisation und Pädagogik* in Dresden, Dresden: Tanzwissenschaft e.V. 2004.

25 In den deutschsprachigen Ländern ist die ästhetische Tanzentwicklung eindeutig durch den zweiten Weltkrieg unterbrochen worden. Dies ist eine Erklärung dafür, warum die experimentellen Ansätze im Tanz in Deutschland nicht weiter entwickelt werden konnten. Vor allem die formalen Ansätze im Tanz, die durch das Bauhaus und die Arbeiten von Oskar Schlemmer verfolgt wurden, hatten in Deutschland zu dieser Zeit keinen Gestaltungsraum mehr. Bauhaus-Künstler emigrierten nach Amerika, wo die Bauhaustradition, wie z.B. von Xanti Schawinsky und Joseph Albers, am Black Mountain College in North Carolina, fortgeführt werden konnte. Die Bühnenexperimente am Black Mountain College beeinflussten vor allem Künstler, die sich später für die Entwicklung der Performance-Kunst und des Postmodern Dance verantwortich zeigten. Einschneidendes künstlerisches Ereignis war dort das *Theatre Piece Nr. 1*, aufgeführt von Künstlern unterschiedlicher Disziplinen wie Robert Rauschenberg, Franz Kline, John Cage, Merce Cunningham, David Tudor. Vgl.: Rose Lee Goldberg: Performance Art: From Futurism to the Present, New York: H.N. Abrams 1988, S. 122.

26 Vgl. Sally Banes: Terpsichores in Sneakers. Post-Modern Dance. Hanover: Wesleyan University Press 1987.

tact Improvisation and American Culture'.[27] Sie verdeutlicht den geschichtlichen, sozialen und kulturellen Zusammenhang in der Entwicklung von Contact Improvisation. Dabei fließen Aspekte der Tanzimprovisation im Kontext der amerikanischen Gesellschaft ein. Novack stellt die Praxis und Entwicklung der Kontaktimprovisation als Tanzform heraus, bei der zeitweise die Überwindung von gesellschaftlich konstruierten Dichotomien wie Kultur/Natur, Fixiertes/Flüchtiges, Gedanke/Gefühl, Geist/Körper, Kontrolle/Intuition, männlich/weiblich gelingt.[28]

Eine für die Tanzimprovisations-Forschung bedeutende Arbeit ist das 2002 herausgegebene Buch von Susan Leigh Foster: Dances that Describe Themselves. The Improvised Choreography of Richard Bull.[29] Foster beschäftigt sich darin ausführlich mit den choreographischen Arbeiten von Richard Bull, der als ausgebildeter Jazz-Musiker, Improvisation immer als choreographisches Verfahren verstand. Über die Analyse seiner ‚improvisierten Choreographien' entwirft sie gleichzeitig theoretische Gedankengänge über Tanzimprovisation, die vor allem den Vorgang und die Tatsache der Strukturiertheit und der Geplantheit einer Improvisation betonen.

Weiter ist unbedingt zu erwähnen die 2003 erschienene Anthologie: ‚Taken by Surprise. A Dance Improvisation Reader'[30], herausgegeben von Ann Cooper Albright und David Gere. Tänzer, Wissenschaftler und Historiker reflektieren darin die Entwicklung der Tanzimprovisation als Kompositions- und Performancemittel in einem weiten Spektrum von Tanzkontexten. Mit Aufsätzen von Susan Leigh Foster (Taken by Surprise. Improvisation in Dance and Mind) oder Kent de Spain (The Cutting Edge of Awareness. Reports from the Inside of Improvisation) wird versucht die Erkenntnislücke zwischen Theorie und Praxis zu schließen. Darüber hinaus wird der Kanon der Tanzimprovisation erweitert durch Themen wie computer-basierte Choreographie, Er-

27 Vgl. Cynthia J. Novack: Sharing the Dance. Contact Improvisation and American Culture, Wisconsin: University of Wisconsin Press 1990.

28 Vgl. ebd., S. 193.

29 Vgl. Susan Leigh Foster: Dances that Describe themselves. The Improvised Choreography of Richard Bull, Connecticut: Wesleyan University Press 2002.

30 Vgl. Ann Cooper Albright/Richard Gere (Hg.): Taken by Surprise. A Dance Improvisation Reader, Connecticut: Wesleyan University Press 2003.

neuerungen im Steptanz, Improvisation im afrikanischen und indischen Tanz sowie alltägliche Improvisation.

Die Relevanz einer soziologischen Bearbeitung von Tanzimprovisation zeigt der Aufsatz von Elaine Clark-Rapley: Dancing bodies: Moving beyond Marxian views of human activity, relations and consciousness.[31] Darin erklärt sie die Improvisation als eine innovative Tätigkeit, bei der die Grenzen des Gewussten im dialektischen Prozess des Werdens erweitert werden.

Eine weniger erkenntnisreich, aber pädagogisch wertvolle Arbeit ist: The Moment of Movement. Dance Improvisation, von Lynne Anne Blom und L. Tarin Chaplin, die darin eine breite Palette von Tanzimprovisationsaufgaben vorstellen und daraus ein allgemeines Improvisationsvokabular, das vor allem an Lehrer, Tänzer und auch an Tanztherapeuten zur Anwendung adressiert ist.[32] Ebenfalls zur Anwendung in der Tanzpraxis gedacht ist das Buch von Daniel Nagrin: Dance and the specific image: Dance Improvisation. Diese Arbeit beinhaltet eine Vielzahl an Improvisationstechniken, die Daniel Nagrin mit seiner Tanzkompanie *Workgroup* entwickelt hat.[33] Ein weiteres einflussreiches Buch für die Tanzimprovisations-Praxis aus dem anglo-amerikanischen Bereich stellt das Buch ‚Body Space Image' von Miranda Tufnell und Chris Crickmay dar.[34] Darin formulieren sie einen Katalog von Improvisationsaufgaben im Rahmen von Tanz und Performance-Kunst.

Insgesamt betrachtet, zeigt der Stand der Forschung, dass vor allem in der deutschsprachigen Tanzwissenschaft eine umfassende Betrachtung und theoretische Auseinandersetzung mit der künstlerischen Tanzimprovisation – und dies insbesondere durch die Analyse zeitgenössischer improvisatorischer Verfahren – bisher nicht geliefert wurde. Insofern ist es Ziel der vorliegenden Arbeit diese Lücke in der Tanzwissenschaft zu füllen.

31 Vgl. Elaine Clark-Rapley: Dancing bodies: Moving beyond Marxian views of human activity, relations and consciousness, in: Journal for the Theory of Social Behaviour, Oxford: Blackwell 1999, S. 89-108.

32 Vgl. Lynne Anne Blom/L.Tarin Chaplin: The Moment of Movement. Dance Improvisation, Pittsburgh: University of Pittsburgh Press 1988.

33 Vgl. Daniel Nagrin: Dance and the Specific Image. Improvisation, Pittsburgh/London: University of Pittsburgh Press 1994.

34 Vgl. Miranda Tufnell/Chris Crickmay: Body Space Image. Notes towards improvisation and performance, Hampshire: Dance Books 1990.

Methode und Material

Über Tanzimprovisation zu schreiben, sie in Schrift festzuhalten, ist ein schwieriges Unternehmen. Dies liegt nicht nur daran, dass Tanz als flüchtige Kunst schwer in Schrift zu erfassen ist, sondern dass sich noch dazu die Eigenschaft der Improvisation jeglicher Fixierung entzieht. Somit ist der Begriff ,Tanz-Improvisation' gewissermaßen eine Verdopplung von Nicht-Fixierbarem. Es stellt sich bei der Beschreibung von Tanz immer das Problem der Unmöglichkeit der Fixierung von Bewegung. Denn ist der Tanz fixiert, ist es kein Tanz mehr. So kann eine Dokumentierung, ob Beschreibung oder Bewegungsnotation, niemals die Beschaffenheit des Tanzes widerspiegeln. „Tanz verschwindet; er ,währt nicht lange', denn so ist er eben beschaffen"[35], schreibt André Lepecki. Die Tanz-Dokumentierung versuche den Tanz festzuhalten, so dass der (schon vergangene) Tanz nicht verloren geht.

Kann aber für die Dokumentierung von Tanz eine Schriftform gefunden werden, die die Differenz zwischen der Beschaffenheit von Tanz und Schrift auflöst?

Diese viel diskutierte Frage nach der Beschreibbarkeit von Tanz mündet oft in dem Ansatz Tanz als etwas Unbeschreibbares zu verstehen und so den Tanz zu einem vorsprachlichen Erlebnis zu machen. So würde aber jedes analytische Unternehmen in der Tanzwissenschaft überflüssig werden. Tanz ist zwar ohne Frage als nicht-sprachliches Medium zu begreifen, dennoch gibt es Möglichkeiten der Beschreibbarkeit. Nach André Lepecki müsste die Entsprechung der Verschriftlichung von Tanz durch einen ,flüchtigen' Text geschehen, der gleichermaßen stets mit der eigenen Auslöschung konfrontiert ist. Er sieht eine Möglichkeit in Derridas Ansatz von der Schrift als Differenz. Da in Derridas Theorie Schrift gleichermaßen ins Flüchtige eingeht wie Tanz, sieht Lepecki hier die entsprechende Schriftform für Tanz. Es ginge dann bei der Dokumentierung von Tanz nicht mehr um den durch Schrift „erstarrten Leib"[36], sondern um Schrift, die ebenso schwer fassbar ist, wie die tänzerischen Schrittfolgen, auf die sie sich bezieht.

Trotz dieser logischen Schlussfolgerung, scheint mir dieser Ansatz Lepeckis für die Analyse der Tanzimprovisation schwer umsetzbar.

Eine schriftliche Entsprechung der Tanzimprovisation findet sich vielmehr in einem anderen Verständnis vom Verhältnis von Tanz und

35 Andre Lepecki: Manisch aufgeladene Gegenwärtigkeit, in: körper.kon. text. Das Jahrbuch (1999), Berlin, S. 84.

36 Ebd.

Schrift. Hierfür formuliert Gabriele Brandstetter einen Vorschlag, indem sie das Schreiben über Tanz als Erinnerung, als Kartographie von Bewegung, auch als Choreographie – „eine Form das Gedächtnis von Bewegung zu bewahren", versteht.[37] Gleichermaßen ist Schreiben über Tanz eine Begegnung zweier Kunstformen – Tanzkunst und Wortkunst begegnen sich im Medium der Schrift. Wie der bewegende Körper Spuren in den Raum schreibt, so wird auch jede Schrift von Bewegung als Schreib- und Lesebewegung zur Spur.[38] Schreiben wird hierbei wie der Tanz als Bewegung begriffen.

Auch Claudia Jeschke setzt sich mit einem anderen Verhältnis von Tanz und Schrift auseinander, indem sie das Aufschreiben von Tanz als choreographisches Schreiben versteht. Über den historisch hergeleiteten Begriff der Choreographie wird in ihrem Konzept deutlich, dass ‚Bewegung schreiben' immer auch choreographieren ist. Choreographie zeichnet sich als Verfahren aus, das sich in unterschiedlichen „Referenzsystemen von Wissen, Schreiben und Erfinden bestimmen lässt."[39]

Isa Wortelkamp kehrt in ihren Überlegungen über die Verschriftlichung des Flüchtigen das Verhältnis von Schrift und Tanz/von Bleibendem und Flüchtigen um.[40] Indem sie gerade der Schrift das Merkmal der Fixierung und Haltbarkeit entzieht, gesteht sie der Aufzeichnung des Tanzes durch das Gedächtnis bleibende Erinnerung zu. Während der Tanz durch die Verschriftlichung vergänglicher wird, bleibt vielmehr der Tanz in der Erinnerung gegenwärtig. So erfährt das Schreiben über Tanz eine Aufwertung, da es in diesem Konzept dem Gegenstand Tanz – dem Flüchtigen – entspricht.

Nun gilt es in der vorliegenden Arbeit nicht nur für Tanz eine Entsprechung zu finden, sondern für die bereits erwähnte ‚Verdopplung' des Nicht-Fixierbaren – der Tanzimprovisation.

Da die Tanzimprovisation eine Tätigkeit der Transformation ist, bietet es sich an das Augenmerk auf die *Übersetzung* von Tanz in Schrift zu legen. Janine Schulze verweist in diesem Zusammenhang auf Walter Benjamin, der das Kunstwerk im ständigen Prozess sieht, und dessen

37 Vgl. G. Brandstetter: Choreographie als Grabmal, S. 108.

38 Vgl. Ebd., S. 122.

39 Claudia Jeschke: Tanz als BewegungsText, in: Claudia Jeschke/Hans-Peter Bayerdörfer, Bewegung im Blick, Berlin: Vorwerk8 2000, S. 58.

40 Vgl. Isa Wortelkamp: Flüchtige Schrift/Bleibende Erinnerung. Der Tanz als Aufforderung an die Aufzeichnung, in: Gabriele Klein/Christa Zipprich (Hg.), Tanz Theorie Text, Münster: LIT 2002.

zeitliches Fortleben überhaupt erst durch die Übersetzung möglich ist. „Übersetzung meint in diesem Zusammenhang einen Prozess, der eine Annäherung an die Aufführung versucht, aber in dem er sie selbst in einen anderen Text überführt."[41] Eine Übersetzung von einem Medium (Tanz) in das andere (Schrift) geschieht auch beim Akt des Improvisierens: Informationen/Bilder (visuell oder imaginär) wirken auf den Körper ein und werden in Bewegung übersetzt. Improvisation ist also ein reiner Übersetzungsvorgang. Bei der Tanzschreibung passiert dies in umgekehrter Reihenfolge: Der Tanz ist der Primärtext und wird in einen anderen Text übertragen. Beides – die Tanzimprovisation und das Schreiben über Tanz – beruht also auf dem Prinzip der Informationsübertragung und Übersetzung. So ist das Schreiben über Tanz auch als Werk zu verstehen, das nicht nur versucht, den Tanz als Dokument zu fixieren, sondern ihn auch fortschreibt.

Während Lepecki die Übersetzung von Tanz in Schrift als ‚erstarrten Leib' sieht, spricht Schulze vielmehr von Erinnerungstexten.[42] Und diese sind eben auch Improvisationstexte: Der erinnerte wahrgenommene Tanz wird in Schrift übersetzt und während des Schreibens neu zusammengestellt. Die Tanzimprovisation gibt es nicht als Schrift. Sie gibt es nur als Übersetzung, als Erinnerung, die wir sprechen und aufschreiben.

Die schriftliche Entsprechung von Tanzimprovisation wird in der vorliegenden Arbeit somit als Übersetzungs- und Erinnerungstext verstanden, welcher in der Fortschreibung eine Annäherung an den Begriff der Tanzimprovisation sucht.

Das Schreiben verstehe ich als Textur, das Verbindungen und Anordnungen zwischen Teilen in einem Stoff – dem Stoff der Improvisation – schafft. Durch die Anordnung des Materials ergeben sich die Verbindungen der Buch-Textur – es entsteht ein Gewebe, gewebt aus Material, das aus multiplen Aspekten der Tanzimprovisation besteht.

Für eine Analyse der Tanzimprovisation musste für diese Arbeit eine Methode entwickelt werden, die aus einer Kombination verschiedener Instrumentarien besteht. Dies war unumgänglich, da das Thema der Tanzimprovisation eine weitreichende und verschiedene Bereiche

41 Janine Schulze: Dancing Bodies Dancing Gender, Dortmund: Ed. Ebersbach 1999, S. 34.

42 „Der Primärtext [Tanz], als Aufführung betrachtet, verschwindet schon im Moment seines Erscheinens. An seine Stelle treten »Erinnerungstexte« die im Prozess der Dokumentation versuchen den Primärtext zu rekonstruieren." Schulze: Dancing Bodies Dancing Gender, S. 34.

umfassende Auseinandersetzung fordert. Methoden der Tanzanalyse und Aufführungsanalyse werden zum Teil angewandt. Schablonen dafür, die die zu analysierenden Parameter für Tanz aufzeigen, bieten Janet Adsheads Buch ‚Dance Analyses'[43] und Claudia Jeschkes und Cary Ricks Erarbeitung einer Analysemethode ‚IVB' sowie Methoden der Aufführungsanalyse.[44] Da es aber bei dieser Untersuchung nicht nur darum geht Tanz, wie er erscheint, zu analysieren, sondern vor allem die *Auslöser* von Tanz zu suchen, musste eine Struktur gefunden werden, die die Quellen der *Erzeugung* von Bewegung widerspiegelt. Dies führte mich zur zentralen Fragestellung – die Frage nach der Formenentstehung der Improvisation, der in vier Teilen, wie anfangs schon erwähnt, nachgegangen wird.

Im ersten Teil werden Geschichten der Tanzimprovisation erzählt, um die Vielfalt der unterschiedlichen Konzepte von Improvisation, die sich im Laufe der Tanzgeschichte entwickelt haben, zu verdeutlichen. Durch Interpretation und Systematisierung des Materials (siehe Material-Teil) fanden sich sechs Kategorien für Improvisation im künstlerischen Tanz: Improvisation

- im Ausdruckstanz
- als Experiment und Bewegungsforschung
- als Live-Kunst
- im Ballett
- im Tanztheater
- im reflexiven Postmodern Dance

Die verschiedenen Tanzimprovisationskonzepte werden auf ihren geschichtlichen und gesellschaftspolitischen Hintergrund kontextualisiert sowie ihre jeweiligen Körperkonzepte und die künstlerische Absicht konkretisiert.

Im zweiten Teil findet eine theoretische Auseinandersetzung mit der Formenentstehung der Tanzimprovisation statt. Die Formen, welche sich in einer tänzerischen Improvisation realisieren sind zurückzuführen auf den tanzenden Körper und dessen erlernte Tanztechniken und Bewegungsgewohnheiten. Hierzu wird zunächst der Körper-Diskurs besprochen und dann die unterschiedlichen Tanztechniken und

43 Vgl. Janet Adshead: Dance Analysis: Theory and practice, London: Dance Books 1988.

44 Vgl. Guido Hiß: Der theatralische Blick: Einführung in die Aufführungsanalyse, Berlin: Reimer 1993: sowie Erika Fischer-Lichte: Semiotik des Theaters, Bd 3: Die Aufführung als Text, Tübingen: Narr 1983.

deren Einfluss auf die Form des Körpers, des jeweiligen Ideal-Körpers, beschrieben. Um die Einschreibung von Bewegungsgewohnheiten und deren Erneuerungen, die in der Tanzimprovisation zum Ausdruck kommen zu untersuchen wird eine soziologische Perspektive eingenommen, indem eine Übertragung des Habitus-Konzept von Pierre Bourdieu auf das Feld des Tanzes unternommen wird. Hinzu stellt sich die Frage nach dem Prozess der Erneuerung in der Improvisation. Oder anders gesagt: Die Frage der Erneuerung stellt die Improvisation in den Fokus. Der offene Umgang mit dem Zufall wird dabei als wesentlicher Bestandteil für Erneuerungen herausgestellt.

Im dritten Teil werden am Beispiel von fünf zeitgenössischen Choreographen/Tanzformen verschiedene improvisatorische Verfahren vorgestellt: Trisha Brown, Kontaktimprovisation, William Forsythe, Amanda Miller und Jonathan Burrows. An diesen Beispielen wird gezeigt, wie die auferlegten ästhetischen Konzepte der jeweiligen Künstler den improvisierten Tanz strukturieren und formen. Spezifische Merkmale werden herausgefiltert, um eine Differenzierung der unterschiedlichen Verfahren zu erreichen.

Im vierten Teil wird die Vermittlung von Kunstfertigkeiten der tänzerischen Improvisation aufgezeigt. Die Kunst der Kombinatorik, welche ich hier als wichtigste Fertigkeit für die spontane Komposition betrachte, und die Verdeutlichung von verschiedenen Improvisationsgraden, gibt Aufschluss über Formung und Formbarkeit einer tänzerischen Improvisation. Im Anschluss wird auf der Basis der Neun-Punkte-Technik ein eigenes pädagogisches Konzept für die Tanzimprovisation vorgestellt.

Das Analysematerial besteht aus verschiedenen Quellen. Für die Analyse der Tanzimprovisation wurde folgendes Material interpretierend ausgewertet:

- zehn Interviews[45] mit professionellen Tänzern/Choreographen: Vitor Garcia, Deborah Jones, Michael Schumacher, Jennifer Grisette, Nik Haffner, Jenny Haak, Martin Sonderkamp, Jonathan Burrows, Amanda Miller, Anouk van Dijk.
- eine umfangreiche Interview-Zusammenstellung zeitgenössischer Tänzer/Choreographen von Agnes Benois.[46]

45 Diese Interviews wurden nach einem Leitfaden geführt und anschließend interpretiert. Die wesentlichen Aspekte wurden herausgefiltert und dienten zur Inspiration und Strukturierung der Arbeit.

46 Vgl. Agnes Benois: Nouvelles de Danse 32/33. On the Edge. Dialogues on dance improvisation in performance, Brüssel: Nouvelles de Danse 1995.

- Die Gesamtausgabe der amerikanischen Zeitschrift Contact Quarterly.[47]
- Besuchte Aufführungen, Videodokumentationen, Interviews und Notationen der ausgewählten Choreographen.
- Ein selbst aufgenommenes Video des Improvisationsabends *Once in a lifetime* des Ballett Freiburg Pretty Ugly am Stadttheater Freiburg (1999).
- Tanzhistorische, tanzwissenschaftliche und journalistische Beschreibungen zu den verschiedenen Choreographen.
- Eigene Lehr- und Praxiserfahrung.

Neben dem Analysematerial, welches von Außen durch den Forscherblick betrachtet wird, ist die eigene Praxiserfahrung als professionelle Tänzerin von großer Relevanz für die theoretische Annäherung an die Tanzimprovisation. Ohne die Distanz der Wissenschaftlerin zu verlieren, erfolgt so auch eine ‚Beobachtung von Innen' – aus der Praxis heraus. Diese Innen-Perspektive wird dabei immer wieder mit dem Außenblick verglichen und überprüft, um so die wesentlichen Aspekte in Praxis und Theorie der Tanzimprovisation aufzuzeigen.

Choreographie und Improvisation: Begriffsbestimmung

Der Umgang mit Improvisation im künstlerischen Tanz zeigt viele Facetten. Tänzer und Choreographen, die mit Improvisation arbeiten, messen dem Begriff der Improvisation verschiedene Bedeutungen zu.

47 Contact Quarterly wird von Nancy Stark Smith und Lisa Nelson in Northampton herausgeben und ist eine etablierte Zeitschrift, die sich nicht nur auf Kontaktimprovisation konzentriert, sondern jegliche Formen der Improvisation im Tanz behandelt und erforscht. Ursprünglich wurde diese Zeitschrift als Contact Newsletter von Mitgliedern der Judson Church Gruppe (u.a. Steve Paxton und Nancy Stark-Smith) herausgegeben. Sie diente zur Information und Austausch unter Lehrern und Tänzern aus der Kontaktimprovisations-Szene. Dadurch wurde die Tanzform der Kontaktimprovisation weiter verbreitet und es entstand ein Netzwerk, das der Vermittlung der Tanzform half. Das Autorenfeld hat sich in den Jahren erweitert – es sind Wissenschaftler, Journalisten, (Tanz-)Künstler aus den verschiedensten Bereichen. Vgl. Nancy Stark-Smith/Lisa Nelson (Hg.): Contact Quarterly. A vehicle for moving ideas. Biannual journal of dance and improvisation, vol. 1-30, Northampton (1976-2005).

Dabei wird häufig die Choreographie als Gegenmodell zur Improvisation erklärt: Wenn Tanz umgangssprachlich als ‚choreographiert' bezeichnet wird, meint dies, dass dieser Tanz festgelegt wurde; wenn Tanz als ‚improvisiert' bezeichnet wird, meint dies, dass dieser spontan ohne Vorbereitung frei erfunden wurde. Bei näherer Betrachtung jedoch stellt sich das Verhältnis von Improvisation und Choreographie weitaus komplexer dar. Im zeitgenössischen Tanz sind die Grenzen zwischen Improvisation und Choreographie fließend. Je nach Verständnis und Zusammenhang werden die Bedeutungsinhalte beider Begriffe anders definiert. Dies zeigt wie heterogen die Begriffe sind und dass ihnen nicht mehr jeweils eine Bedeutung zugewiesen werden kann.

Um die Improvisation näher bestimmen zu können, werde ich zunächst den Begriff der Choreographie beleuchten, um dann Choreographie und Improvisation in ein Verhältnis zu setzen.

Das Wort Choreographie bedeutete um 1700 die schriftliche Fixierung der Tanzschritte - die Tanzschrift.[48] Zunächst als verbale Bezeichnung durch Wortkürzel, dann als graphische Zeichen wurden die Tanzbewegungen aufgezeichnet.[49] Die Bedeutung des Begriffs wandelte sich im Laufe der Zeit und bezeichnete später die Auswahl und die Komposition der Tanzschritte. Erweiternd kann der Begriff der Choreographie auch als die gesamte Kunst der tänzerischen Komposition verstanden werden, bei der eine Idee mit den Mitteln von Bewegung, Licht, Bühnenbild, Kostüm und Musik in eine tänzerische Form gebracht wird.[50] Ein übergreifendes Verständnis von Choreographie, bei denen der ‚Tanz der Dinge'[51] nicht nur an tanzenden Personen festgemacht wird und es auch um die Anordnung und die Notation von Bewegung im Raum geht, verdeutlichen Bezeichnungen wie ‚Choreographie als Kartographie'[52], ‚choreographisches Schreiben'[53], ‚Choreogra-

48 ‚Choros': Tanzplatz, Tanzen, Tanzschar und ‚graphein': schreiben. Vgl. hierzu Claudia Jeschke über Choreographie in: Tanz als Bewegungstext, in: Claudia Jeschke/Hans-Peter Bayerdörfer (Hg.): Bewegung im Blick, Berlin: Vorwerk 8 2000, S. 56.

49 Vgl. Ebd.

50 Die Bestandteile einer Choreographie als gesamte Kunst werden detailliert verdeutlicht durch Janet Adsheads Tanzanalysen. Vgl. hierzu: J. Adshead: Dance Analysis.

51 ‚Tanz der Dinge' bezeichnet auch ein Schweizer Tanzmagazin, Tanzdingverlag Zürich.

52 Vgl. Gabriele Brandstetter: Choreographie, in: Metzlers Theaterlexikon, voraussichtliche Veröffentlichung 2006.

phie als Schrifttanz'[54], ,Choreographie des Denkens'[55] oder Choreographie als Gestaltung von Bewegung in und zwischen verschiedenen materiellen Körpern[56].

Systematisch kann man die Bedeutungen von Choreographie in zwei Kategorien festhalten:

1. als Aufzeichnungssystem (Notationen, Kartographien, Traktate, Tanzschrift, Schrifttanz)
2. als tänzerische Komposition (Bewegungskomposition, Gesamtkomposition der theatralen Elemente der tänzerischen Inszenierung)

In der vorliegenden Arbeit gehe ich von dem Choreographie-Begriff aus, der eine tänzerische Komposition bezeichnet, die aus der Erfindung, Auswahl und der zeitlichen Strukturierung der Tanzschritte im Raum besteht und lehne mich dabei an Claudia Jeschkes Definition aus dem Jahre 1990 an:

> Choreographie ist die Auswahl von Bewegungen und Positionen, die - von einem Choreographen zusammengestellt, von einem oder mehreren Tänzern ausgeführt - einen inhaltlichen und formalen Zusammenhang aufweisen und, in ihrem Ablauf abgesprochen, wiederholbar sind.[57]

Dieses Verständnis von Choreographie schließt jedoch nicht aus, dass das Tanzen einer Choreographie auch als Aufzeichnungssystem gedacht werden kann - nämlich als Aufzeichnungssystem von Bewegungen im Gedächtnis. Dies wird im Folgenden noch deutlich werden. Vor allem wird jedoch die Heterogenität von Choreographie und Improvisation durch die Gegenüberstellung aufgezeigt.

Zunächst wird von der Choreographie als *festgelegte* tänzerische Komposition ausgegangen, die sich von der Improvisation als *spontane* Komposition unterscheidet.

---

53 Vgl. C. Jeschke: Tanz als BewegungsText, sowie I. Wortelkamp: Flüchtige Schrift/Bleibende Erinnerung.

54 Vgl. G. Brandstetter: Choreographie als Grabmal.

55 Vgl. Robert L. Schwarz: Space Movement and Meaning, Contact Quarterly 18/2, Northampton (1993), S. 43.

56 Maren Witte: Anders wahrnehmen, als man sieht - Zur Wahrnehmung und Wirkung von Bewegung in Robert Wilsons Inszenierungen von Gertrude Stein: ,Doctor Faustus Lights the Lights' (1992), ,Four Saints in Three Acts' (1996) und ,Saints and Singing' (1997), Berlin: Lit 2006, S. 23.

57 Claudia Jeschke: Der bewegliche Blick, in: Renate Möhrmann (Hg.), Theaterwissenschaft heute, Berlin: Reimer 1990, S. 149.

Die Wiederholbarkeit ist wichtiges Kriterium der Choreographie. Der Begriff Wiederholung wird hier verstanden als der Versuch der exakten Nachahmung des Vorigen. Da die Schrittfolge und die Auswahl der Bewegungen sich nicht verändert, ist ein Wiederholungsprozess bei der Choreographie möglich. Jedoch zeigt jede Wiederholung von choreographiertem Tanz, selbst in der exaktesten Nachahmung Differenzen und weist dadurch Verschiebungen in der Ähnlichkeit auf, so bemerkt Gabriele Brandstetter:

> Genaugenommen ist jede Wiederholung einer erinnerten Bewegung überlagert von Interferenzen der (inneren und äußeren) Augenblickswahrnehmung, einer körperlichen Erinnerungsarbeit also, die das Bewegungsbild des Moments an das Gedächtnisbild angleicht: ein Wiederholungsprozeß von ‚ähnlicher Unähnlichkeit'.[58]

Trotz der ‚ähnlichen Unähnlichkeit' der Wiederholungen ist aber choreographierter Tanz insofern wiederholbar, da eine Fixierung der Choreographie im Gedächtnis des Tänzers stattgefunden hat. Durch die Festschreibung des Tanzes im Gedächtnis und durch das Angleichen an diese Erinnerungsbilder (während der Ausführung) kann die Choreographie auch als memoriale Komposition bezeichnet werden.[59]

Memoriert wird die Bewegungsabfolge und die dabei entstehende Raumschrift. Die Raumschrift beschreibt die Raumwege, die die Körperglieder während der Bewegung in den Raum zeichnen. Stellt man sich imaginär die zurückgelegten Wege vor, so hinterlassen sie Linien und Figuren (Bewegungsspuren) – und diese gilt es für den Tänzer sich für jedes einzelne Körperglied zu merken, um sie bei der Wiederholung gleichermaßen in den Raum zu ‚schreiben'. Für die Festlegung der Raumschrift ist zu differenzieren zwischen

- Mikro-Raumschrift: Sie bezeichnet die Raumwege der Körperteile im Umraum, in der Kinesphäre.[60]

58 G. Brandstetter: Choreographie als Grabmal, S. 126.

59 Im Bereich der Musik wird der Begriff ‚memoriale Komposition' für schriftlose Musik verwendet. Schriftlose Musik bedeutet in dem Zusammenhang nicht Improvisation, sondern fixierte, in vielen Fällen jahrelang überlieferte ‚orale' Musik. Vgl. Sabine Feist: Der Begriff ‚Improvisation' in der neuen Musik, S. 24.

60 Rudolf von Laban prägte den Begriff der Kinesphäre für seine Raum-Harmonielehre: „Die Kinesphäre ist die Raumkugel um den Körper, deren Peripherie mit locker gestreckten Gliedmaßen erreicht werden kann, ohne daß man den Platz verläßt, [...]. Wenn wir uns über die Begrenzung

- Makro-Raumschrift: Sie bezeichnet die Bodenwege und die Raumordnung (Formation) und wie der/die Tänzerkörper sich im Verhältnis zum Raum bewegen.[61]

Weiterer Parameter, der in der Choreographie festgelegt wird, ist der Rhythmus[62] der Bewegungen. Der Rhythmus gliedert den zeitlichen Verlauf und die zeitlichen Verhältnisse der Bewegung. Dadurch vollzieht sich ein Ordnungsaufbau, der den Bewegungsfluss gestaltet. Die Akzentuierungen und die dadurch entstehende Gliederung der Bewegungsphrasen machen die rhythmische Ordnung im Tanz aus. Wird zu Musik getanzt, kann der Tanz dem Rhythmus der Musik folgen. Dabei wird versucht die Betonungen in der Musik auf die Bewegung zu übertragen. Dies ist vornehmlich in klassischen Choreographien zu beobachten (wie auch im klassischen Training) in denen sozusagen *1:1* zur Musik getanzt wird. Stets den Rhythmus der Musik zu tanzen ist jedoch in den seltensten Fällen konsequent durchführbar. Es geht vielmehr auch um den Rhythmus des Tanzens und um kontrapunktische Entgegensetzungen zur Musik, um Spannung im Verhältnis von Musik und Tanz zu erzeugen. Es ist ein Spannungsverhältnis zwischen auditiver und visueller Wahrnehmung. Inwieweit dieses Spannungsverhältnis ausgeweitet wird liegt freilich in der Entscheidung des Choreographen und dem jeweiligen Umgang mit Musik.[63] Im Allgemeinen lässt sich aber feststellen, dass der Tanz einen anders gestalteten Rhythmus

der eigenen Kinesphäre hinaus bewegen, schaffen wir uns einen neuen Standort und tragen die Kinesphäre an einen neuen Ort. Natürlich verlassen wir niemals unsere Bewegungskugel, sondern tragen sie wie eine Aura immer mit uns." Rudolf von Laban: Choreutik. Grundlagen der Raum-Harmonielehre des Tanzes, Wilhelmshaven: Noetzel 1991, S. 21.

61 Rudolf von Laban beschreibt die beiden Raumschriften so: „Es kann entweder der auf dem Boden verlaufende Weg der Schritte, das Bodenmuster, sein oder die von Arm oder Bein in die Luft gezeichnete Spur." Rudolf von Laban: Kunst der Bewegung, Wilhelmshaven: Noetzel 1988, S. 138.

62 Dem Begriff Rhythmus unterliegen verschiedenste Interpretationen. Jedoch versuche ich hier die wichtigsten Merkmale herauszufiltern. Dabei orientiere ich mich an Peter Röthig: Zur Theorie des Rhythmus, in: Eva Bannmüller, Peter Röthig (Hg.): Grundlagen und Perspektiven ästhetischer und rhythmischer Bewegungserziehung, Stuttgart: Klett 1990.

63 Vgl. Stephanie Jordan: Moving Music. Dialogues with Music in Twentieth-Century Ballet, London: Dance Books 2000.

als die Musik hat. Allein das Metrum wird von der Musik bestimmt.[64] Wird ohne Musik getanzt setzt sich der Choreograph/Tänzer ein individuelles Tempo – als Metrum dient dabei meist der Herzschlag oder der Atem.

Ein weiterer Aspekt der rhythmischen Ordnung im Tanz ist die Wiederholung. Die Strukturierung des Körpers in eine rechte Hälfte und eine linke Hälfte bedingt eine Abwechslung zwischen links und rechts, wie es beim Gehen der Fall ist. Ein einfacher Tanzrhythmus (wie etwa im Discotanz) zeichnet sich ebenso durch ein Abwechseln zwischen rechts und links und eine sich wiederholende Reihenbildung aus. Es muss aber nicht immer um exakt wiederholbare zeitliche Strukturen gehen, sondern die Bewegungsphrasen, die den Rhythmus ausmachen, können sich auch nur ähneln oder als stimmig empfunden werden. Oder aber die rhythmische Ordnung besteht gar nicht mehr aus Wiederholungen, sondern lediglich aus abgrenzbaren Bewegungen, die einen zeitlichen Ablauf bestimmen.

Festgelegt wird zudem der ‚dramaturgische' Rhythmus eines choreographischen Stückes. Dieser Rhythmus bezieht sich auf den gesamten Zeitablauf des Stückes und in welcher Reihenfolge die choreographierten Teile zusammengesetzt werden, um einen bestimmten Spannungsbogen zu erzielen.

Die Choreographie ist also geplante und festgelegte Raumschrift sowie festgelegter Tanzrhythmus. Sie ist eine *Vorschrift,* welche im Akt der Tanzpräsentation aus dem Gedächtnis von den Ausführenden gewissermaßen abgelesen bzw. nachgeschrieben wird. Inwiefern tänzerische Improvisation vergleichsweise *vorgeschrieben* ist soll im Vergleich zwischen Choreographie und Improvisation erörtert werden.

Choreographie und Improvisation kann in Stufen, als gegensätzliches Begriffspaar oder als gleichbedeutende Begriffe verstanden werden.

Für die Erstellung einer Choreographie arbeiten viele Choreographen mit der Improvisation als erste Stufe im Arbeitsprozess. Es werden Bewegungskombinationen gefunden und dann durch den Choreographen festgelegt. Die Improvisation führt entweder der Choreograph selbst durch, oder es improvisieren die Tänzer und der Choreograph montiert dann die gefundenen Bewegungsabläufe. Für die Fixierung der Choreographie werden je nach Stil des Choreographen Bewegun-

64 Von manchen Choreographen wird selbst das Metrum der Musik nicht eingehalten und bewusst ‚über' die Musik getanzt.

gen aus einem bestimmten Tanzkodex (beispielsweise klassisch oder modern) ausgewählt. Das heißt es besteht schon ein Muster vor der Improvisation und es geht bei der Improvisation lediglich um die Auswahl und die Kombination der Tanzschritte. Oder aber die Improvisation wird genutzt, um völlig neue Bewegungen für Tanz zu finden (beispielsweise Bewegungen aus dem Alltag), die die herkömmlichen Tanzmuster brechen und damit bereichern.

Die Improvisation kann als Werkzeug zur Erstellung der Choreographie dienen. Sie ist für Choreographen das (Aus-)Denken von Bewegung für die künstlerische Komposition. Findet aber die Improvisation als ‚Improvisational Dance Performance' auf der Bühne statt, sozusagen als konkurrierende Tanzform zur Choreographie, so können die Begriffe sich auch als Gegensatz darstellen.

Während die Kriterien der Choreographie, wie etwa Vorbereitung, memoriale Festlegung, Geschlossenheit und Wiederholbarkeit sind, stellen Unwiederholbarkeit, Offenheit, Spiel und Spontaneität die wichtigsten Merkmale der Improvisation dar. Tänzer/Choreograph Mark Tomkins bemerkt dazu:

> In a set choreography we know what we are doing, and what is actually interesting in an improvised performance, is to not know [...] that I can keep [...] the spontaneity, this state of being in the unknown, of risk, of playfullness and of surprise.[65]

Der Zustand im Ungewissen zu sein und sich spontan der ‚plötzlichen Eingebung' hinzugeben, kann als Grundzug der Improvisation begriffen werden. Verbunden mit dem Wort Spontaneität wird auch das Annehmen von Fehlern. Durch Zufall und Unfall im Improvisieren stößt der Tanzende auf Neues, mit dem er vor den Augen der Zuschauer umgehen muss.

> In improvisation it's the acceptance of failure which is important, it isn't preset, the composition process is ‚happening' right before your eyes in performance.[66]

Da in einer Improvisation unvorhersehbare Bewegungsabläufe geschehen, können bestimmte Abläufe nicht geübt werden. Bei der Choreographie hingegen können Bewegungsabläufe immer wiederholt wer-

65 Mark Tomkins in: A. Benois (Hg.): Nouvelle de Danse 22/33, S. 213.

66 Alessandro Certini in: ebd., S. 233.

den und somit eine Sicherheit für den Tänzer herstellen. Somit ist Unvorhersehbares in der Choreographie minimiert, aber dafür erscheint ein Unfall umso deutlicher als Fehler. In der Improvisation dagegen können Fehler keine Fehler sein. Es geht vielmehr darum, Unfälle, bzw. Fälle aufzufangen und spontan in die Komposition einzubauen – es geht gewissermaßen um ein beherrschtes Scheitern.

Ein weiterer Aspekt der vornehmlich mit Improvisation verbunden wird, ist der des Spiels. Vergleichbar mit dem Sport (Basketball-Spiel, Fußballspiel etc.), wird innerhalb eines Regelwerks improvisiert und es geht dabei vor allem um das Reagieren auf Unvorhersehbares. Auch das Spielerische, als zweckfrei, intuitiv und aus Freude vollzogene Tätigkeit definiert, wird vornehmlich der Improvisation zugewiesen. Jedoch kann dies auch auf die Choreographie zutreffen, indem im Akt des Choreographierens Möglichkeiten ‚durchgespielt' werden und somit auch der Aspekt der Spontaneität mit einbezogen wird.

Hier unterscheidet sich Choreographie nicht so sehr von Improvisation. Auch lässt sich Improvisation, was den Aspekt des Geplanten angeht, an die Choreographie angleichen. Improvisatoren arbeiten mit Strukturen und kompositorischen Techniken. Außerdem werden Pläne – ‚improvisational composition scores' – im Vorfeld angefertigt, um die Improvisation zu strukturieren. Insofern gilt hier das Kriterium des Ungeplanten nicht. Auch wird Improvisation als *improvised choreography*[67] oder *instant composition* bezeichnet – „to compose right on the spot, inside structure".[68] Umgekehrt kann die Choreographie als ‚slowed-down improvisation'[69] verstanden werden, indem die Improvisation im Akt des Choreographierens lediglich verlangsamt stattfindet. Die Arbeitsschritte des kreativen Schaffens, wie Vorbereitung, Entdeckung (Auswahl und Entscheidung) und Ausführung[70] sind mit der Cho-

67 Vgl. Susan Leigh Foster: Dances that describe themselves.

68 David Zambrano in: ebd., S. 179.

69 Diese Bezeichnung stammt von Arnold Schönberg. Vgl. S. Feist: Der Begriff ‚Improvisation', S. 32.

70 Die Phasen des kreativen Prozesses unterteilen Lynne Ann Blom und L. Tarin Chaplin in 1. Vorbereitung 2. Erforschung 3. Erläuterung 4. Formulierung. Vgl. Lynne Ann Blom/L. Tarin Chaplin: The moment of movement. Dance Improvisation, Pittsburgh: University of Pittsburgh Press 1988. Daniel Goleman unterteilt die Phasen in 1. Vorbereitung 2. Frustration 3. Inkubation 4. Eingebung 5. Umsetzung ins Handeln. Hier reduziere ich die Arbeitsschritte auf Vorbereitung, Entdeckung und Ausführung. Und vgl. Daniel Goleman: Kreativität entdecken, München: Dtv 1999.

reographie, ebenso verbunden wie mit der Improvisation. Während jedoch in der Choreographie die Arbeitsschritte zu verschiedenen Zeiten vollzogen werden passieren die Arbeitsschritte Entdeckung und Ausführung in der Improvisation zeitgleich: „With improvised work the audience is watching the discovery, the decisions and their execution all at the same time."[71]

Die Vorbereitung könnte als ein Kriterium gesehen werden, dass die Improvisation und die Choreographie grundsätzlich unterscheidet. Nach der Bedeutung des Wortes Improvisation, müsste die Durchführung ohne Vorbereitung - aus dem Stehgreif - stattfinden. Aber wie schon erwähnt, gibt es strukturierte Improvisationen, bei denen im Vorfeld Entscheidungen getroffen werden und ein Plan vorliegt. Das Vorbereitetsein ist aber nicht nur bei strukturierten Improvisationen der Fall, sondern auch bei offenen Improvisationen, bei denen keine Absprache im Voraus stattfindet. Dabei handelt es sich zwar im Sinne des Wortes Improvisation um unvorbereitetes Handeln, aber dennoch um vorbereitete Körper. Es sind trainierte, habituelle Körper und somit liegen Tanzmuster vor und es kann eigentlich nicht mehr um Unvorbereitetes gehen. Da der Kompositionsprozess im Augenblick geschieht, ist zwar das Spontane und der Zufall wesentlicher Aspekt für die Eroberung von Unvorhergesehenem, jedoch basiert die Improvisation auf dem Körper innewohnenden Erfahrungen, die der Tanzende mit sich trägt.[72] Jeweilige Tanzmuster und Tanzcodes kommen in der Improvisation zum Vorschein, die aus den Bewegungsgewohnheiten des Tanzenden entstammen. Somit sind Geschichtlichkeit und die Konstruiertheit des Tänzerkörpers in der Improvisation nicht wegzudenken. Vielmehr kann es sich auch um eine ‚Simulation von Nicht-Codiertem'[73] oder dem ‚ästhetischen Schein von Unmittelbarkeit und Spontaneität'[74] handeln.

Somit ist ein Widerspruch in der Praxis und in der wörtlichen Bedeutung (im ethymologischen Ursprung) von Improvisation zu finden. Eine Differenz zwischen Choreographie und Improvisation erscheint immer fraglicher.

71 Julyen Hamilton in: A. Benois (Hg.): Nouvelle de Danse 22/33, S. 197.

72 Zum tänzerischen Habitus und dem Umgang mit dem Zufall vgl. Teil II dieser Arbeit.

73 Diese Bemerkung über Improvisation machte Gabriele Brandstetter auf einer Doktoranden-Tagung an der Universität Basel am 12.2.2000.

74 So beschreibt Carl Dahlhaus die Improvisation in der Musik, in: ‚Komposition und Improvisation', in: Musik und Bildung IV (1973), S. 226.

Tänzerin/Choreographin Katie Duck sieht in den Wörtern Improvisation und Komposition keinen Unterschied: „The word improvisation [...] contains the same principles and has the same meaning as the word composition."[75] Sie sieht Improvisation als eine Bedingung von Komposition, egal ob sie zur Materialsammlung einer Choreographie oder auf der Bühne in Gegenwart des Publikums genutzt wird. Eine Tanzkomposition wird im Moment erstellt und die Methode ist die Improvisation: „Magpie approaches composition with the implications of the word improvisation [...] You find out that it is possible to construct the phrase in the moment."[76] ‚Moment-Choreographie' oder ‚strukturierte Improvisation' – beide Begriffe sind miteinander verwickelt und überschneiden sich. Improvisation unterliegt ebenso wie die Choreographie einem Handwerk. „Eine Person wird dafür trainiert, spontane Kompositionen zu schaffen."[77] Improvisierende nutzen choreographische Techniken und vor allem treffen sie, wie Choreographen für ihre Choreographie, die Auswahl.

Da es mittlerweile so viele verschiedene (und gemischte) Bedeutungsinhalte von Choreographie und Improvisation gibt, ist es nicht mehr möglich eindeutig abzugrenzen. Jedoch kann in Zusammenhang mit dem Werkbegriff zwischen der Choreographie als geschlossenes Kunstwerk und der Improvisation als offenes Kunstwerk[78] unterschieden werden. In der Tanzgeschichte wird eine Abgrenzung vom Choreographiebegriff als festgelegte Komposition besonders deutlich durch die Aktivitäten der Mitglieder der Judson Church Gruppe, die in den 1960er Jahren der Abgeschlossenheit der choreographischen Werke eine Offenheit gegenüber stellten.

Tanzstücke wurden als ‚improvised choreography' und ‚structural improvisation' bezeichnet und eine Präsentationsform von Tanz entwi-

75 Katie Duck in: A. Benois (Hg.): Nouvelle de Danse 22/33, S. 247.

76 Katie Duck in ebd. S. 249.

77 Steve Paxton in: Helmut Ploebst: Improvisation. Lisa Nelson und Steve Paxton im Gespräch mit Helmut Ploebst, in: Ballett International/Tanz Aktuell (5/99), S. 33.

78 Den Begriff ‚Kunstwerk' als Bezeichnung für eine tänzerische Kunst möchte ich als problematisch betrachten, da es sich beim Tanz um eine Zeitkunst handelt, bei der die Betonung auf der Tätigkeit und dem Vorgang liegt, und nicht auf dem Resultat.

ckelt, die sowohl geschlossene, festgelegte Struktur als auch Offenheit im Stückverlauf aufwies.[79]

Umberto Eco beschreibt in seiner ‚Poetik des offenen Kunstwerkes' die Offenheit in musikalischen Werken, die mit der Offenheit von improvisatorischen Aufführungen vergleichbar ist:

> Diese neuen Musikwerke hingegen bestehen nicht aus einer abgeschlossenen und definiten Botschaft, nicht aus einer eindeutig organisierten Form, sondern bieten die Möglichkeit für mehrere, der Initiative des Interpreten anvertraute Organisationsformen; sie präsentieren sich folglich nicht als geschlossene Kunstwerke, die nur in einer einzigen gegebenen Richtung ausgeführt und aufgefaßt werden wollen, sondern als ‚offene' Kunstwerke, die vom Interpreten im gleichen Augenblick, indem er sie vermittelt, erst vollendet werden.[80]

Damit deutet Eco auch auf die Praxis der Improvisation hin – auf die momentane Durch- und Ausführung des ‚Kunstwerkes'. Eine Vollendung findet im Augenblick der Vermittlung statt, d.h. eigentlich definiert sich die Vollendung dann als stete Veränderung von Augenblick zu Augenblick. So wie sich eine improvisierte Choreographie von Vorstellung zu Vorstellung verändert. Bei der improvisatorischen Aufführung geht es nicht um ein fertiges, vollendetes Produkt, sondern das Publikum ist Zeuge eines Prozesses. So bemerkt Steve Paxton: „[..] I don't feel I have a product. I have a process that I let people see."[81] Es wird keine abgeschlossene Choreographie gezeigt, sondern ein Ausschnitt einer Entwicklung. Dazu bemerkt auch William Forsythe zu seiner Arbeit mit seinen *Real Time Choreographies*:

> Ich spreche lediglich über die Praxis, und ich stelle fest, daß sich mein Werk ständig in einer experimentellen Phase, stets in einem Prozeß befindet. Ich bringe die Stücke nicht abgeschlossen auf die Bühne, [...].[82]

---

79 Vgl. Susan Leigh Foster: Dances that Describe Themselves. The Improvised Choreography of Richard Bull, Connecticut: Wesleyan University Press 2002, S. 24.

80 Emberto Eco. Das offene Kunstwerk, Frankfurt/M.: Suhrkamp 1998, S. 28f.

81 Steve Paxton in: A.Benois (Hg.): Nouvelle de Danse 22/33, S. 57.

82 William Forsythe in: Gaby von Rauner/Rudolf Stäuble: Gespräch mit William Forsythe, in: Gaby von Rauner (Hg.), William Forsythe Tanz und Sprache. Frankfurt: Brandes und Absel 1993, S. 19.

Im Gegensatz zum zeitüberdauernden choreographischen Werk stellt die improvisatorische Aufführung einen ‚Übergang' zwischen Vergangenheit und Zukunft dar und existiert nur in der Gegenwart. Tänzerin/Choreographin Mary Overlie betont auch den Übergang und die Augenblicklichkeit der Improvisation:

> Deshalb benütze ich die Form der Improvisation. Sie erlaubt den augenblicklichen Übergang vom Bewußtwerden einer Idee oder eines schöpferischen Gedankens zu seiner Äußerung.[83]

Das Kriterium der Zeit als maßgebliche Einheit (bzw. Vielheit) jedoch beinhalten beide ‚Werk'-Formen. Auch bei den meisten improvisatorischen Aufführungen besteht ein zeitlicher Rahmen, der den Beginn und ein Ende der tänzerischen Aufführung kennzeichnet. Insofern kann auch bei der ‚offensten' improvisatorischen Aufführung eine Abgeschlossenheit und Ganzheit nicht völlig ausgeschlossen werden.

Der geschlossenen Form (Bauart) einer Choreographie obliegt ein individueller Modus durch die Autorschaft – in diesem Fall durch den Choreographen. Die Rolle des Choreographen wird in improvisatorischen Aufführungen auf jeden einzelnen Tänzer übertragen. Der traditionelle Begriff des Choreographen hat sich im Laufe der Jahre gewandelt. Bei Choreographien, die teilweise aus Improvisationen bestehen, ist der Choreograph nicht mehr alleiniger Urheber, sondern die Tänzer sind Mitschöpfer im Arbeitsprozess. Die Funktion des Choreographen liegt dann eher im Zusammenschneiden, vergleichbar mit der Arbeit eines Filmcutters, so beschreibt Nik Haffner die Arbeit von William Forsythe:

> Die Aufgabe von Forsythe liegt inzwischen sehr stark beim ‚editing' der verschiedenen Bewegungsebenen, Textebenen, visuellen Ebenen der Bühne. Er ist bei weitem nicht mehr der einzige Choreograph [...][84]

Improvisierende werden zu Choreographen und Choreographen entziehen sich einer Ein-Person-Autorschaft. Choreographen machen sich selbst auch zu Improvisatoren, wenn etwa William Forsythe in seinen *Real Time Choreographies* die Dramaturgie der Tanz- und Szenenabfolgen während des Aufführungsprozesses im Moment entscheidet.

83 Mary Overlie in: Sylvère Lotringer: New Yorker Gespräche, Berlin: Merve 1983, S. 129.

84 Nik Haffner: Forsythe und die Medien, in: Tanzdrama 51. (2/2000), S. 34.

Durch die existierenden verschiedenen choreographischen Konzepte zeigt sich, dass die Begriffe Choreographie und Improvisation sich vom Bedeutungsinhalt immer überschneiden und eine Dichotomie nicht haltbar ist. Im Bereich der Musik, in dem es aufgrund einer älteren Geschichte eine sehr viel ausführlichere Auseinandersetzung des Themas Improvisation gibt, sind ähnliche Diskussionen über die vermeintliche Komposition/Improvisation-Dichotomie zu finden. Der Musiker Derek Bailey resumiert:

> [...] it doesn't matter what you call it, it doesn't matter how you do it. The creation of music transcends method and, essentially, the composition/improvisation dichotomy doesn't exist.[85]

Für den Betrachter letztlich, ist nicht erkennbar, ob der Tanz nun choreographiert oder improvisiert ist - das wissen nur die Ausführenden. Und hier findet sich der entscheidende Unterschied - nämlich aus der Perspektive der Ausführung, des Schaffenden: die unterschiedliche Zeitaufwendung im kreativen Schaffensprozess. Derek Bailey macht es durch folgendes Zitat am deutlichsten: darin befragt der Musiker Frederic Rzewski den Musiker Steve Lacy:

> In 1968 I ran into Steve Lacy on the street in Rome. I took out my pocket tape recorder and asked him to describe in fifteen seconds the difference between composition and improvisation. He answered: In fifteen seconds the difference between composition and improvisation is that in composition you have all the time you want to decide what to say in fifteen seconds, while in improvisation you have fifteen seconds.
> His answer lasted exactly fifteen seconds and is still the best formulation of the question I know.[86]

Oder wie Steve Paxton bemerkt: „[...] dealing with improvisation seems to be - how to accept temporary answers."[87] Diese Feststellung weist auf einen weiteren wesentlichen Unterschied hin - nämlich dass Zeit bei der Durchführung von Improvisation und Choreographie unterschiedlich wahrgenommen wird, bzw. dass das Bewegungsgedächtnis auf zwei Weisen arbeiten kann. Meine Definition von Choreographie

85 Derek Bailey: Improvisation. Its Nature and Practice in Music, New York: Da Capo Press 1992, S. 140.

86 Derek Bailey: ebd., S. 141.

87 Steve Paxton in: A. Benois: Nouvelle de Danse 22/33, S. 53.

als festgelegte Komposition meint, dass der Tänzer auf eine bestimmte Weise mit dem Gedächtnis arbeitet, nämlich (mehr ganzheitlich gedacht) durch Wiederholung den festgelegten Bewegungsablauf ‚auswendiglernt'. Improvisation ist in diesem Sinne ebenso Gedächtnisarbeit, jedoch handelt es sich dabei um spontane Erinnerung, also um eine andere Art von Gedächtnis. Hier lässt sich Henri Bergsons Betrachtung über die zwei Formen des Gedächtnisses heranziehen (die er am Beispiel vom Auswendiglernen eines Gedichtes erklärt) und auf Choreographie und Improvisation anwenden, wenn er die ‚erlernte Erinnerung' von der ‚spontanen Erinnerung' unterscheidet.[88] Dies bedeutet für das gegenwärtige Tanzen einer festgelegten Choreographie, dass dabei Erinnerung durch Wiederholungen erlernt wird (sie kommt nur durch Wiederholung zustande), d.h. körperliche Gewohnheit geschaffen wird. Und für das gegenwärtige Tanzen einer Improvisation dagegen ist die Erinnerung spontan - sie schafft (vordergründig gesehen) nicht Gewohnheiten - jede einzelne Erinnerung ist vollständig und unabhängig von einer ganzheitlichen Erinnerung:

> Die selbsttätige Erinnerung ist sofort vollständig; die Zeit kann ihrem Bilde nichts hinzufügen, ohne es zu verfälschen; sie behält für das Gedächtnis ihre Bestimmtheit nach Ort und Datum. Dagegen hebt sich die erlernte Erinnerung umso mehr aus der Zeit heraus, je besser das Gedicht gekonnt wird; sie wird immer unpersönlicher, unserem vergangenen Leben immer fremder.[89]

Vergleichbar mit dem auswendig gelernten Gedicht, wird bei einer auswendig gelernten Choreographie ebenso das Erlernte immer unpersönlicher. Bei diesem bei Tänzern sehr bekannten, schwer überwindbaren Phänomen liegt die Kunst des Tanzens natürlich darin, die Choreographie immer wieder aufs Neue zu beleben. Beherrscht der Tänzer eine Choreographie immer besser, so stellt sich ein Automatismus in der Bewegung ein, den der Tänzer nicht mehr ausschließlich bewusst kontrolliert. Die sogenannte Routine hat eingesetzt. Ein individueller Formungswille steht nicht mehr im Vordergrund - es ließe sich auch von mechanisierter Bewegung sprechen. Bei der spontanen Erinnerung dagegen, während der Improvisation, steht jede Erinnerung für sich, und die Formung wird von Moment zu Moment neu entschieden. Die

88 Vgl. Henri Bergson: Materie und Gedächtnis. Eine Abhandlung über die Beziehung zwischen Körper und Geist, Hamburg: Meiner 1991.

89 H. Bergson: Materie und Gedächtnis, S. 72ff.

persönliche Entscheidung und die individuelle Form wird bewusster kontrolliert.

Bergson macht allerdings auch deutlich, dass die beiden Formen von Gedächtnis Hand in Hand gehen und sich gegenseitig stützen. Er unterscheidet zwischen den beiden Formen noch tiefgehender. Und zwar versteht er die spontane Erinnerung als Vorstellung - als intuitiv erfasste Vorstellung - sie kann mit einem Blick überschaut werden. Und die erlernte Erinnerung dagegen erfordert die Tat, auch wenn nur in der Einbildung die gelernten Bewegungen nacheinander vollzogen werden. Der Gedanke von der Vorstellung und der Tat verdeutlicht, dass die spontane Erinnerung, die ich der Improvisation zuschreibe, sobald sie in die Tat umgesetzt ist, sich der erlernten Erinnerung annähert. Oder anders gesagt: Sobald der Tänzer die spontane Erinnerung in die Tat umgesetzt hat, ist sie bereits erlernt. Spontane Erinnerung wird zur erlernten Erinnerung, schafft somit auch Gewohnheiten. Das heißt, dass Improvisation auch Gewohnheiten beinhaltet. Letztlich also durch die Tätigkeit, durch das mehrmalige Ausführen von Improvisation ebenso erlernte Erinnerungen entstehen und aus ihr hervorgehen.

Somit wird hier deutlich, dass dem Begriff der Improvisation ein Paradox unterliegt, das aus Symbiose von Flüchtigkeit und Fixierbarkeit besteht. So beschreibt Steve Paxton:

> Improvisation is a word for something which can't keep a name; if it does stick around long enough to acquire a name, it has begun to move toward fixity. [...]
> Dance is the art of taking place. Improvisational dance finds the place.[90]

Aus den vorangehenden Betrachtungen lässt sich also feststellen: Bei dem Versuch die Bedeutungsinhalte beider Begriffe gegenüberzustellen, haben sich die Inhalte immer wieder überlappt und bei näherer Betrachtung so verschoben, dass der Gegensatz sich auflöste. Aspekte der Choreographie beinhaltet improvisatorische Aspekte und umgekehrt.

Einen klaren Unterschied zwischen Choreographie und Improvisation konnte allerdings aus der Perspektive der Durchführung, des Vollzugs verdeutlicht werden. Dieser Unterschied begründet sich durch den Aspekt der Entscheidungszeit und den zwei Formen des Bewegungsgedächtnisses im Vollzug des choreographierten oder improvisierten Tanzes.

90 Steve Paxton: Improvisation is a word that can't keep a name, in: Contact Quarterly Vol. 12/2, Northampton (1987) S. 19.

Die Überschneidungen von Choreographie und Improvisation zeigen die Notwendigkeit eines historischen Verständnisses von Improvisation im künstlerischen Tanz, welches im Folgenden dargestellt wird.

1. Geschichten

Im Folgenden wird eine Annäherung des Begriffes der Tanzimprovisation über die Geschichte unternommen. Es wird sich dabei um mehrere Geschichten handeln, als um die Geschichte der Tanzimprovisation, da einem Anspruch von Vollständigkeit nie Rechnung getragen werden kann. Durch die Systematisierung sollen die unterschiedlichen Typen von Tanzimprovisation, die sich im 20. Jahrhundert entwickelt haben, deutlich gemacht werden. Anhand der Geschichten der Tanzimprovisation lassen sich künstlerische, gesellschaftliche Entwicklungen, wie auch theoretische Konzepte des Körpers ablesen. Hier soll, um den Begriff der Tanzimprovisation besser zu verstehen, das Augenmerk vor allem auf der künstlerischen Praxis der Tanzimprovisation liegen: Auf welche Weisen wird Improvisation im Tanz genutzt, und welches Körper- und Bewegungsverständnis unterliegt diesen Praktiken?

1.1. Suche nach Authentizität und Ursprung: Improvisation im Ausdruckstanz

In der ersten Hälfte des 20. Jahrhunderts erlangte die Praxis der Tanzimprovisation mit Beginn der Entwicklung des ‚freien' Tanzes große Bedeutung. Im Zuge der Lebensreformbewegung zu Beginn des 20. Jahrhunderts suchten die Pioniere des modernen Tanzes neue, ‚naturnahe' Bewegungen, die nichts mit den disziplinierten und dem Körper auferlegten Bewegungen des bisher für den Bühnentanz vorherrschenden akademischen Balletts zu tun hatten. Vor allem im Erlernen von

Tanz sollte die Improvisation eine bedeutende Rolle spielen. Es ging nicht mehr um die bloße Nachahmung von vorgeschriebenen Bewegungen, sondern um das Kreieren von individueller Bewegung, die sich aus dem spontanen Ausdruck ergab. Es begann eine Suche nach Ursprünglichkeit und Authentizität, die in den Tiefen des Selbst, den ‚echten' und ‚reinen' Ausdruck des Individuums finden sollte. Damit begann auch ein Prozess der Eroberung von neuen Bewegungsmöglichkeiten und Kodifizierungen, aus denen sich später die Tanzstile des modernen Tanzes entwickeln sollten. Die Praxis der Improvisation war insofern eine Notwendigkeit für die Pioniere des modernen Tanzes, da das Vokabular für den modernen Tanz noch gar nicht existierte.[1]

Isadora Duncan, die ‚Mutter' des modernen Tanzes, war eine der ersten Tänzerinnen am Anfang des 20. Jahrhunderts, die nach ‚ursprünglichen' Bewegungen forschte. Für ihre Suche nutzte sie bereits verschiedene Improvisationstechniken, um neue Bewegungen zu erobern. Indem sie beispielsweise Körperbilder aus der bildenden Kunst (Botticellis ‚Primavera' oder Figuren von griechischen Vasen) imitierte, versuchte sie die ‚Ursprünglichkeit' griechischer Bewegungen und Haltungen im Tanz nachzuempfinden. Dieser Übersetzungsvorgang, Bilder in Tanz zu übertragen, setzte eine improvisatorische Gabe voraus und führte zu völlig neuen Bewegungskreationen. Im Gegensatz zum ‚naturfremden' Ballett, suchte Isadora Duncan nach den Wurzeln der Bewegung, einem elementaren Tanz. Ausschlaggebend dafür war eine weitere Improvisationstechnik, die Isadora Duncan nutzte:

> I spent long days and nights in the studio seeking that dance which might be the divine expression of the human spirit through the medium of the body's movement. For hours I would stand quite still, my two hands folded between my breasts, covering the solar plexus. [...] I was seeking, and finally discovered, the central spring of all movement, the crater of motor power, the unity from which all diversions of movements are born, the mirror of vision for the creation of the dance – it was from this discovery that was born the theory on which I founded my school.[2]

---

1 Vgl. Cynthia Jean Cohen Bull ‚Some thoughts about dance improvisation', in: Contact Quarterly, 22/1, Northampton (1997), S. 18.

2 Isadora Duncan: My Life, London: Victor Gollancz LTD 1966, S. 84. Damit nimmt Isadora Duncan bereits vorweg, was in späteren Tanz-Praktiken entwickelt wurde. Beispielsweise ist das Stillhalten und Warten auf die ‚erste' Bewegung Grundprinzip der tanztherapeutischen Praxis *Authentic Movement*, die um 1950 entwickelt wurde, und es entspricht auch der

Der Blick in das Innere und das Entdecken einer ‚ersten' tief im Körper ausgehende Bewegung sollte Grundprinzip ihrer Bewegungslehre werden.

Jedoch konnte wegen ihres kurzen und unsteten Lebens die Duncan-Schule nicht kontinuierlich geführt und entwickelt werden und somit setzte sich kein haltbares Tanz-System durch. Ihr Unterricht basierte hauptsächlich auf Improvisation. So erwähnte Isadora am Anfang ihrer Unterrichts-Karriere, die sie zusammen mit ihrer Schwester Elisabeth begann: „We called it a new system of dancing, but in reality there was no system. I followed my fantasy and improvised, teaching any pretty thing that came into my head."[3]

In einer Betrachtung über Duncans vermeintliche Tanz-Technik, die durch eine ihrer Schülerinnen fortgesetzt wurde, schreibt Janine Schulze:

> Die einzelnen Übungsbezeichnungen des Unterrichtes betrachtend, fällt der betonte Verzicht auf die Formulierung eines eigenen Tanzcodes auf. Isadora, bzw. Irma Duncan, benennen die Übungen nach den Alltagsbewegungen, aus denen sie sich entwickeln, oder nach der Begleitmusik, die den Bewegungsrhythmus bestimmt. Damit gewinnen die den Tanz inspirierenden Alltagsbewegungen und Musikvorlagen an Wichtigkeit. Sie benennen die Bewegungen ebenso wie sie ihren Charakter bestimmen.[4]

Und hier zeichnet sich für die Improvisations-Praxis ein wesentliches Merkmal ab: Die Betonung auf die bewegungs-*auslösenden* Anhaltspunkte, wie etwa in Duncans Fall Musik, Alltagsbewegungen, Literatur und bildende Kunst. Die Bewegung an sich wird nicht benannt und einem Code zugeordnet, sondern die Improvisation erhält durch den entsprechenden Auslöser ihren Namen.[5] Isadora Duncan also erfand

Übung ‚Small Dance' für die in den 1970er Jahren entstandene Tanzform Kontaktimprovisation. Ebenso die Konzentration auf den Solar Plexus findet sich in Modern Dance-Techniken und im Ausdruckstanz wieder.

3 Ebd., S. 29.

4 J. Schulze: Dancing Bodies Dancing Gender, S.80.

5 Dies geschieht auch in der Improvisationspraxis heute. Die Improvisationstechniken können nach ihrer Benennung unterschieden werden: wie z.B. räumliche Improvisation (Auslöser sind räumliche Formen), bildliche Improvisation (Auslöser sind Bilder), Kontaktimprovisation (Auslöser ist der Kontakt zwischen den Körpern) emotionale Improvisation (Auslöser sind Emotionen), Neun-Punkte-Improvisation (Auslöser sind neun Punkte im Raum) u.s.w.

Improvisationstechniken[6] und forschte nach neuen Auslösern, die somit nicht-codierte Bewegung hervorrufen sollten. Auslösende Bilder waren beispielsweise ein fließender Fluss[7] oder im Wind wehende Palmenblätter[8], die sie in Bewegung übersetzte.

Inwieweit Isadora Duncan auch auf der Bühne, also live improvisierte ist nicht eindeutig dokumentiert. Sie selber soll betont haben, dass sie alles andere als beliebig auf der Bühne improvisiere. Vermutlich legte sie selbst ihre Tänze choreographisch fest, und ihre Kunst, mit der sie ein breites Publikum faszinierte, lag darin, wie sie diese dann auf der Bühne interpretierte. Den Eindruck von Spontaneität, der Isadora Duncans Tänze auszeichnete, erzielte sie damit, dass sie die gelernten Schritte stets aufs Neue zu erleben versuchte.[9] Jedoch verwischten sich bei Isadora Duncans Tanzpraxis die Grenzen von Bühne und Alltag, Übung und Aufführung. Sie improvisierte zu jeder Gelegenheit und machte andere Orte zu ihren Bühnen: Ateliers, Gärten, Salons. Somit war sie ständig beschäftigt neue Tänze zu kreieren und entwickelte so - auf der Suche nach neuen Bewegungsquellen - bereits Improvisationstechniken, die im Laufe des 20. Jahrhunderts noch in unterschiedlichen Weisen fokussiert werden sollten.

Durch die Nachfolgerinnen Duncans, die sich für einen modernen Tanz einsetzten, entwickelte sich der Modern Dance in den USA und in Europa (vor allem in deutschsprachigen Ländern) der Ausdruckstanz. Sie gründeten Schulen und entwickelten neue Tanzstile. In Amerika stellte die wichtigste Schule die *Denishawn School* (Ruth St.Denis und Ted Shawn) dar, deren Schüler später ihre eigenen Tanzstile unterrichteten, wie etwa Martha Graham, Doris Humphrey, Helen Tamiris und Charles Weidman. In Europa waren in den 1920er und 1930er Jahren die Vertreter des deutschen Ausdruckstanzes aktiv. Dazu gehörten u.a. Rudolf von Laban, Mary Wigman, Gret Palucca, Harald Kreuzberg,

6 Improvisationstechnik erklärt wie man zur Bewegung kommt und wodurch sie ausgelöst wird, - dagegen erklärt Tanztechnik wie getanzt wird und wie sie ausgeführt wird.

7 Isadora Duncan: „One night with the vision of the river flowing and rippling in the sunshine as I had seen it that morning, I sent word to the director of the orchestra, and at the end of the performance, improvised ‚The Blue Danube' of Strauss." in I. Duncan: My Life, S. 109.

8 Isadora Duncan: „At that villa in Abazia there was a palm-tree before our windows [...] I used to notice its leaves trembling in the early morning breeze, and from them I created in my dance that light flattering of the arms, hands, and fingers, [...]" in: Ebd, S. 119.

9 Vgl. J. Schulze: Dancing Bodies Dancing Gender, S. 81.

Dore Hoyer und Vera Skoronel. Sie choreographierten Bewegungschöre, präsentierten sich zum Teil als Podiumstänzer auf Tourneen, veranstalteten eigene Tanzabende und versuchten den modernen Tanz als Bühnentanz zu etablieren. Die Improvisation galt dabei als Mittel zur Bewegungsfindung für den innovativen Tanz, der sich den Vorschriften des akademischen Balletts entgegenstellte.

Wichtigster Tanztheoretiker und Praktiker des sogenannten ,freien' Tanzes war Rudolf von Laban. In seiner Tanzschule auf Monte Verità experimentierte er mit Improvisationen, die nicht nur die Bewegung, sondern auch Wort- und Tonkunst beanspruchte, die der (Anti-)Kunst der Dadaisten ähnelte. Vor allem aber entwickelte er ein Improvisations-Instrumentarium als Lehrmethode, das elementare Grundthemen und Vorschläge zu Kombination und Variationen bereitstellt. Entgegen der Vermittlungsmethode des akademischen Balletts, die aus Demonstrieren und Nachahmung besteht, bestimmte die Lehre des kreativen Tanzes das aktive Experimentieren und Improvisieren mit Bewegung und war mehr prozess- als zielorientiert.

Laban maß dem ,creative dance'[10] eine freie Tanztechnik zu, die wesentliche Merkmale der Tanzimprovisation beschreibt. Jedoch nutzte er den Begriff der Improvisation nicht, sondern beschreibt diese Tätigkeit schlicht mit „spontanen Kombinieren":

> In einer freien Tanztechnik, also einer Technik ohne vorgefassten oder vorgeschriebenen Stil, wird das gesamte Spektrum der Bewegungselemente erprobt und geübt. Aus dem spontanen Kombinieren dieser Elemente erwächst eine fast unbegrenzte Vielfalt an Schritten und Gesten, die dem Tänzer zur Verfügung stehen.[11]

Rudolf von Laban beschäftigte sich vor allem auch mit der Gestaltung von Bewegungschören.[12] Schon bei der Arbeit auf Monte Verità stand der Tanz in der Gemeinschaft im Mittelpunkt seines Interesses. Als

10 Rudolf von Laban schrieb seine Bücher in englisch, da er 1938 nach England emigrierte. In seinem Buch: ,Der moderne Ausdruckstanz in der Erziehung. Eine Einführung in die kreative tänzerische Bewegung als Mittel zur Entfaltung der Persönlichkeit' nutzt er den Begriff ,creative dance', der im deutschen als ,moderner Ausdruckstanz' übersetzt wurde.

11 R. von Laban: Der moderne Ausdruckstanz in der Erziehung, S. 41.

12 Vgl. Martin Gleisner: Tanz für alle. Von der Gymnastik zum Gemeinschaftstanz, Leipzig: Hesse & Becker 1928, und auch Hedwig Müller/Patricia Stöckemann: „...jeder Mensch ist ein Tänzer", Gießen: Anabas 1993, S.18-23.

Laban 1922 nach Hamburg kam, gründete er dort die Schule *Hamburger Bewegungschöre Rudolf von Laban*. Im Bewegungschor fand Laban eine künstlerische Ausdrucksform, die insbesondere für den Laien zugeschnitten war.

Improvisation spielte in zwei verschiedenen Graden bei den Bewegungschören eine Rolle. Es gab einen Vortänzer, der improvisatorisch Bewegungen vollzog. Diese Bewegungen musste der Rest der Gruppe spontan imitieren und nachvollziehen. Das Imitieren von Bewegung erfordert einen kleinen Grad an Improvisation, ist aber dennoch als Improvisation zu bezeichnen, da spontan Bewegung gestaltet wird. Die Rolle des Vortänzers dagegen erfordert einen hohen Grad an Improvisation und die Gestaltung des Bewegungschors hing von seinen improvisatorischen Fähigkeiten ab. Es konnten sich auch mehrere Gruppen von der Großgruppe abspalten, sodass mehrere Bewegungsanführer die Gestaltung übernahmen. Strukturierende Angaben zur Improvisation waren, dass die Bewegungen großräumig, klar und einfach sein mussten, damit die Folgenden die Bewegungen so gut wie möglich zeitgleich nachahmen konnten. Wenn dann durch die Improvisationen bestimmte Themen erarbeitet waren, wurden diese dann für eine Aufführung festgelegt. In der Aufführung selbst wurde weniger improvisiert. Die Improvisation fungierte also hauptsächlich als Erarbeitungsmethode, weniger als Aufführungsmethode.

Der Bewegungschor, der für Laientänzer konzipiert war, sollte Bewegungen hervorbringen, die ‚reiner' sein konnten, als die ‚künstlichen' Bewegungen im künstlerischen Tanz. Deswegen unterscheidet Laban hier deutlich zwischen dem Berufstänzer und dem Laien und unterstreicht dabei das Potenzial des Laientanzes:

> Man darf die Wirksamkeit des Bewegungschors nicht mit dem Bühnenspiel verwechseln. Im Bewegungschor wird nicht im Sinne des Schauspielers, oder des Berufstänzers die eigene Persönlichkeit dauernd verwandelt und nach künstlerischen Gesetzen verwandelt umgestimmt. Der Tänzer im Bewegungschor gibt sich selbst, nur gereinigt und erhöhter, seiner Idealform näher gespannt. Er holt aus seinen Tiefen den neu erweckten Bewegungssinn und verankert ihn dauerhaft und kräftig in seinem Wesen durch die begeisternde, bekennende Tat der Bewegungsdarstellung nicht als Einzelner, sondern als Teil der lebendigen, größeren Gruppe.[13]

13 Rudolf von Laban: Vom Sinn der Bewegungschöre, in: Schrifttanz 3.Jg. H.II, Wien 1930, S. 25-26.

Mary Wigman, langjährige Schülerin von Rudolf von Laban, die berühmteste Vertreterin des deutschen Ausdruckstanzes, nutzte die Improvisation in ähnlicher Weise wie Laban als Erarbeitungsmethode, zur Findung der Bewegungsthemen, die aus „innerer Notwendigkeit, aus einem schöpferischen Zwang entstanden sind, [...]".[14] Sie arbeitete ebenso mit Bewegungschören, konzentrierte sich aber auch stark auf den individuellen Solotanz. Individuelle schöpferische Bewegung war für Wigman ‚absoluter Tanz'. Sie beschreibt innere Notwendigkeit als einen Teil ihres schöpferischen Arbeitsprozesses:

Aber es war auch, als hätte dieser Tanz seit langem in mir geschlummert, als brauchte ich nur ein Ventil zu öffnen, um dem schöpferischen Strom frei zu geben, als habe dieser Tanz nur darauf gewartet, nun endlich Gestalt und tänzerische Wirklichkeit zu werden.[15]

Wigman verstand die Improvisation als Vorstufe der Choreographie: Auf der Stufe der Improvisation wurde die Tänzerin zum Instrument ichrer Bilder und drückt ihr Inneres durch die Bewegung nach Außen. Auf der nächsten Stufe bearbeitete sie die gefundenen Bewegungsformen und legte sie in einer Choreographie fest.[16] Somit unterschied Wigman zwischen dem ‚Tanzerlebnis', aus dem der künstlerische Inhalt entstand und der ‚Tanzgestaltung', die die Arbeit des Formens und Komponierens bezeichnete:

Dort, wo Persönliches und Überpersönliches sich durchdringen, dort wo das persönlich Erlebte den Anspruch auf das Allgemeingültige erheben kann, dort vollzieht sich der schöpferische Akt. Dort bilden sich die künstlerischen Inhalte, die Form werden wollen. Dort beginnt der Weg, der vom Tanzerlebnis zur Tanzgestaltung führt.[17]

Damit machte Wigman auf den Zusammenhang von Inhalt und Form aufmerksam. Sie tanzte den ‚Wandel und Wechsel seelischer Zustände' und suchte das unmaskierte, unverwischte inneren Erlebens auszudrü-

---

14 Mary Wigman: Tanzerlebnis und Tanzgestaltung. Vortrag anläßlich des Sommerkurses 1948 in Zürich, in: Schriftenreihe der Akademie der Künste der Deutschen Demokratischen Republik (Hg.), Mary Wigman – Sprache des Tanzes, Berlin: Akademie der Künste der DDR 1998, S. 17.

15 Ebd.

16 Vgl. hierzu Gabriele Klein: Frauen Körper Tanz, Weinheim: Beltz Quadriga 1992, S. 189.

17 M. Wigman: Tanzerlebnis und Tanzgestaltung, S. 16.

cken. Mit der Suche nach einem ‚natürlichen' Körper erfand sie aber auch gleichzeitig neue Zeichen für den Tanz, so Fritz Böhme:

Da trat eine Tänzerin auf den Plan, die mit einer bisher nicht erlebten Gewalt und Intensität ihre Bewegungen in den Raum schleuderte, die für all und jedes neue Zeichen hatte, deren Eindringlichkeit erschütterte, begeisterte und berauschte. [...] es war das Lebendige selbst in Form gefügt und gewagt.[18]

Die Erfindung von neuen Bewegungszeichen im Tanz verdeutlicht, das mit der Etablierung des deutschen Ausdruckstanzes auch neue Vorschriften bzw. Codierungen entstanden, die das Image des neuen ‚freien' Tanzes schwinden lassen.[19] Mit der Suche nach Ursprünglichkeit und Authentizität entstand also auch ein neuer tänzerischer Code, der jedoch nicht auf eine fixierte Tanztechnik zurückzuführen ist, die durch pure Nachahmung zu erlernen wäre. Der deutsche Ausdruckstanz setzte auf Improvisation und erforschte verschiedene Methoden mit Improvisation umzugehen. Grundprinzip war die Freiheit des individuellen Ausdrucks im Tanz. Dies vertrat besonders Gret Palucca, eine ehemalige Schülerin von Mary Wigman. Ihr ging es nicht um Nachahmung von vorgeschriebenen Bewegungen, sondern vielmehr um das Potenzial von steter Veränderung von Bewegung. Prägend für das künstlerische Schaffen Paluccas war u.a. das Zusammentreffen und der enge Kontakt mit den Bauhaus-Künstlern, welche ihr künstlerisches Denken, sowie den Umgang mit Improvisation befruchtete. Vor allem der künstlerische Ansatz der Bauhäusler die freie schöpferische Persönlichkeit zu fördern, war ganz in Paluccas Sinne. Ebenso erforschte sie den räumlichen Umgang mit Improvisation, wenn sie beispielsweise auf Wassily Kandinskys Frage in seinem Atelier Übungen mit Kreisen und Dreiecken tanzte.[20] Somit beschäftigte sie sich hauptsächlich mit der Suche nach neuen Bewegungsthemen wie z.B. der bildenden Kunst, Musik und Lyrik, die improvisatorisch zu gestalten waren. Sie legte großen Wert auf Experimente und ließ ebenso ihre Pianisten auf die Bewegungen ihrer Tänzer improvisieren.

18 Fritz Böhme: Der Tanz der Zukunft, München: Delphin 1926, S. 13ff.

19 Vgl. C. Jeschke: „Wie die Technik des Balletts distanziert auch diese moderne Technik die tänzerische Erscheinung vom spontan Erlebten. [...] Der Gehalt verfestigt sich in Form; die natürlichen Bewegungen werden zu einem tänzerischen Code." In: Der bewegliche Blick, S. 155.

20 Vgl. Peter Jarchow/Ralf Stabel: Palucca. Aus ihrem Leben – Über ihre Kunst, Berlin: Henschel 1997, S. 92.

Mit Paluccas ‚Technischen Improvisationen' wurde das Improvisieren bühnenfähig. Jedoch musste sie stets die technische Grundlage improvisatorischen Könnens verteidigen und distanzierte sich insofern von der Improvisation als öffentliche Kunstform:

Seit ich tanze, improvisiere ich. In meinen Übungsraum, nicht in der Öffentlichkeit. Bei meinen Tanzabenden habe ich wiederholt technische Improvisationen gezeigt, aber das ist etwas ganz anderes. Als man nämlich behauptete, der deutsche künstlerische Tanz entbehre der ausreichenden technischen Grundlage, wollte ich beweisen, dass das nicht der Fall ist. Die technischen Improvisationen sind nichts weiter als Ausschnitte aus meinem Training.[21]

Palucca versuchte hier dem Image der Improvisation als ‚Nicht-Technik' entgegenzuwirken, indem sie öffentlich machte, dass Improvisation durchaus mit tänzerischer Technik zu tun hat. Vor allem in pädagogischer Hinsicht machte sie Improvisation stark und entwickelte in ihrer Schule in Dresden Methoden für den Improvisationsunterricht, wenngleich sie sich stets weigerte eine Methode festzulegen.

In den 1950er Jahren wurde allerdings der ‚Formalismus in der Kunst', wie auch der Ausdruckstanz vom Zentralkommitee der SED bekämpft. Die Palucca-Schule in Dresden wurde umstrukturiert - der Ausbildungs-Schwerpunkt des Ausdruckstanzes musste dem klassischen Ballett nach sowjetischem Vorbild weichen.[22] Ein Plakat, das für die Veränderung der Ausbildung in der Palucca-Schule plädierte, hatte die Aufschrift *Schluß mit den Improvisationen*.[23] Damit wird das Negativ-Image der Improvisationspraxis des Ausdruckstanzes deutlich, das zu dieser Zeit durch das politische Klima in der DDR der 1950er Jahre herrschte. Nach harten und langwierigen Kämpfen mit den Kulturfunktionären der SED fügte sich Palucca zum Teil den Veränderungen ihrer Schule, setzte aber weiterhin ihren Improvisationsunterricht durch, und prägte damit bis heute die Tradition der Schule.

21 Gret Palucca zit.n. Katja Erdmann-Rajski in: Gret Palucca: Tanz und Zeiterfahrung in Deutschland im 20. Jahrhundert: Weimarer Republik, Nationalsozialismus, Deutsche Demokratische Republik. Hildesheim/u.a.: Olms 2000. S. 189.

22 Vgl. P. Jarchow, Peter/Ralf Stabel: Palucca, S. 60.

23 Vgl. Dokumentarfilm: Ich will nicht hübsch und lieblich tanzen. Die Tänzerin- und Tanzpädagogin Gret Palucca (1902 - 1993), von Konrad Hirsch und Ralf Stabel, Dresden 2002.

Ab den 1940er und 1950er Jahren wurde die Improvisation auch als persönliche Bewegungsforschung für therapeutische Zwecke genutzt. Dadurch entstand ein neues Praxisfeld: die Tanztherapie. Pioniere in der Tanztherapie waren Liljan Espanac und Mary Whitehouse, beide waren Schülerinnen von Mary Wigman. Für die Theorie der psychosomatischen Bewegungspsychologie, die Espanac entwickelte, waren Sigmund Freuds und Alfred Adlers Theorien von Einfluss. Die Betonung in der Therapie lag auf der Suche nach individueller Bewegungsfreiheit durch bewusste Koordination von Körperteilen und rhythmische Improvisationen.[24] Mary Whitehouse ging für ihre tanztherapeutische Methode von C.G. Jungs Schule aus. „Es gelang ihr, eine Parallele zwischen Wigmans spontaner freier Bewegungsäußerung in der Improvisation und Jungs Selbstverwirklichung durch aktive Imagination zu entdecken."[25] Mary Whitehouse entwickelte die Tanzform Authentic Movement. Dabei geht es um die Erfahrung von Bewegen und bewegt werden.[26]

Am bekanntesten und einflussreichsten wurde die Tanztherapeutin Marian Chase. Ihre Arbeit mit den Patienten kam dem klinischen Verfahren der Psychoanalyse sehr nahe. Verspannte Körperbewegungen verstand sie als äußere Erscheinung innerer Konflikte und wurden durch Interaktion und Übertragung zwischen Patient und Therapeut behandelt. Sie entwickelte die Methode der Bewegungsspiegelung, welche heute noch eine der Hauptmethoden in der Tanztherapie ist.[27]

Die Wurzeln der Tanztherapie entstammen also dem deutschen Ausdruckstanz. Sie erforscht ebenso wie der Ausdruckstanz innere authentische Bewegungen, nutzt diese dann vielmehr für den Heilungs-

---

24 Vgl. E.V. Siegel/S. Trautmann-Voigt/B.Voigt: Tanz- und Bewegungstherapie. In Theorie und Praxis, Frankfurt/M.: Brandes und Apsel 1997, S. 11.

25 E.V. Siegel/S. Trautmann-Voigt: Ebd., S. 12.

26 In der Praxis von Authentic Movement wird die Tänzerin von einer wieteren Person beobachtet. Die Tänzerin schließt die Augen und wartet auf Bewegungsimpulse und den Prozess des Bewegtwerdens. Anschließend wird von beiden, von Tänzerin und Beobachter, das Geschehene besprochen.

27 E.V. Siegel/S. Trautmann-Voigt/B. Voigt: Ebd. S.14: „Weil sie selbst über eine äußerst disziplinierte Tanztechnik verfügte, gelang es ihr, spontan die Bewegungen ihrer Patienten aufzugreifen und nuanciert widerzuspiegeln. Durch dieses nonverbale zwischenmenschliche Angebot wurden sich die Teilnehmer ihrer eigenen Gefühle bewußt und der Art und Weise, wie sie auf andere wirkten."

prozess, als für den künstlerischen Ausdruck. Tanz als Therapie etablierte sich aber zunächst nur in den USA. Denn der Fortgang des deutschen Ausdruckstanzes, wie auch viele Experimente der künstlerischen Moderne, wurden durch den zweiten Weltkrieg unterbrochen. Die Aktivitäten der Ausdruckstänzer wurden zum größten Teil von den Nationalsozialisten verboten und früher oder später wurden sie zur tatsächlichen oder zur inneren Emigration gezwungen.[28] Nach dem zweiten Weltkrieg war dann die Ästhetik des Ausdruckstanzes nicht mehr gefragt, vielmehr erfüllte das klassische Ballett in seiner strengen Form und Ordnung, die Ideale der deutschen Nachkriegsgesellschaft. So wurde die Bewegungsforschung durch Improvisation vor allem in der amerikanischen Tanzszene in der zweiten Hälfte des 20. Jahrhunderts weitergeführt.

Insgesamt betrachtet lässt sich die Praxis der Improvisation in der ersten Hälfte des 20.Jahrhunderts als eine Erforschung nach ursprünglichen Bewegungen beschreiben, die einhergeht mit der Suche nach einem im tiefen Inneren gelegenen, authentischen subjektgeleiteten Selbst. Die Pioniere des modernen Tanzes (der tänzerischen Moderne), die von der Körperkulturbewegung der Jahrhundertwende beeinflusst waren und sich einer modernen, industriellen Gesellschaft gegenüber sahen, suchten den Weg ‚zurück zur Natur' und fanden dafür die Möglichkeiten der Improvisation für den Tanz. Isadora Duncan, Rudolf von Laban, Mary Wigman und Gret Palucca - wenngleich jeder Künstler seinen eigenen Ansatz verfolgte, vertraten sie alle das Ideal einer ‚reinen', ‚natürlichen' Bewegung, die aus dem schöpferischen Individuum hervorgehen sollte. Im Zuge dieser tanzgeschichtlichen Entwicklung wurden erste Techniken und Methoden für die tänzerische Improvisation begründet.

28 Mit der Machtübernahme der Nationalsozialisten wurde der Ausdruckstanz noch im nationalsozialistischem Sinne unterstützt. Für die Massenchoreographien bei der Olympiade 1936 in Berlin waren verantwortlich: Mary Wigman, Gret Palucca, Harald Kreuzberg und Maja Lex. Vgl. hierzu H. Müller/P. Stöckemann: ...jeder Mensch ist ein Tänzer.

1.2. Cunningham, Halprin, Dunn: Improvisation als Experiment und Bewegungsforschung

In Amerika konnte sich der Modern Dance vor allem durch die 1915 gegründete *Denishawn-School* ununterbrochen entwickeln. Schülerinnen dieser Schule, wie Doris Humphrey und Martha Graham etablierten ab den späten 1920er Jahren den Modern Dance als Bühnentanz, und erarbeiteten gleichzeitig spezifische Tanz-Techniken, die sie in ihren Tanz-Kompanien und Schulen unterrichteten. Aus ihren Schulen gingen bekannte Choreographen wie Merce Cunningham, Eric Hawkins, Paul Taylor, José Limon und Ann Halprin hervor. In den 1930er Jahren beeinflussten auch Gastspiele der deutschen Ausruckstänzern, wie Harald Kreutzberg und Mary Wigman, die Ästhetik des amerikanischen Modern Dance. Vor allem Wigman-Schülerin Hanya Holm trug zu diesem Einfluss bei, indem sie ein Wigman-Studio in New York eröffnete und so auch die Kenntnisse über Ausdruckstanz und Improvisation verbreitete. Ihre Schüler waren unter anderen Alwin Nikolais und Murray Louis, die den amerikanischen Modern Dance mitprägten und auch improvisierten Tanz in ihre Choreographien mit einfließen ließen. Mit ihren Kompanien gaben sie improvisierte *Lecture Performances* und brachten so auch langsam die künstlerischen Möglichkeiten von Improvisation dem Publikum näher. Das von Alwin Nikolais geprägte Motto: ‚Dance is motion, not emotion' gab dem derzeitigen Verständnis von Bewegung einen neuen Aspekt. Tanz sollte als pure Bewegung verstanden werden, losgelöst von persönlichem, individuellem Ausdruck.

Im Folgenden sollen drei Namen vorgestellt werden, die in besonderer Weise für die weitere Entwicklung und Erforschung von Tanzimprovisation und die damit einhergehende Prägung einer neuen Ästhetik des künstlerischen Tanzes, eine wichtige Rolle spielten: Merce Cunningham, Anna Halprin und Robert Ellis Dunn. Indem Anna Halprins und Robert Ellis Dunn Unterrichtsklassen vor allem auf Improvisationen basierten, entwickelten sie daraus neue Methoden und Techniken für die Tanzimprovisation, die den Tanz für die Bühne befruchteten. Merce Cunnigham experimentierte mit Improvisation insofern, dass er Tanz gleichberechtigt mit anderen Künsten verband und in Live-Performances spontane Kompositionen als künstlerisches Ereignis vorstellte. Ihm ging es weniger um die Bewegungsimprovisation, als um die Inszenierung des Zufalls - wenn mehrere Ebenen spontan zusammenfielen.

Merce Cunningham verstand, ähnlich wie Alwin Nikolais, tänzerische Bewegung als pure Bewegung jenseits von symbolischer Bedeutung. Er experimentierte mit verschiedenen choreographischen Methoden und arbeitete zudem in Künstlerkollektiven zusammen. In der Performance *Theater Piece No. 1*, die 1952 am Black Mountain College[29] stattfand, improvisierte Cunningham u.a. mit John Cage, Robert Rauschenberg und David Tudor.

Merce Cunningham tanzt, verfolgt von einem Hund, zwischen den Zuschauern, während David Tudor auf einem Klavier improvisiert und Rauschenberg alte Platten auf einem manuell angetriebenen Grammophon abspielt. Die zeitliche Struktur der Performance besteht aus unterschiedlichen „Abteilungen", in denen die Darsteller innerhalb gewisser Vorgaben frei improvisieren können.[30]

Diese Performance, die als richtungsweisende Performance in der Begründung der amerikanischen Performance-Kunst gilt, ist deswegen von so zentraler Bedeutung, da an ihr die Wendung zum nicht-narrativen und multidisziplinären Theater sowie die Improvisation als Aufführungspraxis (live spielen) deutlich wird. Neben dem Bruch mit Dualismen des traditionellen Theaters, wie z.B. Bühne - Zuschauerraum, Akteur - Betrachter, liegt der Fokus vor allem auf dem strukturellen Umgang mit Improvisation und dem Zufall. Im Fortgang von Cunninghams Schaffen sollte aber der Umgang mit dem Zufall wichtiger werden, als der Umgang mit improvisierter Bewegung. Er choreographierte hauptsächlich mit aleatorischen Verfahren. Durch Zufallsoperation und Würfelwurf werden die Tanzbewegungen und die Nutzung des Raumes entschieden. Obwohl der Zufall ein Aspekt der Im-

29 Das Black Mountain College war für die Entwicklung von Performance-Kunst von großer Bedeutung. 1933 gegründet fanden dort europäische Exilanten, darunter auch die emigrierten Bauhaus-Künstler ein künstlerisches Forum. Künstler aus allen Bereichen (darunter z.B. John Cage, Robert Rauschenberg, David Tudor, Schawinski, Cunningham) fanden dort Möglichkeiten der Zusammenarbeit und experimentierten mit neuen künstlerischen Präsentationsformen. Vgl. Vera Apfelthaler: Die Performance des Körpers - Der Körper der Performance, St. Augustin: Gardez! 2001, S.18ff.

30 V. Apfelthaler: Ebd, S. 20.

provisation ist, sind Zufallsoperationen nicht zu verwechseln mit improvisatorischer Bewegung. Die Stücke *Story* und *Field Dances* (1963) waren eine der wenigen, in denen die Tänzer während der Vorstellung sehr viel Raum für Bewegungs-Improvisation bekamen - es war Teil des Konzepts, spontan auf die vorliegenden Bedingungen einzugehen.[31] Diese Arbeitsweise sollte jedoch nicht typisch sein für Merce Cunninghams Ästhetik. Für ihn entstand Improvisation zu sehr aus dem Ego der Tänzer: „[...] I began to use random methods in choreography, to break the patterns of personal remembered physical coordinations."[32] Cunningham interessierte es vielmehr „ungeahnte Bewegungsabläufe zu komponieren, die primär aus der *Struktur* der Bewegung entstehen und nicht aus ihren gewohnten Fluss oder ihren tradierten ‚Logiken' erwachsen." So bemerkt Sabina Huschka zu Cunninghams aleatorischem Verfahren weiter:

> Tanzbewegungen werden im wörtlichen Sinne zusammengewürfelt, so daß sie nicht den Duktus persönlicher Entscheidungen tragen, sondern das Moment der Unbestimmtheit und des Unvorhersehbaren verkörpern.[33]

Ganz im Gegensatz zu den Prinzipien im Ausdruckstanz, sollte bei Cunningham die individuelle Persönlichkeit des Tänzers hinter der Bewegung zurücktreten, also nicht von persönlichen Entscheidungen getragen sein, sodass allein purer Tanz zu sehen ist. Die Bewegungsabfolgen, die durch die Zufallsoperationen entstanden sind, werden in der Choreographie für die Tänzer festgelegt. So bleibt so gut wie kein Raum live Bewegung zu improvisieren. Dennoch spielte die Live-Improvisation als Verfahren für Cunningham immer wieder eine Rolle - jedoch nicht auf der Bewegungs- sondern vielmehr auf der gesamttheatralen Ebene - wenn es um das Zusammenspiel der verschiedenen theatralen Parameter ging. Zum Beispiel im Umgang mit Tanz und Musik: Cunningham entkoppelte den Tanz von der Musik und ließ den Tanz ohne eine Orientierung durch Musik und deren Zeitmaß entstehen. In der Zusammenarbeit mit John Cage sollten Musik und Tanz nebeneinander bestehen können, während beide Künste auf der Bühne den gleichen Zeitraum verwendeten. Cunningham nutzte so die Impro-

31 Vgl. C. J. Novack: Sharing the Dance, S. 27.

32 Merce Cunningham zitiert nach Sabine Huschka: Merce Cunningham und der Moderne Tanz. Körperkonzepte, Choreographie und Tanzästhetik, Würzburg: Königshausen und Neumann 2000, S. 391.

33 S. Huschka: Ebd., S. 363.

visation zur Findung einer der Musik unabhängigen ‚Körperzeit': Die Tänzer finden durch Improvisieren eigene Zeiteinheiten (für sich selbst und in der Gruppe), die dann für die Choreographie festgelegt wird.[34] Dabei wird Improvisation zur Erfindung und Entstehung von Bewegungszeit eingesetzt.

Ein weiteres improvisatorisches Experiment, dass sich auf der musikalischen Ebene vollzog, war das Stück *Variations V* (1965), in dem die Tänzer durch Lichtschranken und Kontaktmikros Klänge auslösten, die die Musiker dann live am Mischpult arrangierten.[35] Somit entstand eine Live-Musikkomposition, weniger eine Live-Bewegungskomposition.

Wenngleich Cunningham kein Vertreter der Live-Improvisation von Tanz ist, war seine Arbeit dennoch prägend für die Experimente der Judson Church Choreographen, die sich in den 1960er Jahren hauptsächlich mit Live-Improvisation beschäftigten. Einige (z.B. Steve Paxton, Douglas Dunn, Judith Dunn) tanzten, bevor sie sich ihrer eigenen Arbeit zuwendeten, eine zeitlang in seiner Company. Sie nahmen den Einfluß von Cunninghams Arbeit mit und entwickelten mit ihren ‚Improvisational Dance Performances' eine neue Aufführungspraxis für den Postmodern Dance.

Die Tänzerin und Choreographin Anna Halprin beschäftigte sich seit den 1950er Jahren intensiv mit den Möglichkeiten der Improvisation für den Tanz und gab der Entwicklung des künstlerischen Tanzes in Amerika entscheidende Impulse. Neben ihren Aufführungstätigkeiten gab sie Improvisations- und Kompositionsklassen und gründete 1955 das *San Francisco Dancers Workshop* und später die bei San Francisco gelegene Ausbildungsstätte *Tamalpa Institut*. Halprin steht bis heute für die Vereinigung von Kunst und Leben ein, und verbindet stets den künstlerischen Tanz mit alltäglichen Aspekten. Sie experimentierte mit Improvisation auf der Bühne, machte die Zuschauer zu Teilnehmern im Bühnengeschehen, versetzte den Tanzort in andere Umgebungen (z.B. auf die Straße, Wälder, Felder etc.) und verband in ihren späteren Projekten Gruppenrituale mit kollektiver Kreativität.

---

34 Vgl. Gabriele Brandstetter: Intervalle. Raum, Zeit und Körper im Tanz des 20. Jahrhunderts, in: Hortensia Völckers/Martin Bergelt: Zeit-Räume. Zeiträume, Raumzeiten, Zeitträume, München/u.a.: Hanser 1991, S. 246.

35 Vgl. Kerstin Evert: Ständiges Update. Merce Cunninghams Arbeit mit neuen Technologien und Medien, in: Klein, Gabriele(Hg.): Tanz Bild Medien. Tanzforschung 10, Hamburg/u.a.: Lit 2000, S. 119.

In ihrer Arbeit durchging Anna Halprin verschiedene Phasen im Umgang mit Improvisation. Diese führten von der Suche nach Authentizität, über Strukturierung von Improvisation bishin zur Überzeugung des therapeutischen Nutzens der Improvisation. Der erste Antrieb sich mit Improvisation zu beschäftigen kam durch den Versuch sich von erkennbaren Tanzstilen, die sie selbst studiert hatte (Martha Graham, Humphrey-Weidmann, Hanya Holm), zu lösen. Die Befreiung von vorkonzipierten Bewegungen und gewohnten Mustern und die Suche nach der originalen, authentischen Bewegung stand zunächst im Vordergrund ihres Interesses. Am Anfang meinte sie die originale Bewegung in der spontanen Improvisation zu finden, später aber änderte sich ihr Verständnis von Improvisation und sie entwickelte Spiel-Pläne und Systeme. Sie unterschied zwischen der Improvisation, die keine Entwicklung beabsichtigt (etwa als Körpererfahrung) und der künstlerischen Improvisation, die ganz klar dramaturgische und prozessorientierte Aspekte berücksichtigt. Für Letzteres setzte sie statt Improvisation den Begriff der Exploration ein. „What I discovered was that I stopped doing improvisation, even stopped using the word, that freed me right away. So I began to substitute the word ‚exploration'."[36] Bei der Exploration wird durch bestimmte Regeln und einen Spiel-Plan eine konzentriertere, tiefere Bewegungsebene erobert. In ihrer Forschung fand Anna Halprin heraus, dass gerade in der Distanzierung von Subjektivität, d.h. durch Festlegung von Regeln und Strukturen, eine Eroberung von neuem, originalen Bewegungsmaterial (deeper level but particularly broader range) fern von gewohntem Material, zu finden sei.

The more limits you set on yourself, the more you are required to objectivy. The more you limit yourself you have to push the edges out to get at more material. See, if I were just improvising I'd go up to a certain point and I might just leave it and go to something else. An exploration requires that you stay on that particular path, focused on dealing with a particular element, for a given length of time. And that you can't just run off. Or you can't just move into some more familiar way of doing things.[37]

---

36 Anna Halprin in einem Interview mit Nancy Stark-Smith: After Improv, in: Contact Quaterly Fall 1987, Northampton (1987), S. 11.

37 A. Halprin: Ebd., S.12.

Somit erforschte Ann Halprin eine neue Methode durch Improvisation zu originalen Bewegungen zu gelangen – nämlich durch ein festgesetztes Regelspektrum Improvisationen vorzustrukturieren.

Anna Halprin arbeitet nach einer Skala von offenen bis geschlossenen Plänen und entwickelte das RSVP-Cycle-System. Dieses System besteht aus vier Arbeitsschritten[38]:

1. Recources (Quellen): Thema, Idee, Material.
2. Scoring (Planen): Der Spiel-Zeit-Raum der Improvisation wird geplant im Verhältnis zu Aktion, Zeit, Raum, Darsteller.
3. Performing (Aufführen): Der Plan wird realisiert, ausgeführt.
4. Valuacting (Bewertung): Die realisierte Aufführung wird bewertet: Hat der Plan funktioniert? Welche neuen Quellen werden benötigt? Wie kann man den Plan ändern? Fand eine Transformation statt?

Mit diesem System wird den Tänzern eine Situation geboten, in der sie die Möglichkeit erhalten ein weites Feld von originaler Bewegung zu entwickeln. Die Absicht, die Anna Halprin bei ihrer Arbeit stets verfolgt, ist die Verbindung von Authentizität und künstlerischer Kreativität:

> My greatest Challenge is to confront issues authentically and at the same time develop scores that generate powerful creativity for the dancers. I want social issues to be expressed imaginatively and in what to me is good art.[39]

Halprins Tanz- und Theaterarbeit in den 1960er Jahren zeichnete sich aus durch das Präsentieren von einer Bewegungsforschung, die jenseits von Tanztechniken lag. Beispielsweise nahm Halprin Alltagsbewegungen als Quelle der Bewegung und entwickelte daraus in Zusammenhang mit Requisiten Bewegungsabfolgen, die ein völlig neues Verhältnis zwischen den Darstellern entstehen ließ. In dem Stück *Apartment 6* aus dem Jahre 1965 entwickelten zwei Darsteller ihr Beziehungsverhältnis aus einer Bewegungsimprovisation mit einem Radio.

Die Spiel-Pläne für *Parades and Changes* (1965) gaben den Darstellern klare Instruktionen/Strukturen zur Improvisation. In dem Teil *Paper dance* lauteten die Instruktionen folgendermaßen: „Make ten single

38 Nach Anna Halprin in einem Interview mit Nancy Stark-Smith: Three Decades of Transformative Dance, in: Contact Quarterly Winter 1990, Northampton (1990), S. 25. Punkt 3 (Performing) und 4 (Valuacting) können auch in umgekehrter Reihenfolge stattfinden.

39 Anna Halprin in ebd., S. 23

sounds on the paper. Crumple the paper for sixty counts, then tear continously, listening to your sounds. When you have had enough, collect as large a bundle of paper as you can, and exit."[40]

Diese Art von Spielplan ist ein Beispiel für die Art, wie Anna Halprin ihre Stücke entwickelte und vorstrukturierte. Aus einfachen Plänen wurden in der Durchführung dann unvorhergesehene komplexe Szenenabläufe.

Anna Halprin experimentierte ebenso mit Spielplänen in ‚anderer' Umgebung. In *Experiments in the Enviroment* (1968) bewegten sich die Personen am Strand zwischen und mit Treibholz: „Our group went to a wild beach in Medocino, which had piles of driftwood. I asked everyone to make a structure to move in, using only the materials at hand."[41]

Für die Gruppenarbeiten wie *Ceremony of Us* (1969), *Trance Dance* (1970) und *Animal Ritual* (1971) erarbeitet Halprin mit ihrem *San Francisco Dancers Workshop* Spielpläne für größerer Gruppen von Menschen, die das Aufführen zu einem gemeinschaftlichen Erlebnis werden ließen. Anna Halprin organisierte bis in die 1990er Jahre Gruppenrituale, wie zum Beispiel *The Planetary Dance* (1987), an dem Gruppen aus aller Welt teilnahmen. Die Aufführungsorte waren in 63 Städten über die ganze Welt verteilt. Ebenso inszenierte sie mehrere *Earth Dances* (1986, 1987, 1988, 1991) - Gruppenrituale, die in der Natur stattfanden. Allen Ritualen unterlagen Strukturen, innerhalb derer die Menschen improvisierten. Halprins Interesse dabei lag auf der heilenden und meditativen Kraft, die durch das gemeinschaftliche Erlebnis in der Natur freigelassen wurde.

Die achtjährige Zusammenarbeit mit Fritz Perls, dem Begründer der Gestalttherapie, und ihr Interesse an Aufgaben-orientierter Bewegung, speziell dem Ansatz, den Mabel Todd in ihrem Buch ‚The Thinking Body'[42] nachgeht, prägte Anna Halprins Bewegungsforschung und ihr Interesse an therapeutischen Möglichkeiten von Improvisation. Fritz Perls therapeutischer Ansatz und Anna Halprins künstlerische Arbeit trafen sich an der Grenze zwischen Kunst und Therapie und eine Brücke sollte durch Halprins Theorie des *Life Art Process* gebaut werden. Unter dem Life Art Process verstand Halprin einen ganzheitlichen Ansatz, der Leben und Kunst verband:

40 Anna Halprin in: Rachel Kaplan (Hg.): Anna Halprin. Moving toward Life. Five Decades of Transformational Dance, Wesleyan: Wesleyan University Press 1995, S. 102.

41 Anna Halprin: Ebd., S. 109.

42 Mabel Todd: The Thinking Body, London: Princeton Book 1997.

> Wenn unser Tanzen auf diese Weise mit den Dingen, um die es in unserem Leben wirklich geht, verbunden ist, nenne ich dies Lebenskunstprozeß. Die tänzerische Arbeit versucht, den Zugang zur Lebensgeschichte der Teilnehmer zu erschließen und diese als Grundlage für künstlerische Arbeit zu nutzen.[43]

Aus diesem Prozess, der Arbeit mit Imagination, die Vorstellung von bestimmten Aufgaben/Themen/Bildern, und deren Transformation in Bewegung, entwickelte sich beispielsweise der *PsychoKinetic-Visualization Process*.

Durch den Prozess der Visualisierung (z.B. Träume auf riesige Leinwände aufmalen) findet nicht nur eine Transformation in Bewegung statt, sondern auch eine persönliche Transformation. Durch Bewegung kann der Körper sich soweit verändern, dass diese Transformation auch heilende Wirkung mit sich bringen kann. Die langjährige Arbeit mit Improvisation brachte Anna Halprin zur Überzeugung, dass tiefgehende Exploration von Bewegung zu einer Veränderung des Körpers und somit auch zur Heilung führen kann. Nach einer am eigenen Leibe erfahrenen Krebskrankheit und deren erfolgreiche Überwindung, schreibt Anna Halprin:

> Der hier beschriebene Ansatz, die Bewegung zu mobilisieren, basiert auf der Überzeugung, dass vom kontrollierenden und zensierenden Verstand unabhängige Bilder und Emotionen auftauchen, wenn wir statt der Sprache der Worte die Sprache der Bewegung benutzen. Worte bezeichnen, was wir bereits wissen; ausdrucksvolle Bewegungen offenbaren das Unbekannte. Empfindungen, Gefühle, Emotionen und Bilder, die lange in unserem Körper verborgen waren, treten durch Bewegung zutage. Dabei können wir auch alte Muster, Gewohnheiten und destruktive Überzeugungssysteme verändern.[44]

Diesen therapeutischen Ansatz des transformativen Tanzes, erreichte Anna Halprin nach ca. 30 Jahren, in denen sie die verschiedenen Recherchen und Experimente mit Improvisation durchführte. Dabei untersuchte sie das schöpferische, in ihrem Sinne transformative Potenzial und entwickelte Methoden und Strukturen für Improvisation, die für die Vertreter des Postmodern Dance in den 1960er und 1970er Jahren von großer Bedeutung waren.

---

43 Anna Halprin: Tanz, Ausdruck und Heilung, Essen: Synthesis 2000, S. 23.
44 A. Halprin: Tanz, Ausdruck und Heilung, S. 34.

Robert Ellis Dunn (1928 - 1996) leistete ebenso einen wichtigen Beitrag als Lehrer für Improvisation und Choreographie für den Postmodern Dance. Als Musiker studierte er bei John Cage, und kam dadurch mit Merce Cunningham in Verbindung. Er wurde Pianist der Merce Cunningham Company, und arbeitete auch u.a. für Martha Graham, Jose Limon, Helen Tamiris, Pearl Lang und Paul Taylor. Dadurch bekam er Einblicke in verschiedene choreographische Arbeiten und begann selbst Improvisation und Choreographie-Klassen zu unterrichten. Es entstanden daraus Studenten-Vorstellungen in der Judson Memorial Church in New York, welche sich später zu den Experimenten des Judson Church Theaters entwickelten, aus denen Yvonne Rainer, Steve Paxton, Simon Forti, Lucinda Childs, Trisha Brown und viele andere hervorgingen. Dunn interessierte in seiner Arbeit die sozial-konstruierte und kontextualisierte Natur der Bewegung, wie sie erscheint und aus sich heraus wächst. Danielle Bélec, eine Schülerin Dunns, beschreibt:

> As an extraordinary facilitator of new points of entry into movement vocabulary, poetic imaging, choreographic structuring, and personal expression, Dunn illustrated how the elements of expression necessary to create a dance arise out of ourselves. Feelings within our bodies, images that motivate us, and our own movement experiences in the world are the basis of creativity.[45]

Neben dem Studium der Laban Movement Analysis durch Irmgard Bartenieff waren Dunns Ansichten über tänzerische Komposition stark beeinflußt von John Cage. Er übernahm für seine Improvisationsarbeit ein Konzept von Cage, das Komposition von Musik in vier Ebenen unterteilt: Struktur, Methode, Material und Form. Auf Tanz übertragen, bedeutet die *Struktur* die Unterteilung des Ganzen in kleine Teile; die *Methode* erklärt wie der Tänzer die Bewegung von Moment zu Moment weiterführt; das *Material* bezeichnet die Wahl der Bewegungselemente. Die vierte Ebene von tänzerischer Komposition, die *Form*, versteht Dunn als „flavor or aroma that a piece gives of"[46] Im späteren Teil seiner Schaffenszeit verbindet Dunn den Begriff der Form vielmehr mit der Assoziation von Bild und Bedeutung im Tanz.

Dunn entwickelte in seiner Pädagogik eine Theorie: The Logic of Improvisation. Darin werden die Polarität und das Verhältnis von Be-

45 Danielle Bélec: Improvisation and Choreography. The Teachings of Robert Ellis Dunn, in: Contact Quarterly Winter/Spring, Northampton (1997), S. 42ff.

46 Robert Ellis Dunn zit.n. Danielle Bélec, ebd., S. 43.

wegung (*movement responses*) und Auslöser (*perceptuel cues*) in der Improvisation beschrieben. In diesem Zusammenhang bedeutet *Perceptuel Cue* die auslösende Information, die wahrgenommen wird und *Movement Responses* bezeichnet die Bewegung, die daraus resultiert. Der *Cue* löst die Bewegung aus und bildet (je nach Assoziation) die Form der Bewegung.

Dunn stellte drei Säulen als Erklärung für den Vorgang der Improvisation zusammen.[47]

(Perceptual) Cues	Co-Relations	(Movement) Responses
Where:	How:	What:
1 Outer 5 Senses Remembered & Imagined	Personal Association	Movement Vocabulary
		Movement Qualities
2 Inner	Arbitrary Rules & Choices	
Proprioception Kinesthetic Impulses Feelings Thoughts	Use of Imagery	Phrasing Individual or Group Events

Abb. 1: Quelle: Danielle Bélec: Improvisation and Choreography. The Teachings of Robert Ellis Dunn, in: Contact Quarterly Winter/Spring , Northampton (1997).

In der ersten Säule werden die Auslöser (*Perceptual Cues*) in wahrnehmbare Hinweise, die extern einfließen und sensorische Hinweise, die aus dem kinästhetischen Inneren des Körpers entspringen, unterteilt. Die externen, wie auch die internen Auslöser werden mit allen fünf Sinnen wahrgenommen, entweder als echt vorhandener Hinweis, oder erinnert und vorgestellt (imagined). Ein real vorhandener Auslöser (real cue) ist beispielweise ein Tisch im hier und jetzt, dessen Geometrie, die tanzende Person in ihrer Bewegung etwa beschreiben soll. Ebenso ist

47 Die Graphik ist entnommen von Danielle Bélec, ebd., S. 44.

eine Berührung eines anderen Tänzers ein real vorhandener Auslöser für eine daraus resultierende Bewegung.

Ein imaginärer Auslöser (remembered and imagined) ist beispielsweise die Vorstellung eines Duftes, an den der Tänzer sich erinnert und darauf in einer Weise tänzerisch reagiert. Imaginäre Auslöser sind grenzenlos, wie die Phantasie, so versteht Robert Dunn die Pädagogik von Improvisation auch als „Entwicklung von Bewegungsfantasie".[48]

Als mittlere Säule in dem Modell stellt Dunn die persönliche Assoziation, die willkürlichen Regeln und Entscheidungen, und den Gebrauch von Metaphorik des einzelnen Tänzers, auf. Das heißt, hier kommt es darauf an, wie die tanzende Person die auslösenden Hinweise übersetzt und welche Verbindungen zwischen den Auslösern und persönlichen Assoziationen, Entscheidungen und Vorstellungen, hergestellt werden.

Die Bewegungsantwort (die dritte Säule) formiert sich dann aus den Möglichkeiten von Bewegungsvokabular, Bewegungsqualität, Phrasierung und der Wahl zwischen individuellem Ereignis oder einem Gruppenereignis. Durch die dritte Säule konkretisiert sich die Bewegung noch einmal durch die Filtrierung der Möglichkeiten. Nicht nur die Übersetzungsform - das wie (zweite Säule) - hat sich entschieden, sondern nun realisiert sich die Tanzbewegung - was getanzt wird. Dies entscheidet sich durch die spontane Wahl aus dem eigenen Tanzvokabular (dem Bewegungsrepertoire im Gedächtnis), wie auch durch die spontane Wahl der Geschwindigkeit, der Bewegungsqualität und die spontane Komposition des Rhythmus der Bewegungen. Ebenso erschließt sich die Bewegung auch aus der Wahl, ob die Person solistisch improvisiert oder sich innerhalb einer Gruppe oder an einer zweiten Person orientiert.

Dieses Drei-Säulen-Modell macht neben dem grundsätzliches Prinzip der Tanzimprovisation - Auslöser - Übertragung - Bewegung, die Vielzahl von Entscheidungsmöglichkeiten und Variierbarkeit von Bewegung in der Improvisation deutlich.

---

48 Die Grenzen zwischen einem realem Hinweis im (hier und jetzt) und einem imaginärem Hinweis sind jedoch fließend. Hier stellt sich schließlich die Frage, an welcher Stelle die Imagination einsetzt. Der reale, konkrete Auslöser, beispielsweise das laute Aussprechen (eines anderen Tänzers) eines Körperteils, veranlasst, dass die angesprochene Person die Aufmerksamkeit auf jenes Körperteil setzt und damit sofort eine mentale Verarbeitung einsetzt. Vgl. hierzu Danielle Bélec: Ebd., S. 46.

Robert Ellis Dunn arbeitete mit diesem Drei-Säulen-Modell in seinen Improvisations- und Kompositionsklassen, um die Auslöser einer improvisierten Bewegung und deren Variationsmöglichkeiten den Studenten nahezubringen. Besonders wichtig dabei war ihm der aktive Umgang mit den Bewegungsauslösern und die Nutzung der Imaginationsfähigkeit während der Übertragung in Bewegung. Dabei lag die Konzentration auf dem Imaginieren von Bildern als visueller wahrzunehmender Hinweis, und sich der formbildenden Möglichkeiten dieser Bilder bewusst zu sein. Kleinste Veränderungen eines imaginierten Bildes können beispielsweise einen großen Wechsel in der Bewegungsqualität (Phrasierung und Dynamik) ausmachen, ohne dabei das grundsätzliche Bewegungsvokabular zu ändern. Besteht zum Beispiel eine Improvisation zunächst aus Gehen und Stoppen, kann diese variiert werden durch Veränderung der Geschwindigkeit, Veränderung der Richtung oder beispielsweise durch das Zufügen von einfachen Gesten der Arme.[49]

Robert Ellis Dunn experimentierte mit den Inhalten des Drei-Säulen-Modells und kam durch detaillierte Variationen zu komplexen Bewegungsresultaten. Kombinationen zu variieren, und dabei stets Bewegungsmuster zu erneuern oder in neuen Facetten erscheinen zu lassen, wurde in der Arbeit Dunns zur wichtigsten Improvisationspraxis. So schreibt Dunn in seinem Aufsatz über Tradition und Innovation im Tanz:

> [...] what to me is ever and again new, inescabably, is the varying combination of elements and principles, the subtle network of crisscrossing and interacting traditions thrown up by the stream of time.[50]

Die Experimente und Bewegungsforschung, die durch Merce Cunningham, Anna Halprin und Robert Ellis Dunn vorangetrieben wurden, führten dazu, dass tänzerische Bewegung als variierbares Material entdeckt wurde. Es ging weniger darum persönliche, subjektgeleitete Bewegung zu suchen, sondern wenngleich alle drei unterschiedliche Ziele verfolgten, fand in den Arbeiten von Cunningham, Halprin und Dunn vielmehr eine Distanzierung von Subjektivität statt. Die Bewegung als

49 Vgl. Annie-B. Parsons/Sharon True: Notes on Dance/IMPROVISATION/Music: Workshop taught by Robert Ellis Dunn, in: Contact Quarterly 10/1, Northampton (1985), S. 19-23.

50 Robert Ellis Dunn: Tradition and Innovation in Dance, in: Contact Quarterly 13/3, Northampton (1988), S.15.

künstlerisches, varriierbares Material trat in den Vordergrund - das Persönliche trat zurück. Improvisation war nicht mehr nur Mittel zum Ausdruck von Individualität, sondern eine weitere Ebene kam hinzu: Improvisation funktionierte nun auch als ein strukturgeleitetes Mittel zur Komposition.

1.3. Spiel und Spontaneität: Improvisation als Live-Kunst

1961 wurde das *Judson Church Theater* in New York gegründet und die Mitglieder, wie etwa Simone Forti, Trisha Brown, Lucinda Childs, Judith Dunn, Yvonne Rainer und Steve Paxton experimentierten mit neuen Tanz- und Präsentationsformen. Das *Judson Church Theater* wurde zu einem Ort der Tanzavantgarde und prägte den Begriff des Postmodern Dance. Die Ästhetik der Aufführungen der Judson Dance-Gruppe wurde von einem neuen choreographischen Verständnis geprägt, dass durch aleatorische, aufgabenorientierte und minimalistische Verfahren, das Tanzvokabular des Modern Dance, brach bzw. erweiterte. Einfache, alltägliche Bewegungen wurden als Tanz deklariert und in verschiedenen Variationen transformiert. Fokussiert wurde mehr die formale, physikalische Komponente als die innere Motivation einer Bewegungsaktion der Tänzer. Die Choreographen des Postmodern Dance fanden neue Wege Tanz als pure Bewegung zu betonen und weniger die Bedeutung. Sie waren gegen Interpretation von Kunstwerken. Dieser Ansatz spiegelte den kulturellen Trend im damaligen Amerika wider, der in Susan Sontags Buch ‚Against Interpretation', das sie zwischen 1962 und 1964 schrieb, verdeutlicht wurde. Darin spricht sich Sontag für eine transparente Kunst aus, die nicht ‚bedeutet', sondern den Weg für Erfahrung öffnet. Mehr die Sinne, als der Intellekt sollen angesprochen werden:

> We must learn to see more, to *hear* more, to feel more. Our task is not to find the maximum amount of content in a work of art, much less to squeeze more content out of the work than is already there. Our task is to cut back content so that we can see the thing at all. [...] The function of criticism should be to show *how* it is, even *that* it is, rather than to show *what it means*.[51]

51 Susan Sontag zit.n. Sally Banes: Terpsichore in Sneakers, S. xxiff.

Um den Tanz-Zuschauern keine eindeutig interpretierbare Choreographie zu präsentieren, konzentrierten sich ein Teil der Judson Church Gruppe auf Live-Aufführungen von Tanz. Sie führten ‚Improvisational Dance Performances' auf. Diese zeigten ein breites Spektrum – von der einfachen Präsentation eines Tanzprozesses bis hin zu voll durchstrukturierten Improvisationen.

Die Improvisationsgruppe *The Grand Union* ging 1970 aus der Judson Church-Gruppe hervor. Tänzer wie Trisha Brown, Steve Paxton, Barbara Dilley, Yvonne Rainer, Nancy Lewis und David Gordon nahmen daran teil. Die Gruppe arbeitete im Kollektiv und setzte sich vor allem mit einer Ästhetik des Zufalls auseinander. Die Aufführungen waren reine Improvisationsabende. Von dem Aspekt der Bewegung über Musik bis hin zu Kostümen und Bühnentechnik, wurde alles mehr oder weniger dem Zufall überlassen. Es ging darum spontan mit der vorliegenden Situation umzugehen. Teilweise wurden Kostüme und Requisiten erst knapp vor Beginn der Vorstellung zusammengesammelt, um erst in der Aufführungssituation damit in Aktion zu treten. Die Vorbereitung der Tänzer wurde zum Teil der Aufführung gemacht. Das ‚Warm-up' stellte oft sogar den Beginn der Vorstellung dar.[52]

Das Bewegungsvokabular der *Grand Union* bestand aus alltäglichen Bewegungen, aus denen durch das spontane Kombinieren durch Zufall dramatische Situationen und Bilder entstanden:

> Movement consisted largely of low-key rock-dancing, stretching, or tasklike activities – dragging a ladder, piling chairs, sweeping the stage space, or pulling a rope. Performers tested the weight of an object, reiterated and expanded a simple phrase of movement, or positioned themselves in relation to any of the various items strewn about the space. Unpredictably, these actions coalesced: the pile of paraphernalia turned into a throne, or the rope became a noose, sketching a setting for dramatic exchange.[53]

Diese zufällig entstandenen dramatischen Bilder, die den Zuschauer in bestimmte Erwartungen versetzten, wurden zugleich wieder gebrochen und in körperliche Aktionen aufgelöst. Die Mitglieder der Grand Union verstanden Bewegung nicht als Träger einer bestimmten Bedeutung. Sie spielten vielmehr mit den Bedeutungen, die unvermeidlich den Aktionen ‚zufielen', um dann auf die pure Physikalität von Bewegung zu verweisen. In den Live-Aufführungen der *Grand Union* sahen sich

52 Vgl. S. L. Foster: Dances That Describe Themselves, S. 83.
53 S. L. Foster: Ebd., S. 80.

die Darsteller stets einem Experimentierfeld gegenüber, indem sie den Umgang der zufällig entstehenden Situationen praktizierten und damit ein neues Verständnis von tänzerischer Bühnenkunst vermittelten.

Etwa zeitgleich wie die *Grand Union* beschäftigte sich auch die *Daniel Nagrin's Workgroup* (1968 - 1974) intensiv mit den Möglichkeiten der Live-Improvisation im Tanz. Die *Workgroup* experimentierte mehr mit dramatischer Interaktion, mit Tanz-Bewegungen, die metaphorische Assoziationen auslösen sollten. Es ging für die Darsteller darum, in der Aufführung Charaktere aufzubauen, die psychologisch motiviert waren und sich in jeder Vorstellung veränderten. Für die Vorbereitung der Aufführungen entwickelte die Gruppe improvisatorische Strukturen und Übungen, die in Form von ‚jammings', ähnlich der Jam-Sessions im Jazz, geprobt wurden. Nagrin, der sehr mit dem Jazz Dance verbunden war, versuchte für diesen eine Improvisations-Methode zu entwickeln. Paradoxerweise - obwohl die Jazz Dance-Technik in engem Zusammenhang mit der Jazzmusik steht, bei der ja eines der wichtigsten Elemente die Improvisation darstellt - wird im professionellem Jazz Dance so gut wie garnicht improvisiert.[54]

Nagrin's Absicht war es auch, die Zuschauer an dem Prozess der Charakterentwicklung teilnehmen zulassen, nicht nur im Sinne einer visuellen Beobachtung, sondern auch im Erspüren der emotionalen Zustände, die durch die Darsteller live aufgebaut werden. Der Fokus in Nagrin's *Workgroup* lag auf der Bewegung, die metaphorisch gedeutet werden kann. Ganz im Gegensatz zu dem Bewegungsverständnis der *Grand Union*, die einen formalen Ansatz vertraten und den Fokus auf die Physikalität von Bewegung legten, arbeitete Nagrin mit Bewegung und der Glaubhaftigkeit von Bedeutungen und Bildern.[55] Beide Improvisationsgruppen aber nutzten das Potenzial der Live-Improvisation und stellten dafür neue Arbeitsweisen bereit.

Jedoch spielte in dieser Zeit nicht nur der improvisatorische Charakter des Tanzes eine Rolle, sondern auch die politische und soziale Einstellung, die sich durch die Neu-Strukturierung der Sozialform einer Tanzkompanie im Sinne einer Enthierarchisierung zeigte.

54 Vgl. D. Nagrin: Dance and the Specific Image, S. 143ff.
55 Vgl. D. Nagrin: Dance and the Specific Image, S. 97.

In this period dance improvisation often carried social and political meanings, experienced by dancers and spectators alike as subversive, anarchic, democratic, anti-tradition, and anti-authoritarian.[56]

Eine politische Haltung verband vor allem die Tanzform Contact Improvisation, die während eines Workshops der *Grand Union* im Jahr 1972 ihren Anfang fand. Steve Paxton, der vornehmlich an dieser Tanzform arbeitete, suchte nach einer neuen sozialen Organisation von Tanz und versuchte herauszufinden, wie Improvisation eine physische Interaktion zwischen den Tänzern ermöglichte, an der die Tanzenden gleichgestellt teilnahmen und hierarchische Gruppenkonstellationen unbeachtet ließen. Dabei entstanden Bewegungstechniken, die ein Rollen, Fallen, Anspringen und Hebungen der Körper ermöglichten. Als ‚demokratisches Duett'[57] bezeichnet, bezieht sich diese Improvisation vor allem auf den ‚reagierenden Körper'[58], der den vorhandenen Energiefluß nicht blockiert, sondern die Dynamik der Bewegung weiterleiten kann. Durch Improvisation wurde versucht ‚Demokratie' auf allen Ebenen des Tanzes (Körperteile, Bewegungen, Mann-Frau, Musik, Raum, Gruppe) zu praktizieren.

Ebenso beschäftigte sich Richard Bull in seiner langjährigen Lehrtätigkeit am Department of Dance an der University of New York, Brockport, mit seiner *New York Chamber Dance Group* mit improvisatorischen Möglichkeiten für den Tanz. Er trainierte seine Tänzer darin, choreographische Entscheidungen zu tätigen, während sie tanzten. Insofern lag der Fokus auf dem spontanen Komponieren, bei dem alle choreographischen Prinzipien, beachtet werden mussten. Becky Siegel, Tänzerin, beschreibt die Arbeit:

We learned how to look at movement, how to analyze structure, how to think about composition. As a teaching technique choreographic improvisation has an almost magic ability to balance what is lacking in a dancer's background. After so many years of practice of choreographic improvisation, I've found that the ultimate goal of Richard's work for me is the point where choreographie and improvisation meet, when improvisation attains the form and

56 Cynthia J. Novack : Some thoughts about dance improvisation, in: Contact Quarterly 22/1, Northampton (1997), S. 18.

57 Vgl. S. Banes: Terpsichore in Sneakers, S. 57.

58 Vgl. C. J. Novack ‚The responsive body' in: Sharing the Dance, S. 189ff.

deliberateness of choreography and choreography the brilliance and spontaneity of improvisation.[59]

Dies macht deutlich, wie intensiv der Akt der Improvisation geübt, erfahren und trainiert werden mußte, um von einer ‚Kunst des Improvisierens' sprechen zu können.

The Judson Church, The Grand Union, Daniel Nagrin's Workgroup und *The New York Chamber Dance Group* – alle schöpften die Möglichkeiten von Improvisation aus, entwickelten neue Improvisationstechniken und praktizierten vor allem Tanzimprovisation als Live-Kunst auf der Bühne. Sie nutzten Improvisation, um das standardisierte Verhältnis von Choreograph und Tänzer aufzulösen und die Verantwortung im Kreieren von Tanz kollektiv zu tragen. Genauso zeigten die Aufführungen die Erkundung der Grenzen von möglichen Tanzbewegungen. Alle betonten mehr den Prozess als das Produkt und boten dem Zuschauer einen neuen Zugang im Verständnis von Tanz. Und, Improvisation gab allen die Möglichkeit eine Gruppe als Gemeinschaft zu erfahren und zu erobern.[60]

Seit den 1960er Jahren bewegte sich die Improvisationspraxis vornehmlich in der Tanzszene des Postmodern Dance oder später in Kreisen der sogenannten New Dance-Szene. Der Begriff New Dance als Tanzform entwickelte sich im Zusammenhang mit der englischen Zeitschrift ‚New Dance Magazin', deren Namen Tänzer vom Chisenhale Dance Space in London in den 1970er Jahren erfanden.[61] New Dance meint die Verschmelzung verschiedener Tanztechniken mit Improvisation und hat seine Wurzeln im experimentellen Postmodern Dance, wobei der Begriff New Dance in Amerika nicht so gebräuchlich ist, wie in Europa, wo diese Tanzströmung sich erst später verbreitete. Neben England, wo sich schon in den 1970er Jahren eine intensive New Dance-Szene manifestierte, entstanden in den 1980er Jahren Tanzzentren für New Dance in Holland, Amsterdam die *School for New Dance Development*, in Arnhem und Düsseldorf das *European Dance Development Center* sowie in Deutschland die *Tanzfabrik* in Berlin.

Die *Tanzfabrik* wurde 1978 von Dieter Heitkamp, Reinhardt Krätzig, Christine Vilardo, Sabine Lemke und Norbert Mauk, gegründet. Eine Fabriketage in Berlin-Kreuzberg stellte den Ort dar, an den Tänzer und

59 Becky Siegel zit.n. Susan Leigh Foster: Dances that describe themselves, S. 109.

60 Vgl. S. L. Foster: Ebd., S.106ff.

61 Vgl. Thomas Kaltenbrunner: Contact Improvisation, S. 18ff.

Künstler inspiriert von Contact Improvisation ein Forum für künstlerische Arbeiten fanden. Die Verbindung von Kunst und Alltag wurde dort praktiziert, indem die Etage als Tanz- und Lebensstudio umgebaut wurde. Dadurch entstand ein kollektiver Arbeits- und Lebensraum und die Aufhebung der Trennung zwischen Privatleben und Arbeit. Die *Tanzfabrik* fungierte als Theater, Probenraum und Schule. Ihr Workshop-Programm war hauptsächlich verantwortlich, vor allem durch Dieter Heitkamp, für die Verbreitung von Contact Improvisation in Deutschland.[62] Das *Tanzfabrik*-Kollektiv arbeitete grenzüberschreitend und versuchte neue Verbindungen zwischen Tanz und anderen Kunstbereichen aufzunehmen. So beschäftigten sich beispielsweise Dieter Heitkamp mit Tanz und bildender Kunst, Jacalyn Carley mit Tanz und Wort, Ka Rustler mit Bewegungsforschung und Claudia Feest, Sabine Lemke und Heidrun Vielhauer mit der Stilrichtung des Tanztheaters. Ebenso entstanden Video- und Filmprojekte in Zusammenarbeit mit den Filmemachern Lutz Gregor und Rudi Ewals, wie auch Open-Air-Performances wie etwa Antja Kennedys *Natura non facit saltos* am Haus am Waldsee in Berlin. Nicht alle Stücke waren improvisiert – in dem Künstlerkollektiv wurden unterschiedliche Theaterkonzepte für den Tanz entwickelt, darunter war ein Konzept stark mit den Prinzipien der Improvisation verflochten. In der Beschreibung eines späteren Stückes *Zerfall der Schwerkraft* (1992) von Dieter Heitkamp und Kurt Koegel wird deutlich, wie ein Theaterkonzept aus der Einbindung von Live-Improvisation hervorging:

> Ein Forschungsbericht, der die Zuschauer in eine Welt poetischer Wissenschaft und Magie der Bewegung entführt. Das Stück setzt sich aus choreographierten und frei improvisierten Passagen zusammen. Diese Verbindung ist die Basis für ein Theaterkonzept, das auf Interaktion und auf die kommunikativen Fähigkeiten der Bewegung an sich setzt und dabei Bühnenbild und choreographische Form konfrontiert.[63]

Die Experimente der Improvisation als primäres Prinzip im Probenprozess und auch ‚live', wie auch die Suche nach neuen Verbindungen des

62 Christine Vilardo, aus Philadelphia kommend, führte Contact Improvisation als neue Tanzform ein, verließ aber das Kollekiv 1980 wieder. Vgl. Irene Sieben : 20 Jahre Tanzfabrik – nicht nur eine Tanzgeschichte, in : Claudia Feest (Hg.) : Tanzfabrik Berlin. Ein Berliner Modell im zeitgenössischen Tanz. 1978-1998, Berlin: Hentrich & Hentrich 1998, S. 13.

63 In ebd., S. 79.

Tanzes mit bildender Kunst, Musik, Text und Architektur, zeichnete die Arbeit des Kollektivs der Tanzfabrik in den 1980er und 1990er Jahren als richtungsweisenden Ansatz im künstlerischen Tanz aus.

Auch im Osten Deutschlands etablierte sich seit Mitte der 1970er Jahren eine Tanzimprovisationsbewegung, die sich als Live-Kunstform verstand. Dr. Peter Jarchow, Pianist und Professor für Tanz- und Ballettmusik, und Hanne Wandtke, Tänzerin, Choreographin und Dozentin für Modernen Tanz und Improvisation an der Palucca-Schule, entwickelten in Dresden eine besondere Form des Improvisierens. Sie entwickelten die Idee, Improvisationsabende mit Tänzern und Musikern während der Musikfestspiele in Dresden zu veranstalten und organisierten Improvisationsaufführungen an der Dresdner Oper bis hin zu Improvisations-Performances in der *Blauen Fabrik* sowie an verschiedenen öffentlichen Orten in Dresden. Das Improvisieren in der Natur, wie z.B. an den Stränden von Hiddensee und Sylt, war wichtiges Element. Jarchow und Wandtke ging es vor allem darum, in der Tradition der Palucca-Schule ein Improvisations-Handwerk zu vermitteln. Ihre Arbeit betont die enge Verbindung von Musik und Tanz sowie die Zusammenarbeit mit anderen Künsten im künstlerischen Gesamtzusammenhang. So entstand mit diesem Ziel 1975 der Winterkurs für Improvisation in Dresden, wo sich Musiker, Tänzer, Schauspieler und bildende Künstler mit unterschiedlichen Improvisationsweisen auseinandersetzen.[64]

Die Improvisationsabende hatten formale wie auch szenisch-darstellerische Themen und waren um die Zeit der Wende durchaus politisch, wenn z.B. das Motto des Abends ‚Nichts einfacher als das' hieß und beiläufig von den Performern Kommentare wie ‚sich reinigen' oder ‚sich wenden' fielen. Eine reduzierte Performance mit politischer Aussage gab z.B. auch das Stück *Strip/Marie* ab, welches den Protest gegen die Schließung des Künstlerhauses ‚Villa Marie' beinhaltete:

> Es war nicht möglich, dieses Künstlerhaus zu erhalten. In einer Aktion haben wir die geschundene ‚Marie' geteert und gefedert, schliesslich geschlossen und uns von ihr verabschiedet. Ich stand nackt und mit Blattwerk bemalt im Fliederbusch und zog mit tänzerischer Gestaltung nach einer schwarzen Armbinde ca. fünfzig Kleidungsstücke übereinander – sozusagen umgekehr-

64 Mittlerweile wird der Winterkurs von der Palucca-Schule in Zusammenarbeit mit dem Deutschen Institut für Improvisation und verschiedenen Kunsthochschulen und Universitäten Deutschlands veranstaltet. Vgl. Angela Rannow (Hg.): Mondscheingiraffen, S. 16.

ter Striptease – und wurde völlig zugepackt fortgetragen. Dies alles zu sakraler Musik von Michael Praetorius. Zuerst Handschuhe, Unterwäsche, Pullover, mehrere Hosen, Jacken, Mäntel, Mützen, Hüte, Schuhe u.s.w. Von Tänzerischem konnte zum Schluß natürlich keine Rede mehr sein. Es war eine wahnsinnig anstrengende Performance, aber trotz des ernsten Themas saukomisch.[65]

Wandtke und Jarchow dachten immer über neue Formen der Improvisation nach und sehen bis heute das Ziel des Dresdner Winterkurses für Improvisation eine bestimmte Auffassung von Kunst, Pädagogik und Improvisation zu vermitteln. Der Stil, der in den Improvisationsabenden sichtbar wird, weist auf die Qualität des Ausdruckstanzes hin.

Sie weisen Bewegung und Klang Bedeutungs- und Ausdrucksqualitäten zu und erproben mit ihnen narrative oder visuelle Mitteilungen, die jedoch blitzschnell wechseln oder zumindest variieren können. Sie bestehen auf einer unmissverständlichen Theatralität, die sie für trainierbar halten. Sie sehen, hören, tanzen und schlüpfen in Rollen und Rhythmen, erproben *dramatis personae*, Zustände und Stimmungen, sie spielen im wahrsten Sinne des Wortes Theater mit Tanz und Musik.[66]

Aus der Tradition des Ausdruckstanzes heraus wenden sich die ‚Dresdner Improvisationen' auch neueren Tanzformen zu, wie beispielsweise der Contact Improvisation, die sich seit den 1980er Jahren von Amerika über England ausgehend zunehmend in Europa verbreitete.

Besonders in Belgien (*P.A.R.T.S.*), Frankreich und England arbeiten Tänzer und Choreographen verstärkt mit New Dance. Tanztechniken wie Release Technique, Contact Improvisation und verschiedene Body-Mind-Praktiken wie etwa Yoga, Alexander-Technik und Body-Mind Centering sowie Kampfkunstarten wie Tai Chi und Aikido bilden die Schwerpunkte in der tänzerischen Ausbildung. Neben der ‚älteren' Generation von Improvisatoren wie Steve Paxton, Yvonne Rainer, Lisa Nelson, Nancy Stark-Smith, Trisha Brown, Douglas Dunn, Simone Forti, Judith Dunn, Lucinda Childs, Deborah Hay, Mary Fulkerson arbeiten heute intensiv mit Live-Improvisation u.a. Aat Hougee, Mark Tomkins, Julyen Hamilton, Kirstie Simson, Pauline de Groot, Katie Duck, Boris Charmatz, David Zambrano, Christina Svane, Meg Stuart,

65 Hanne Wandtke in: Ebd., S. 28.
66 A. Rannow: Ebd., S. 8.

Jonathan Burrows, Ingo Reulicke und viele mehr. Für diese Künstler definiert sich der Improvisations-Begriff als kaum differenzierbar von der Komposition bzw. der festgelegten Choreographie: „ [...] it became obvious that it was impossible to dissociate improvisation from composition; they [the improvisers] are composing in the instant."[67]

Die Arbeiten der hier erwähnten Künstler und Gruppen betonen den Umgang mit Improvisation als Live-Kunst. Ähnlich dem Genre der Performance-Art, die sich im allgemeinen als Live-Kunst bezeichnen lässt[68], hat sich die Tanzimprovisation im 20. Jahrhundert aus dem Einfluss der europäischen Avantgarde heraus über die ersten amerikanischen Performance-Experimente und der Live-Kunst der 1960er und 1970er Jahre bis hin zu einem zeitgenössischen Theaterkonzept für Tanz entwickelt.

Choreographische Methoden für den Tanz wurden erweitert, Improvisationstechniken und Methoden bereitgestellt: Choreographie wurde neu verstanden. Improvisation als Live-Kunst entstand aus der Abwendung von traditionellen Tanzformen und ihren als einschränkend empfundenen Möglichkeiten. Durch die Überschreitung von Grenzen, in der Verflechtung mit anderen Kunstformen und der Erforschung der Improvisation als kompositorisches Instrument und Tanzkonzept, findet die Choreographie zu einem neuen Begriff: Choreographie wird nicht mehr nur als im Raum festgeschriebener Tanz, der nur im voraus geplant und festgesetzt zur Aufführung kommt, verstanden.

Die ‚Improvisierte Choreographie'[69] gibt dem alten Begriff eine neue Seite, die sich in den Qualitäten von Spontaneität und Lebendigkeit wie auch in der strukturierten Komposition des live improvisierten Tanzes äußert.

1.4. Eine andere Art von Geometrie freilegen: Improvisation im Ballett

In der Entwicklungsgeschichte des Balletts wurde etwa bis zu den 1970er Jahren wenig getan, um die Möglichkeiten der Improvisation zu erforschen. Das Planen und die Fixierung von Bewegungsabfolgen und die Geometrisierung der tanzenden Körper kennzeichneten die ersten

67 A. Benois: On the Edge, S. 9.

68 Vgl. R. L. Goldberg: Performance.

69 Diesen Begriff verwendet auch Susan Leigh Foster. Vgl.: S.L. Foster: Dances that Describe themselves.

Ballette Ende des 16. Jahrhunderts. Das Aufkommen verschiedener Tanzbeschreibungen verdeutlicht den Versuch Tanz zu fixieren. Mit der Gründung der Academie Royale de la Danse in Paris durch Ludwig den XIV. wird das vorhandene Bewegungsmaterial 1661 offiziell kodifiziert. Als Tanzschrift veröffentlicht Raoul Anger Feuillet das reglementierte Bewegungsmaterial. Die Ballettbühne war ein Ort der Darstellung von strenger Ordnung, Vorgeplantem und Wiederholbarem. Barockballette, in denen das Genre des ‚Grotesco' eine wesentliche Rolle spielt, wurden genau kalkuliert.[70]

Die dramatischen Teile eines Balletts waren von der Choreographie (den Tanzteilen) getrennt. Improvisation, im Sinne pantomimischen Ausdrucks, war vermutlich nur in den dramatischen Teilen gefragt, die dazu da waren die Handlung voranzutreiben. Die tänzerischen Fertigkeiten nahmen zu und die Schritte wurden in den Tanzteilen genau festgelegt. Nach der Tanzwissenschaftlerin Claudia Jeschke waren die Choreographien der Ballette im 17. Jahrhundert weitgehend mechanistisch und festgelegt. Die Wirkung eines Balletts stand im Vordergrund und war deswegen genau geplant:

> Die Choreographie bleibt weitgehend mechanistisch. Sie äußert sich in virtuosen Variationen der kodifizierten und katalogisierten Bewegungen. Die beabsichtigte Rezeption des Balletts steht im Vordergrund, sie ist auf allen Ebenen des theatralischen Prozesses kalkulierbar.[71]

Mit der Ballettreform im 18. Jahrhundert - vorangetrieben von Jean George Noverre - wurde die Einheit von Handlung und Choreographie innerhalb eines gesamten Balletts gefordert. Da Noverre die pantomimische Geste und den dramatischen Ausdruck im Ballett betonte, konnte vermutlich die Improvisation für die Erarbeitung der Interpretation der dramatischen Bewegung im Probenprozess eine Rolle gespielt haben. Ob und wie viel in den Balletten Noverres live improvi-

70 Der Tanztheoretiker John Weaver schreibt 1712: „Grotesque Dancing is wholly calculated for the Stage, and takes in the greatest Part of Opera-Dancing,[…]", zit.n. Regina Beck-Friis: Tanz und Choreographie auf der Bühne des Schlosstheaters Drottningholm, in: Sybille Dahms/Stefanie Schroedter, Tanz und Bewegung in der Barocken Oper. Kongressbericht. Salzburg 1994. Innsbruck/u.a.: Studien-Verlag 1996, S. 27.

71 Claudia Jeschke: Körperkonzepte des Barock - Inszenierungen des Körpers und durch den Körper, in : Ebd., S. 98.

siert wurde ist nicht bekannt.[72] In seinen ,Briefen über die Tanzkunst' wird das Improvisieren von Tanz nicht erwähnt. Jedoch liegt die Betonung auf dem Ausdruck der Bewegung, der vom ,Kompositeur' (Choreograph) vorgeschrieben, aber von den Tänzern auf verschiedenen Wegen erreichbar sein kann:

Ein Ballettmeister muß sich bemühen, alle seinen tanzenden Personen an Handlung, Ausdruck und Charakter verschieden zu machen; sie müssen zwar alle an einem Ziele, aber auf entgegengesetzten Wegen, zusammenkommen, und sich einmütig beeifern, durch die Verschiedenheit ihrer Gebehrden und Nachahmung das auszudrücken, was ihnen der Kompositeur vorzuschreiben für gut befunden.[73]

Deutlich wird hier, dass Noverre die Individualität der Interpreten hervorhob und somit einen improvisatorischen Spielraum für die Tänzer einer Tanzkomposition voraussetzte. Die neu gefundenen Ausdrucksbewegungen bereicherten zwar das technische Tanzvokabular, wurden jedoch genauso reglementiert und festgelegt.[74]

Im klassischen Ballett des 19. Jahrhunderts ging die Tendenz hin zur Fixierung von Tanz, vor allem aufgrund des Voranschreitens der Professionalisierung im Tanz und der damit einhergehenden Entwicklung einer mustergültigen Ballett-Technik. Carlo Blasis, der als erster die klassische Ballett-Technik niederschrieb soll Improvisation als cho-

72 Eine wissenschaftliche Erforschung der Tanzimprovisation im 18. Jahrhundert steht noch aus, obwohl man hier nur sehr schwierig zuverlässige Quellen finden kann. Naheliegend wäre hier Schriften über das Leben der berühmten Ballerinen wie Marie Taglioni, Fanny Elssler, Carlotta Grisi oder Lola Montez, die sich durch ihre Solotänze von individuellem Ausdruck auszeichneten, zu untersuchen. Fraglich wäre hier, inwiefern den Ballerinen gerade durch den Solotanz, der die Möglichkeit von Improvisation und individuelle Ausdrucksmöglichkeiten zuließ, so viel Ruhm zukam.

73 Jean Georges Noverre: Briefe über die Tanzkunst, in: Max von Boehn, Der Tanz, Berlin: Wegweiser 1925, S. 126.

74 So schreibt Claudia Jeschke: „Dennoch gelingt es dem veränderten Inszenierungskonzept nicht, das traditionelle Verständnis vollständig zu erneuern. Es wird lediglich modifiziert: bestimmte Tanzformen werden durch Ausdruckshaltungen geschmückt, oder aber der Tanz zieht sich zugunsten der pantomimischen Darstellung ganz zurück.", C. Jeschke in: Körperkonzepte des Barock, S. 104.

reographisches Mittel empfohlen haben.[75] Die Betonung in seinen Lehrbüchern lag aber auf der Virtuosität und der Kunst der Bewegungsausführung.[76] Da Virtuosität nur durch ständiges Wiederholen und Üben erreicht werden kann, waren die Qualitäten von Unvorbereitetem und Spontaneität des improvisatorischen Tanzes nicht von Bedeutung. Die klassischen Ballette des 19. Jahrhunderts waren gut vorbereitet, geplant und das Schrittmaterial war fixiert - auf der Bühne wurde nichts dem Zufall überlassen. Einzige bekannte Ausnahme stellte die russische Ballerina Olga Preobrajenska (1870 - 1962) dar, die berühmt für ihre improvisatorischen Fähigkeiten gewesen sein soll. Von einer festgelegten Choreographie ausgehend, improvisierte sie in Art einer ‚Kadenz' im Anschluss einer Aufführung.[77] Hierbei muß es sich um die spontane Aneinanderkettung von bekannten, klassischem Schrittmaterial gehandelt haben.

Die klassischen Ballette, die ihren Höhepunkt in der zweiten Hälfte des 19. Jahrhunderts hatten, waren geschlossene Kunstwerke, hatten geordnete, kompositorische Regeln, in Dramaturgie, Stückaufbau und Bewegungsabläufen. Die Tänze waren streng fixiert, nur pantomimische Einlagen, wie z.B. die Verrückten-Szene in „Giselle", die zur Fortführung der Erzählung notwendig waren, gaben den Akteuren vermutlich improvisatorischen Spielraum.

Auch mit der Ballettreform durch die *Ballets Russes* Anfang des 20. Jahrhunderts wird die Tradition des Balletts, die Choreographie als festgelegtes, geschlossenes Kunstwerk zu präsentieren fortgeführt. Die *Ballets Russes* arbeiteten zwar mit innovativen Konzepten vor allem für die Rahmung eines Balletts, indem sie zeitgenössische Künstler (z.B. Benois, Bakst, Golowin, Korowin, Picasso, Strawinsky, Ravel, Debussy, Satie) in den künstlerischen Prozess miteinbezogen, experimentierten aber nicht mit tänzerischer Improvisation. Die Choreographen der *Balletts Russes*, wie Fokine, Nijinski, Nijinska oder Massine erforschten, jeder auf eigene Weise, neue Präsentationsmöglichkeiten von Ballett, legten die Bewegungen in der Choreographie aber genau fest. Abgesehen von der Notwendigkeit der Präsentation von Virtuosität im Ballett, und die damit einhergehende notwendige Wiederholbarkeit von Bewe-

75 Vgl. Katy Matheson: Improvisation, in: Selma Jeanne Cohen (Hg.), International Encyclopedia of Dance, Oxford: Oxford University Press 1998, S. 444.

76 Carlo Blasis: The Code of Terpsichore, New York: Dance Horizons 1977 (1825).

77 Vgl. Katy Matheson in ebd., S. 444.

gungsabläufen, musste die Wirkung einer Choreographie kalkulierbar sein, da die neuen Präsentationsweisen des Balletts das Publikum überzeugen sollte. Ähnlich innovativ, unter Einbezug der avantgardistischen Kunst, arbeitete auch das *Ballets Suédois*, z.B. grenzübergreifend, indem sie als ‚Pausenfüller' des Ballettabends *Relache* einen Film *entr'acte* (René Clair) dem Publikum präsentierten. Im Mittelpunkt stand hierbei das Experimentieren mit der Zusammenführung von unterschiedlichen Kunstbereichen, weniger das Experimentieren mit der Improvisation von Bewegung.

Improvisation war und ist im klassischen Ballett nie wirklich Teil des Konzepts - sie wurde lediglich, wenn es um mehr dramatischen Ausdruck ging, als interpretatives und für den Schaffensprozess als Arbeitsmittel für den Choreographen gebraucht.

Erst ab den 1970er Jahren öffneten sich auch Ballett-Choreographen improvisatorischen Experimenten. Freiere Formen in der Struktur hatten etwa Stücke der amerikanischen Choreographen, wie Glen Tetley *Voluntaries* (1973) und Eliot Feld *Impromptu* (1976) oder Richard Tanner's Duett *Eatin' Rain in Space* (1979) für Mikhail Baryshnikov und Heather Watts. Twyla Tharp, Mark Morris, Dana Reitz wagten sich ebenso auf improvisatorisches Terrain mit freier strukturierten Choreographien.[78]

Der zeitgenössische Choreograph William Forsythe, Leiter des Ballett Frankfurt, entwickelte etwa seit 1980 durch Improvisation neue komplexe Bewegungsformen, die eine inhärente Schicht im klassischen Ballett beschreiben. Er arbeitete und arbeitet vornehmlich mit klassisch ausgebildeten Tänzern:

> Um die Komplexität erreichen zu können, brauche ich Tänzer, für die der klassische Ballettkodex schon Instinkt geworden ist, so dass ich diese andere Art von Geometrie, die der sichtbaren Struktur des Balletts unterliegt, freilegen konnte.[79]

William Forsythe erforschte Improvisationsaufgaben und räumliche Orientierungen, durch die imaginierter Raum (Linien, Punkte, geometrische Formen) in Bewegung transformiert wird. In der CD-Rom *Improvisation Technologies. A Tool for the Analytical Dance Eye* werden die über zehn Jahre entwickelten Improvisationstechniken von Forsythe

78 Vgl. Katy Matheson: Ebd., S. 448.

79 William Forsythe in einem Interview mit Gerald Siegmund. Ballett International/Tanz Aktuell, Berlin 4 (1999), S.37.

demonstriert und erläutert. Die Tänzer können diese Orientierungen als Werkzeug für ihre Improvisationen nutzen und Forsythe bringt diese improvisatorischen Fähigkeiten der Tänzer in den Schaffensprozess seiner Stücke ein. Auch entwickelte er Choreographien, die durch strukturierte Improvisationen während der Aufführung erst zusammengesetzt wurden - sogenannte ‚Real Time Choreographies'. Dabei handelt es sich um Choreographien, die zwischen den festgelegten Strukturen Spielräume für die Tänzer bieten, „verstanden als Abschnitte in der Ablaufstruktur, in denen der eigentliche Aufführungstext im Moment der Vorstellung jeweils durch die Tänzer neu geschrieben wird".[80]

Auch die Choreographin Amanda Miller sucht aus der klassischen Ballett-Technik Bewegungsformen heraus, die sich aus Improvisationen bilden. Die Bewegungsqualität ihrer Choreographien unterliegt unter anderem den Prinzipien der Neun-Punkte-Technik.[81] Diese ist eine räumliche Orientierung für den Tänzer, die hilft choreographierte Bewegung sehr klar und deutlich in den Raum zu schreiben. Für die Improvisation stellt die Neun-Punkte-Technik eine Struktur dar, die den Tanzenden hilft spontan den Tanz zu kreieren. In ihren choreographischen Verfahren sind die improvisatorischen Fähigkeiten der Tänzer besonders auch in den Spielräumen der Interpretation gefragt. Die Choreographien von Amanda Miller bieten eine lückenhafte und durchlöcherte Struktur, die von den Interpretationen der Tänzer aufgefüllt werden.

Die Improvisationsarbeiten von Amanda Miller und William Forsythe zeigen, dass auch innerhalb eines klassischen Ballett-Kontexts Bewegungsforschung durch Improvisation funktioniert. Auf einer formalen Ebene wird das klassische Vokabular dekonstruiert, indem beispielsweise, ausgehend von einer klassischen Position, die Gelenke und Glieder durch Drehungen und Verschiebungen neue, fremdartige Positionen einnehmen.

Seit den 1980er Jahren beschäftigen sich Choreographen verschiedener Tanzstile mit Bewegungsforschung und der Reflexion über Tanz an

80 Kerstin Evert: William Forsythes Poetry of Disappearance, in: Gesellschaft für Tanzforschung (Hg.), Jahrbuch Tanzforschung 9, Wilhelmshaven: Noetzel 1999, S. 146.

81 Die Neun-Punkte-Technik basiert auf den Theorien von Rudolf von Laban und ist von Amanda Miller als Improvisationstechnik spezifiziert worden. Die Neun-Punkte-Technik wird im vierten Teil dieser Arbeit genauer betrachtet.

sich. Moderne Tanztechniken und die klassische Tanztechnik begannen sich zu vermischen. Klassischer und moderner Tanzstil stellten nicht mehr, was das Körperkonzept betraf, einen diametralen Gegensatz dar - Improvisationstechniken wurden zunehmend wichtiger. Balletttänzer und Choreographen öffneten sich dem New Dance und Body-Mind-Praktiken und damit einhergehenden Möglichkeiten der Improvisation. Der Choreograph Jonathon Burrows, ehemaliger Tänzer des Royal Ballets in London, beschäftigte sich mit Improvisation u.a. auch um die in seinen Körper eingeschriebene Balletttechnik verblassen zu lassen. Radikal wendet er sich im Tanzstil seiner Choreographien der *Jonathan Burrows Group* von der klassischen Balletttechnik ab. Der Höhepunkt dieser Abwendung findet sich in dem improvisierten Stück *Weak Dance Strong Questions*, das Burrows 2002 zusammen mit dem Nicht-Tänzer Jan Ritsema aufführte. Durch nebensächliche, nicht zu Ende geführte, ‚Halbbewegungen' verfolgt das Stück die Idee von Nicht-Tanz oder ‚schwachem' Tanz als Tanz.[82]

Improvisation im Ballett wurde in seiner Entwicklung zunächst nur als interpretatives und begrenzt choreographisches Mittel genutzt. Erst in den letzten zwei Dekaden des 20. Jahrhunderts, bekommt die Improvisation im Ballett einen neuen Stellenwert. Vor allem durch William Forsythe werden die Prinzipien des Balletts erweitert. Nicht nur, dass er in seinen *Real Time Choreographies*[83] Strukturen für Live-Improvisationen entwirft, sondern vor allem wird das klassische Ballettvokabular neu überdacht, indem anhand von Improvisation ‚eine andere Art von Geometrie' freigelegt wird. Die klassisch ausgebildeten Körper, erforschen die Räume zwischen den reglementierten Linien des Balletts, die sie bislang nicht erfahren und präsentiert haben. Diese Art von Bewegungsforschung innerhalb des Balletts, macht vor allem ein wichtiges Potenzial von Improvisation deutlich: festgeschriebene Muster aufzuweichen und neue Bewegungsräume zu erobern.

82 Im dritten Teil dieser Arbeit wird das improvisatorische Verfahren von Jonathan Burrows eingehend erläutert.

83 Eine ausführliche Betrachtung der *Real Time Choreographies* wird im dritten Teil dieser Arbeit erfolgen.

1.5. Angeleitete, kollektive Forschungsarbeit: Improvisation im Tanztheater

Der Choreograph und Pädagoge Kurt Jooss gilt als ‚Großvater' des Tanztheaters. Als Ausdruckstänzer in den 1920er Jahren aktiv, setzte er sich für eine neue Tanzästhetik im Theater ein. Er war Mitbegründer der Folkwangschule in Essen (1928) und bewirkte die Tradition eines kritischen, zeitbezogenen Tanztheaters, welches später für die Tanztheater der 1960er und 1970er Jahre zum Vorbild wurde. Die Choreographien von Kurt Jooss waren festgelegte, zeitüberdauernde Werke – vom Aufbau her ähnlich der Tradition klassischer kurzer Handlungsballette. Wenngleich Kurt Jooss auch dem klassischen Ballettvokabular nicht abgeneigt war[84], setzte er moderne Tanzbewegungen in einen zeitbezogenen theatralen Rahmen und suchte so den neuen Tanz neben dem akademischen Ballett als Bühnentanz zu etablieren. Als Gegenentwurf zum klassischen Ballett machte Jooss „proletarisches Tanztheater anstelle eines feudalistischen".[85] Die Themen seiner bekanntesten Stücke waren politisch ambitioniert (*Der grüne Tisch* 1932) und reflektierten kritisch soziale Verhältnisse der modernen Gesellschaft (*Großstadt* 1932). Improvisation von Tanz hatte für die Arbeit von Jooss keine große Bedeutung, ging es ihm doch vorrangig um die Vermittlung von geschlossenen fertigen Tanzwerken, die eine neue Ästhetik für den Bühnentanz behaupten sollten. Für die Ausbildung von Tanz aber maß er den Fächern Improvisation und Komposition besondere Bedeutung zu. Die Folkwangschule in Essen, dessen Leitung er nach längerem Aufenthalt in England, 1949 wieder übernahm, machte er zur richtungsweisenden Ausbildungsstätte des modernen Tanzes. Anstatt die Tänzer zur bloßen Nachahmung des akademischen Vokabulars anzuleiten, wie es vornehmlich im Ballett der Fall ist, sollten die kreativen Fähigkeiten des Individuums besonders gefördert werden. Aus dieser Schule hervor gingen Pina Bausch, Susanne Linke und Reinhild Hoffmann, die den Begriff des ‚Tanztheaters' in Deutschland, u.a. mit Gerhard Bohner und Hans Kresnik, ab den 1970er Jahren prägten. Das Tanztheater, das sich mit gesellschaftlichen Themen auseinandersetzt, zielt durch das Vorspielen/Vortanzen gesellschaftlicher (Miss-)Verhältnisse auf eine

84 Im Gegensatz zu Mary Wigman plädierte Kurt Jooss für die Beendigung der ideologischen Trennung von Ballett und zeitgenössischen Tanz. Vgl. Jochen Schmidt: Tanzgeschichte des 20. Jahrhunderts in einem Band: mit 101 Choreographenportraits, Berlin: Henschel 2002, S. 80.

85 Vgl. Ebd., S. 81.

Demaskierung der Gesellschaft ab. Die Choreographen finden unterschiedliche Inszenierungsweisen für den Tanz, die mal mehr politisch-dramatisch, wie etwa beim politischen Tanztheater von Hans Kresnik, oder mehr humorvoll-ironisch, wie bei den Stücken von Pina Bausch ausfallen. Gerhard Bohner verfolgte zum einen die Traditionsspuren von Oskar Schlemmer und begründete zum anderen eine ganz eigenwillige Ästhetik von Tanztheater. Reinhild Hoffmann beschäftigte sich stark mit der Verbindung von bildender Kunst und dem Körper. Susanne Linke arbeitete vornehmlich an körperlichen Ausdrucksformen und suchte, ganz im Erbe des Ausdruckstanzes, nach einer Ehrlichkeit des Körpers. Dies jedoch in einer radikalen Weise, gegenüber dem eigenen Körper und dem Publikum.

Insgesamt kann man sagen, dass das deutsche Tanztheater die Körpergeschichte im Tanz reflektiert und gesellschaftliche Themen radikal in Frage stellt. Bewegungstechnisch ist zum einen der Einfluss des Modern Dance deutlich zu erkennen, und zum anderen findet eine Tanzminimierung statt, die zum Teil Alltagsbewegung als Tanz inszeniert. Tanzimprovisation wird vornehmlich im Schaffensprozess zur Vorbereitung der Stücke, jedoch nicht als Live-Mittel, angewendet.

Vor allem Pina Bausch nutzt die Möglichkeiten von Improvisation, indem sie für ihre Arbeit eine spezielle Arbeitsweise entwickelte.

Während der Probenarbeit werden die Tänzer zu Improvisationen über von Bausch vorgegebenen Themen motiviert, um eigenständig zu erfinden und zu entdecken.

> In einem monatelangen Probenprozess entdeckte sie so jene Kleinstbausteine, aus denen sie schließlich das Mosaik eines Stückes zusammenfügt. Im jahrelangen kontinuierlichen Erproben und Erkunden solcher neuen Wege und in Zusammenarbeit mit einem sich personell zunehmend stabilisierenden Ensemble, entwickelte Pina Bausch ihre improvisative Arbeitsweise.[86]

Bausch interessiert es grundsätzlich was die Menschen in Bewegung bringt und nicht so sehr wie sie sich bewegen. Mit Fragen wie etwa: Was findest du an dir schön? oder: Wie bringst du dich selbst in Stimmung? erarbeitet Bausch zusammen mit den Tänzer Szenensequenzen, die dann später Teil der gesamten Inszenierung werden. Das Zusammenfügen von durch Improvisation gefundenen biographischen Elementen, Bewegungswiederholungen und stilisierten Alltagsbewegun-

86 Susanne Schlicher: Tanztheater.Traditionen und Freiheiten, Reinbek bei Hamburg: Rowohlt 1987, S.114.

gen wurde schwerpunktmäßig zu Bauschs choreographischer Methode. Improvisation fungiert hier also als Arbeitsmittel im Schaffensprozess, weniger als Aufführungspraxis. Ist das Mosaik erst einmal zusammengefügt, wird auf der Bühne nichts mehr dem Zufall überlassen. Die theatralen Parameter (Musik, Tanz, Bühne) sind genauestens aufeinander abgestimmt, festgelegt und kalkulierbar.

Ähnlich verhält es sich mit den Stücken der anderen Vertreter des deutschen Tanztheaters. Susanne Linke, Reinhild Hoffmann und Hans Kresnik nutzen die Improvisation im Schaffensprozess zur Entfaltung des Individuums, Findung von Themen und Tänzen, und zur Entwicklung von Charakteren, machen Improvisation aber nicht zum Stilmittel auf der Bühne.

Allgemein wird Improvisation im deutschen Tanztheater als Forschungsarbeit eingesetzt, die Funktion der Tänzer ist nicht eine nur Nachahmende, sondern die Tänzer agieren als Mitschöpfer im Arbeitsprozess. Die Stücke sind Ergebnisse einer angeleiteten kollektiven Forschungsarbeit. Die Emanzipation der Tänzer und eine flachere Hierarchie in der Kompanie-Struktur kennzeichnen die Tanztheater der 1970er Jahre. Das alleinige Schöpfertum (die Ein-Person-Autorschaft) eines Choreographen verliert an Bedeutung - die Choreographen nutzen das kreative Potenzial der Tänzer im Arbeitsprozess.

Die Improvisation als kollektive Forschungsarbeit bringt neue choreographische Methoden mit sich, die ebenso die Ästhetik des Tanztheaters kennzeichnen: Gefundene Bewegungsszenen werden collagenhaft zusammengebaut. Nicht mehr der von einem Choreographen erdachte durchgehende Handlungsstrang, sondern das Prinzip der Montage machen vornehmlich die Dramaturgie des Tanztheaters aus.

Nicht zufällig wachsen in der Zeit, in der Choreographen mehr und mehr kreative Mitarbeit verlangen, neue Ausbildungskonzepte für Tanz, die in Schulen wie z.B. in Amsterdam die *School for New Dance Development*, in Arnhem und Düsseldorf das *European Dance Development Center*, die *Tanzfabrik* in Berlin, *Laban Center* in London oder (*P.A.R.T.S.*) in Belgien, realisiert werden. Improvisation und Komposition sind wichtige Teile dieser Ausbildungskonzepte für Tänzer. Für diese bedeutet das, dass sie mehr kreative Fertigkeiten lernen. Somit können die Tänzer mehr über ihren eigenen Körper bestimmen. Die Tänzer bringen biographische Elemente in die Stücke ein - die „innere Bewegtheit“[87] ist mitunter zentrales Thema in Tanztheaterkonzepten.

87 G. Klein: Frauen Körper Tanz, S. 254.

Individuelle und kollektive Gefühlswelten, die aus den Improvisationen im Arbeitsprozess entstehen, werden in den Choreographien fixiert. Improvisation fungiert im Tanztheater als angeleitete, kollektive Forschungsarbeit.

1.6. Konzept-Tanz und Baustelle ‚Körper': Improvisation im reflexiven Postmodern Dance

Ende des 20. Jahrhunderts ist Improvisation im Tanz auf allen Ebenen der Praxis zu beobachten: Als Mittel für die Suche nach ursprünglichen Bewegungen, als Werkzeug für die Bewegungskomposition, als Live-Kunst, sowie als Mittel um „Zwischenräume" zu erobern. Verschiedene Arbeitsmethoden und Strukturen wurden für die Tanzimprovisation entdeckt und erprobt. Die Mitglieder des Judson Church Theaters gaben die entscheidenden Impulse für eine Improvisations-Bewegung, die mit dem amerikanischen Postmodern Dance begann, und sich später in Europa fortsetzte. Für den Bühnentanz etablierte sich eine Aufführungsform, die aus Live-Improvisation besteht und erprobte Strukturen und Techniken praktiziert, wie auch herkömmliche Muster (und dies als grundsätzliches Prinzip der Improvisation) immer wieder versucht aufzubrechen. Improvisationsfestivals in Europa, wie z.B. in den Theatern Frascati und Muiderpoort Amsterdam, im Kaaitheater Brüssel, oder beim Festival *Montpellier Danse*, verfestigten eine Tanzimprovisationsszene, die zum Teil durch die ältere Generation wie Steve Paxton, Yvonne Rainer, Simone Forti, Daniel Lepkoff und Lisa Nelson, wie auch durch die etwas jüngere Generation von Improvisatoren wie Mark Tompkins, Julyen Hamilton und David Zambrano befruchtet wird. Künstlerkollektive, wie *Klick-Clique* oder die *Magpie Music Dance Company (Katie Duck)* arbeiten mit Improvisation als Live-Kunst und verstehen Improvisation als spontane Komposition. Die Tanzstile dieser Aufführungen sind meist von Contact Improvisation, Release-Technik und New Dance geprägt, wie auch durch die Improvisation Technologies von William Forsythe oder der Neun-Punkte-Technik von Amanda Miller. Die meisten Improvisatoren aus der derzeitigen Tanzimprovisationsszene aber haben eine New Dance-Ausbildung und ihnen ist Improvisation als spontane Kompositionspraxis vertraut. Aus diesem Background gehen Choreographen hervor, die durch ihre improvisatorische Erfahrung neue Tanz- und Theaterkonzepte entwickeln. Ein Kooperations-Projekt, das aus der Idee entsprang Improvisation im Tanz neu zu beleuchten, wurde durch die Amerikanerin Meg Stuart initiiert, die 1994 von New York nach Brüssel übersiedelte. Die Gruppe *Damaged Goods*, die durch das Dreier-Kollektiv Christine de Smedt, David Hernandez und Meg Stuart organisiert wurde, startete 1996 beim Tanz-Festival *Klapstuk* im belgischen Leuwen eine Performance-Reihe, die in verschiedenen Städten (Wien, Paris, Lissabon, Moskau) verschiedene Künstler (Tänzer, Musiker, bildende Künstler, Video-Künstler) zusammenbrachte. Jede Performance, genannt *Crash Landing* thematisierte Kollektiv-Produktionen, die als relevant gelten für die Tanz- und Performancegeschichte. So bezieht sich *Crash Landing* u.a. auf Leonide Massines *Parade* (1917)[88], das Ballett *Relache* (1924)[89] und dem bereits erwähnten *Untitled event* am Black Mountain College aus dem Jahre 1952.[90] *Crash Landing* unterlag eine offene Struktur, an die sich die Teilnehmer orientierten – Risiko und Zufall wurden mitkalkuliert. Improvisation war nicht nur maßgeblich für die Aufführungspraxis, sondern die Reflexion der Geschichte von Körper, Performance und Improvisation waren Teil des Konzepts. Durch die Teilnahme von Tänzern die an der Entwicklung der Tanzimprovisation wesentlich beteiligt waren, wie etwa Steve Paxton, wurde die Geschichte der Improvisation auch real, durch die Präsenz ihrer ‚geschichtlichen' Körpers dokumentiert. Meg Stuart, die sich in den *Crash Landing*-Projekten als Choreographin zurücknahm und dabei den Werkbegriff als einen kollektiven verstand, beschäftigte sich in ihren anderen Stücken, die teilweise auch durchchoreographiert waren, vornehmlich mit dem Thema ‚Körper' und dem Versuch, sich diesem durch Bewegung anzunähern. Dabei versteht sie die körperliche Bewegung nicht als psychologisch motiviert, sondern sucht im Körper als Material nach den Bewegungen, die nicht ‚vergesellschaftet', nicht durch die Gesellschaft konstruiert sind.[91] Außergewöhnliche Bewegungen und verletzbare Körper resul-

---

88 *Parade* wurde von den Ballets Russes aufgeführt. Musik: Eric Satie; Libretto: Jean Cocteau; Austattung: Pablo Picasso.

89 *Relâche* wurde vom Ballets Suédois produziert. Musik: Eric Satie; Choreographie: Jean Borlin; Ausstattung: Francis Picabia. Es war ein Ballet in zwei Akten. Zwischen den beiden Akten wurde ein Film *Entr'acte* (Regie: René Clair) gezeigt.

90 Vgl. Helmut Ploebst: No Wind No Word. Neue Choreographie in der Gesellschaft des Spektakels, München: Kieser 2001, S. 20.

91 Gerald Siegmund schreibt in der FAZ über das Stück *Alibi* (2001) von Meg Stuart: „Psychologische Motivation hat die Choreographin bei ihrer Bewegungsfindung nie interessiert. Stets geht es ihr um den körperlichen

tieren daraus. In einem Interview mit Jonathan Burrows beschreibt Meg Stuart die Arbeit mit Tänzer, wie etwa dem berühmten Balletttänzer Mikail Baryshnikov, für den sie für das *White Oak Dance Project* ein Stück choreographierte (*Remote* 1997):

How do I break them [the dancers] out of their patterns? I think first I have to recognise their patterns! I had an interesting experience making a solo for Baryshnikov for the White Oak Project. I was interested in what kind of dance he has on his body. He is someone who is such a great mimic and interpreter and he has danced hundreds of pieces, but what is his own language, what is his own handwriting, how does he dance for himself? So I spend a lot of time with his eyes closed, just to see, 'How does he move if there is no one saying how to move?' And I think with that process, he was vulnerable, some barriers broke down, and maybe some patterns perhaps.[92]

Die Frage nach der Möglichkeit eines vollkommenen Bruchs von festgefahrenen Bewegungsmustern lässt Meg Stuart offen. Dennoch geht es immer wieder in ihren Stücken, um die *Annäherung* an einen Körper, der jenseits von Konventionen und Diskursen liegt. In dem Stück *Visitors Only* (2003) betreibt sie Bewegungsforschung nach Körpern ohne Erinnerung - gewissermaßen nach utopischen Körpern, deren Wahrnehmungen gestört sind, und die sich in flüchtigen und zerfallenen Bewegungen äußern.

In den 1990er Jahren ist der Körper und die Frage nach einem neuen Körperverständnis *das* Thema in zeitgenössischen Tanz-Konzepten.

Auffällig ist, dass eine Reflexion der Tanz- und Körpergeschichte in den Aufführungen stattfindet. Ähnlich wie *Damaged Goods* Teile der Tanzgeschichte in ihren Performances zitiert, arbeitet auch der Franzose Boris Charmatz mit einem historischen Ansatz. Für das Stück *Ouvrée* (2000) lud er Tanzkünstler wie Steve Paxton, Benoit Lachambre, Xavier le Roy, u.a. und den Lautdichter Bernard Heidsiek in die franzö-

Fall-Out, den nicht vergesellschafteten Rest, der sich in nervösen Ticks, physischen Deformationen und Erinnerungen äußert, die vom Körper beim Durchqueren des Raumes unweigerlich Besitz ergreifen.", zit.n. Jochen Schmidt: Tanzgeschichte des 20. Jahrhunderts, S. 433.

92 Meg Stuart im Programmheft zu einer Aufführung zu der Jonathan Burrows die Chreographen Paul Selwyn Norton, Meg Stuart, Michael Clark, Amanda Miller, William Forsythe/Dana Caspersen einlud. Jonathan Burrows: Conversations with Choreographers, London Royal Festival Hall 1998, S. 8.

sischen Alpen ein. In Bezug auf Dada und die Bewegungsexperimente von Monte Verità, fand die Performance in freier Natur statt.

Während des mehrstündigen Performance-Parcours durch die Wiesen und Matten des Massif Semnoz bildeten sich zur Überraschung des Publikums Bewegungschöre, wie sie von Rudolf von Laban und seinen Schülern überliefert sind: *Feierlicher Kanon* von Grete und Harry Pierenkämper sowie *Die Welle* von Albrecht Knust.[93]

Durch das tanzgeschichtliche Zitieren bezieht sich diese Performance auf die Frage nach der ,reinen' Bewegung, wie sie einst in den 1930er Jahren von den Ausdruckstänzern gestellt wurde. In der historischen Rematerialisierung jedoch präsentieren sich erneuerte, verschobene Körper und Bewegungen, die die Vorstellung von ,Reinheit' der 1930er Jahre, in einen neuen Zusammenhang bringen.

Boris Charmatz steht diesem ,reinen' Körper kritisch gegenüber. Auch zweifelt er an dem Ideal des ,demokratischen' Körpers, für den sich die Vertreter der Improvisationsbewegung der 1960/70er Jahre (bis heute) einsetzen. Diese in der Tanzgeschichte aufgekommenen Ideale verkehren sich zur Utopie. Charmatz plädiert für einen Körper der Differenz.[94]

Dahinter steht die Idee, dass auch die Improvisationspraxis nicht zu ,ursprünglichen' und auch nicht zu ,freien' Körpern und Bewegungen führt. Sie vermag es zwar, als Kreativitätsmittel, andersartige, neue Bewegungen hervorzurufen (und das bleibt ihr großes, kreatives Potenzial), kann aber nicht angesichts der Tendenz zeitgenössischer Tanzkonzepte um die Jahrtausendwende als Zugang zu einem subjektgeleiteten tänzerischen ,Selbst' verstanden werden. Dies wird nicht zuletzt im postmodernen Diskurs (des Körpers) widergespiegelt. So wird in neueren Tanzkonzepten von einem anderen Körperverständnis ausgegangen, indem die Improvisation mehr formal genutzt wird, und vielmehr mit dem Körper als Material gespielt wird, anstatt einen bestimmten Körper im Tanz zu suchen. Die ,Tanz- und Körperkonzepter', wie Jerome Bel und Xavier le Roy stellen mehrere Vorstellungen des Körpers auf die Bühne. Es geht nicht mehr um die Frage nach einer ,eigenen' Körpersprache, sondern vielmehr um das Spiel mit verschiedenen Identitäten. Jerome Bel:

93 H. Ploebst: No Wind No Word, S. 182ff.
94 Vgl. H. Ploebst: No Wind No Word, S.184.

Es gibt nicht so etwas wie ein einzelnes Subjekt oder ein einzelnes Zentrum. [...] Der Körper ist nicht ein Einzelner. Der Körper ist Milliarden von Körpern.[95]

Bei Jerome Bel kann man sich eines ‚eigenen' Körpers nicht mehr sicher sein. Die Aussage die dahinter steht ist, dass der Körper immer von Diskursen geprägt ist, keine Einheitlichkeit und Dauerhaftigkeit präsentiert, sondern rastlos, komplex und nicht greifbar ist. In *The Last Show* (1998) choreographiert Bel nicht selbst den Tanz, sondern bekam ein Stück Tanz der Choreographin Susanne Linke ‚geschenkt'. Vier Akteure bezeichnen sich als jemanden, der sie nicht sind (Andre Agassi, Jerome Bel, Hamlet, Susanne Linke) und viermal tanzen sie jeweils die Choreographie von Susanne Linke. Beim fünften Mal wird die Choreographie von jemanden hinter einem schwarzen Tuch getanzt. Ein Verwirrspiel mit Identitäten. Ähnlich wie in seinem Stück *Nom donné par l'auteur* (1994) reflektiert Bel darin „das Ende des Kunstwerks als persönlichen Ausdruck"[96] und Identität als stets wandelbare. Diese vom poststrukturalistischen Diskurs geprägte Thematisierung des Verlusts der Autorschaft[97] und des Verlusts eines subjektgeleiteten Körpers, die in den Stücken von Jerome Bel vorgeführt wird, ist auch in den Stücken von Xavier le Roy zu erkennen, wenn er beispielsweise im Auftrag von Jerome Bel das Stück *Xavier le Roy* (2000) choreographiert und selbst nicht darin spielt. Das Spiel mit Identitäten findet in diesem Stück ebenso statt, wenn er historische Körperbilder (Charlie Chaplin, Marylin Monroe, Napoleon, Michael Jackson etc.) zitiert und ironisch dabei auf einen/seinen/mehrere Körper verweist.

Xavier le Roy setzt sich in seiner Arbeit u.a. mit dem Postmodern Dance auseinander, mit den Fragen, die in den 1960/70er Jahren schon bezüglich neuer Präsentationsformen von Tanz gestellt wurden. Wie kann der von Diskursen geprägte Körper heute noch als Tanz auf der Bühne präsentiert werden? Wie lassen sich die codierten Muster brechen?[98] Seine Antwort auf Tanz ist eher untänzerisch, so zeigt er z.B. in *Self Unfinished* (1998) weniger einen tänzerischen Körper, als vielmehr

95 Jerome Bel „Ich bin dieses Loch zwischen ihren beiden Wohnungen", in: körper.kon.text. Das Jahrbuch der Zeitschrift ballett international/Tanz aktuell, Berlin: Friedrich Berlin 1999, S. 36ff.

96 J. Schmidt: Tanzgeschichte des 20. Jahrhunderts, S. 435.

97 Vgl. Roland Barthes: Der Tod des Autors, in: Fotis Jannidis/u.a. (Hg.), Texte zur Theorie der Autorschaft, Stuttgart: Reclam, S. 185-193.

98 Vgl. S. Huschka: Moderner Tanz, S. 321.

einen eingeschränkten Körper. Eine filigrane Bewegungs- und Körperforschung führt Le Roy zu choreographischen Mitteln, wie Deformierung, Verdecken und Entblößen, um die Unabgeschlossenheit des Körpers zu thematisieren. Die Materialität des Körpers und der Mechanismus einer Bewegung soll sichtbar gemacht werden.

Das Thema der Improvisation verfolgt Le Roy weniger live auf der Bühne, sondern eher, ähnlich wie Meg Stuart und Boris Charmatz, indem er Kollektiv-Performances initiiert, wie etwa das Projekt *Namenlos* (1998), das später mit dem Experiment *EXTENSIONS* #1 (Berlin 1999) und *Laboratorium* (Antwerpen 2000) erweitert wurde. Unterschiedliche Künstler, wie etwa Benoit Lachambre, Jennifer Lacey, Laurent Goldring, Shelley Hisch, u.a., wurden eingeladen, um sich „mit dem Problem, welche Bilder man unter den Bedingungen der Improvisation produziert“[99] zu beschäftigen. Thema war vor allem das Verhältnis von Produktion und Produkt innerhalb des Arbeitsprozesses von Tanz- oder Theaterperformances. Immer wieder mit Referenzen auf die Arbeiten des Judson Church Theaters, verweist Le Roy damit auf die Aufführung verstanden als ein ständiges Produzieren und nicht als fertiges Produkt. In dem Projekt sollte das ökonomisch-kulturelle System, in dem Tanz- und Performanceproduktionen entstehen, in Frage gestellt und neue Arbeitsmethoden erforscht werden. Le Roy greift bei der Improvisation nicht so sehr den Aspekt der spontanen Komposition als Aufführungsmethode auf, sondern vielmehr den Aspekt des Spiels:

> Daher scheint der Einsatz und die Erfindung von Spielen sehr gut für die Arbeit geeignet zu sein, da man während der Produktion und des Arbeitsprozesses nicht immer nur das Produkt als Ziel hat. Sie machen es möglich, die Produktion in das Produkt selbst zu verwandeln. [...]
> Ich hielt es für sehr interessant, von den Vorstellungen vom Spiel und vom Spielen gebrauch zu machen, um nach Methoden der Komposition zu suchen, Fragen zu Körpern und ihrer Darstellung nachzugehen und sich zugleich in einer Performance-Situation zu befinden.[100]

Dabei geht es bei *EXTENSIONS #1* und *Laboratorium* in erster Linie um den Bruch von herkömmlichen Arbeitsmethoden, um dadurch neue Körper- und Bewegungsmodelle zu schaffen. Die Arbeiten und Gedan-

99 Xavier Le Roy zit.n. H. Ploebst: No Wind No Word, S. 77.

100 Xavier Le Roy: Selbstinterview am 27.11.2000, in: Janine Schulze/Susanne Traub (Hg.): Moving Thoughts. Tanzen ist Denken, Berlin: Vorwerk 8 2003, S. 85.

ken von Xavier Le Roy sind von dem ambivalenten Wunsch nach einem anderen Ideal geprägt, das das derzeitige Tanz- und Performance-Modell ersetzen könnte. Die Ambivalenz des utopischen Aspekts betont er selbst, wenn er sagt:

Nun, einerseits denke ich, dass die Utopie immer notwendiger wird, je unmöglicher sie scheint. (Dank an Yvonne Rainer). Andererseits denke ich, dass, wenn Utopie noch Sinn macht, sie dies nicht als ein zukünftiges System oder sozio-institutionelles Modell tut, sondern als singuläre Modalität oder Tonalität für einen Prozess und eine Perspektive.[101]

So kommt die Arbeit Le Roys einer utopischen Baustelle gleich, in der die Utopie nicht als zukünftiges Ziel, sondern als Fiktion (als Teil der Utopie) in der Veränderung der Prozesse praktiziert wird. Tanz-Performance wird dabei als organisiertes Konzept gedacht, „das Arbeit ebenso einschließt wie Fragen über Performance und Körper-Repräsentationen und das dabei zugleich Performance ist".[102]

In zeitgenössischen Tanzkonzepten, wie etwa bei Jerome Bel und Xavier le Roy, wird nicht mehr viel getanzt (im herkömmlichen Sinne). Vielmehr handelt es sich um Konzept-Tanz: Körperkonzepte werden materialisiert, um dadurch gedankliche Aussagen zu transportieren.[103] Zitat und Wiederholung, und die dadurch entstehenden Verschiebungen, gelten als choreographisches Mittel, um auf den differenten Körper zu verweisen. Der Körper ist Untersuchungsmaterial und verweist als Zeichen auf multiple Identitäten.

Die hier angeführten Beispiele machen deutlich, dass die Epoche der ‚tänzerischen Postmoderne' nicht vorbei ist. Dieselben Fragen nach Möglichkeiten von Körper-Repräsentationen, beschäftigen die zeitgenössischen Choreographen ebenso wie die Vertreter des Postmodern Dance in den 1960/70er Jahren. Die Konzepte heute aber zeichnen sich dadurch aus, dass sie die *Reflexion* (die Arbeitsmethoden, das Körper- und Bewegungsverständnis) des Postmodern Dance in ihren Arbeiten zum Thema machen, wie es die hier angeführten Beispiele der Kollektiv-Performances initiiert von Meg Stuart, Boris Charmatz und Xavier Le Roy zeigen. Arbeitsmethoden und Ideen (wie z.B. Improvisation, Kollektive, andere Orte als Bühne, Alltagsbewegung als Tanz) werden

101 X. Le Roy: Ebd., S. 86.

102 X. Le Roy: Ebd., S. 80.

103 Susanne Linke über Jerome Bel: „Er entschlackt Tanz auf die Essenz einer gedanklichen Aussage." in: körper.kon.text. Das Jahrbuch, S. 38.

nicht neu kreiert, sondern vielmehr zitiert, analysiert und wiederholt, und in neuen Konstellationen vorgeführt. So kann am Anfang des 21. Jahrhunderts von einer Zeit des reflexiven Postmodern Dance gesprochen werden, in der die Experimente des Postmodern Dance reflektiert und bearbeitet werden. Die Experimente mit Improvisation im Tanz gehen weiter, jedoch in Relation zu einem zeitgenössischen durch die Tanzgeschichte gewachsenen Körperverständnis. Der Körper ist nunmehr eine Baustelle für verschiedene Entwürfe. Nachdem der ‚reine' oder ‚freie' Körper durch die Improvisation auf verschiedene Weisen ausgelotet wurde, sieht sich die Improvisationspraxis nun einem stetig sich wandelnden, differenten Körper gegenüber.

1.7. Zusammenfassung

In den Geschichten der Tanzimprovisation zeigt es sich, dass die Praxis der Improvisation verschiedene Entwicklungsstadien durchgangen ist, bis hin zu einer pluralen Anwendung, die in der Tanzszene Anfang des 21. Jahrhunderts zu beobachten ist. Die verschiedenen Praktiken und Ansätze der Improvisation (Strömungen) haben sich nicht gegenseitig abgelöst, sondern bestehen in vielen Formen nebeneinander. So nutzen Choreographen die Improvisation gleichermaßen als Mittel zur Bewegungsfindung, als Erarbeitungsmethode und als Aufführungspraxis. Unterschiedliche Tanzstile und Konzepte verweben sich miteinander und bringen neuartige Formen hervor. Diese Vielschichtigkeit in der Hervorbringung der Bewegung ermöglicht nur die Improvisation. Festgefahrene Bewegungstechniken und choreographische Verfahren werden aufgebrochen und in unvorhersehbarer Weise zusammengefügt: Eine Einheit im Konzept und Tanzstil kann hierbei nicht mehr ausgemacht werden, vielmehr kennzeichnet Vielheit und Buntheit die Improvisationspraxis.

Durch die Bewegungsforschung mit Improvisation ist immer auch eine Erweiterung des Choreographie-Konzeptes und dem jeweiligen Tanzverständnis einhergegangen. Fassen wir in Kürze die wesentlichen Improvisationsansätze des 20. Jahrhunderts zusammen:

So ist im modernen Tanz (Ausdruckstanz/Modern Dance ca. 1920-1940) die Improvisation für die Bildung neuer Tanzmuster verantwortlich und vor allem für ein neues Ausbildungskonzept (Laban, Palucca), das mit dem Fokus auf Prozess-Orientiertheit freie schöpferische Persönlichkeiten fördern sollte.

Mit den Experimenten des Postmodern Dance, der sich von den 1950er bis Ende 1970er Jahre datieren lässt, etabliert sich die Improvisation auch als Stilmittel in der Aufführung. Tänzerische Bewegung wird als kompositorisches Material entdeckt - das kreative Potenzial wird ausgelotet. Kompositions- und Improvisationsklassen (Halprin, Dunn) vermitteln improvisatorische Techniken.

Mit dem amerikanischen Postmodern Dance in den 1960/70er Jahren wird Tanzimprovisation sowohl formal (Judson Church), als auch metaphorisch (Nagrin's Workgroup) vor allem in Kollektiven bearbeitet. Improvisation als Live-Kunst und eine Ästhetik des Zufalls wird fokussiert. Ein politischer Ansatz im Sinne einer Demokratisierung des Tanzes (Contact Improvisation) steht hinter den Arbeiten.

Etwa zeitgleich entsteht das Konzept des deutschen Tanztheaters, dass gesellschaftskritisch das Verständnis von Tanz im Theater erweitert. Die Arbeiten betonen vor allem die Persönlichkeit und selbstständiges Arbeiten der Tänzer, was in neueren Ausbildungskonzepten (Folkwangschule) durch Improvisationsunterricht geschult wird. Dadurch können die Choreographen des Tanztheaters mehr kollektiv arbeiten und die improvisatorischen Fähigkeiten der Tänzer nutzen.

Im reflexivem Postmodern Dance (ab den 1980er Jahren) wird Tanz und seine Geschichte, wie auch die Fragen des Postmodern Dance reflektiert. Ebenso werden improvisatorische Arbeitsweisen und Mittel aufgegriffen und in zeitgenössischen Zusammenhang gebracht, um ein neues Licht auf die Tanzimprovisation zu werfen. Die im New Dance verankerten Tanztechniken (Contact Improvisation, Release, BMC) beinhalten Improvisation als zentrale Praxis und sind immer häufiger wichtiger Teil in der professionellen Tanzausbildung.

In der Pluralität von Präsentationsformen sind verschiedene Tanzstile nicht mehr eindeutig zu unterscheiden. Forschung am und durch den Körper als Material ist Thema zeitgenössischer Tanzproduktionen. Auch die Grenzen des Balletts weichen auf, indem durch Improvisation der Raum zwischen dem reglementierten Ballettvokabular erobert wird.

Die Tanzimprovisation hat im Laufe des 20. Jahrhundert mit ihrem Höhepunkt der Live-Improvisationen im amerikanischen Postmodern Dance der 1960/70er Jahre, eine steile Karriere durchgemacht. Ihr Stellenwert als künstlerisches Mittel hat sich stets erhöht und ist mittlerweile auch als Technik und kompositorisches Prinzip anerkannt. Während in den Improvisationen des Postmodern Dance Jahren die spielerische Exploration und eine Anti-Haltung gegenüber Tanztechnik dominierte, zeichnen sich die Improvisationen der 1990er Jahre durch die zentralen Aspekte der Improvisation wie z.B. Regeln, Risiko, Innovation, Zufall und die damit einhergehenden theoretischen Überlegungen für zeitgenössische Theater- und Tanzkonzepte aus.[104] Dabei nutzen die Choreographen die entwickelten Improvisationstechniken als schöpferisches Mittel und arbeiten sie in den jeweiligen künstlerischen Kontext ein. Das Reflektieren von immer wiederkehrenden Fragen zum Tanz (z.B. Was ist Tanz? Wie wird Tanz repräsentiert? Was für Körper tanzen? Wie wird Tanz wahrgenommen?) ist wesentlicher Bestandteil in den zeitgenössischen Konzepten. Denken von und durch Bewegung wird so in bunter Vielfalt in den Improvisationen der 1990er Jahre präsentiert.

104 Vgl. hierzu Sally Banes: Spontaneous Combustion. Notes on Dance Improvisation from the Sixties to the Nineties, Ann Cooper Albright/David Gere (Hg.), Taken by Surprise: A Dance Improvisation Reader, Connecticut: Wesleyan University Press, S. 77-88.

2. Theorie

Im Folgenden wird ein theoretisches Konzept vorgestellt, dass sich aus verschiedenen Aspekten der Tanzimprovisation zusammensetzt. Im Mittelpunkt des Interesses steht weiterhin die Frage nach der Formenentstehung in der Tanzimprovisation, vor allem aber auch die Frage nach dem Prozess von Veränderung und Hervorbringung von Neuartigem.

Da eine Theorie der Tanzimprovisation nicht ohne die Auseinandersetzung mit Körper-Theorien denkbar ist, muss zunächst der Körper-Diskurs besprochen werden. Daraus soll ein Begriff des Körpers abgeleitet werden, der für die Betrachtung der Tanzimprovisation sinnvoll erscheint.

Der Körper der Tanzimprovisation ist einer, der sich durch die einverleibten Tanztechniken herstellt. Deswegen werden zunächst die unterschiedlichen künstlerischen Tanztechniken anhand der jeweiligen Körperkonzepte vorgestellt. Anschließend wird in Anlehnung an Pierre Bourdieus Habitus-Konzept der tanztechnische Körper und die Bewegung der Improvisation als Produkt sozialer Konditionierung konkretisiert. Die Frage nach Aneignung von Tanzhabitus und dessen Herstellung soll durch die Betrachtung der Verschiebungen im mimetischen Prozess beleuchtet werden.

Im nächsten Kapitel wird der Frage nachgegangen, wie dann der Prozess der Erneuerung in der Tanzimprovisation denkbar ist. Dabei wird die Rolle des Zufalls betont und auf einer Mikroebene der Bewegungswechsel zwischen Ordnung und Chaos betrachtet, sowie das Fallen als Paradigma der Improvisation herausgestellt. Schließlich wird untersucht inwiefern sich emergente Bewegungsabläufe in der Tanzimprovisation ermöglichen.

Der nun folgende Gedankengang verbindet bewusst unterschiedliche theoretische Aspekte, die in den verschiedenen Wissenschaftsdisziplinen ihre eigene Betrachtungsweise haben, wie etwa Körper-Diskurs (Kulturwissenschaften), Tanzanalyse (Theaterwissenschaft), Habitus (Soziologie), Zufall (Stochastik), Emergenz (Wissenschaftstheorie), um gerade dadurch die Hybridität, Vielschichtigkeit und Reichweite der Improvisation herauszustellen. Diese interdisziplinäre Herangehensweise erfolgt insofern fragmentarisch, so es sich als Notwendigkeit zeigt für eine dem Improvisationsbegriff entsprechenden Betrachtung.

2.1. Körper-Diskurs

Die Untersuchung des Körpers in der Gesellschaft ist seit Ende der 1980er Jahre zentrales Thema von sozial- und kulturwissenschaftlichen Analysen.[1] Aus den theoretischen Diskussionen leiten sich unterschiedliche Körperbegriffe ab, die sich vor allem an zwei oppositionalen Konzepten festmachen lassen: dem essentialistischen und dem de-essentialistischen.

Einen essentialistischen Ansatz verfolgen anthropologische Theorien, in denen von einem natürlichen und ursprünglichen Körper als Essenz ausgegangen wird, der sich als gesellschaftliches Konstrukt darstellt. Der Mensch ist dabei von der gesellschaftlichen Umgebung geformt – die entscheidenden Formungen gehen jedoch aktiv vom Menschen aus.[2]

Die de-essentialistischen Theorien machen ein Körper-Verständnis aus, das in sozial-konstruktivistischen Theorien, im Poststrukturalismus und in Diskurstheorien zu finden ist. Der konstruktivistische Ansatz hinterfragt die Dichotomie von Natur und Kultur und hebt vielmehr hervor, dass es keine konstante Natur gibt, sondern die Natur des Menschen im permanenten Wandel immer schon vergesellschaftet ist, Naturhaftigkeit bereits konstruiert ist.[3]

---

1 Zu einer Soziologie des Körpers, vgl.: Robert Gugutzer, Soziologie des Körpers, Bielefeld: transcript 2004.

2 Vgl. Gunter Gebauer/Christoph Wulf: Mimesis. Kunst-Kultur-Gesellschaft. Reinbek bei Hamburg: Rowohlt 1998, S. 23ff.

3 Vgl. Paula-Irene Villa: Sexy Bodies. Eine soziologische Reise durch den Geschlechtskörper, Opladen: Leske + Budrich 2001, S. 13.

In Diskurstheorien des Poststrukturalismus wird der Körper als ein immer schon durch Sprache bezeichneter verstanden. Vor allem greifen die diskurstheoretischen Betrachtungen des Körpers in der Geschichte der Sexualität, wenn beispielsweise Michel Foucault Sexualität als Diskurseffekt der Wissensformationen der Moderne beschreibt und so dem Körper eine zentrale Bedeutung für wissenschaftliche und politische Debatten zuschreibt.[4] Auch in den diskurstheoretischen Analysen von Judith Butler wird der Körper als Effekt einer Bezeichnungspraxis verstanden. Im Diskurs der Gender-Diskussion stellt Butler ein Körperkonzept vor, das radikal die prädiskursive Gegebenheit des biologischen Geschlechts in Frage stellt und behauptet, dass auch die Wahrnehmung des anscheinend natürlich biologischen Geschlechts durch soziale Prozesse geformt wird, und demnach der geschlechtliche Körper selbst kulturell konstruiert ist. Die kulturelle Konstruktion ist allerdings verschleiert und erscheint deshalb als natürlich.[5] Dieser de-essentialistische Körperbegriff Butler steht dem essentialistischen Körperbegriff der Frauenforschung gegenüber, welche sich beginnend in den 1970er Jahren um eine Reformulierung eines weiblichen Körpers, der befreit ist von allen männlichen Projektionen, bemühte.[6] Vor allem wird Butler von Barbara Duden, die in ihrer 1987 veröffentlichten Körpergeschichte ‚Geschichte unter der Haut' einen anthropologischen Ansatz verfolgt, heftig wegen Butlers Dementierung eines biologischen Geschlechts kritisiert, indem Duden Butlers Theorie als ‚entkörpert' bezeichnet.[7]

---

4 Vgl. Heiko Stoff: Diskurse und Erfahrungen. Ein Rückblick auf die Körpergeschichte der neunziger Jahre, in: Hamburger Stiftung für Sozialgeschichte des 20. Jahrhunderts (Hg.), 1999. Zeitschrift für Sozialgeschichte des 20. und 21. Jahrhunderts, 14/2, Bern/u.a.: Lang 1999, S. 142-160.

5 Vgl. Judith Butler: Performative Akte und Geschlechterkonstitution. Phänomenologie und feministische Theorie, in: Uwe Wirth (Hg.), Performanz. Zwischen Sprachphilosophie und Kulturwissenschaften, Frankfurt: Suhrkamp 2002, S. 306.

6 Für diese Bemühungen einer weiblichen Selbstbestimmung und Neudefinition eines weiblichen Körpers und einer weiblichen Schreibweise (écriture feminine) stehen die Autorinnen wie Hélène Cixous und Luce Irigaray. Vgl. u.a. Luce Irigaray: Speculum. Spiegel des anderen Geschlechts, Frankfurt: Suhrkamp 1996.

7 Vgl. H. Stoff: Diskurse und Erfahrungen, S. 148. wie auch Barbara Duden: Die Frau ohne Unterleib. Zu Judith Butlers Entkörperung, in: Feministische Studien e.V. (Hg.), Feministische Studien 11, Stuttgart: Lucius&Lucius 1993, S. 24-33.

Der wissenschaftliche Diskurs um das ‚Verschwinden des Körpers' und de-essentialistische Körpertheorien, wird auch durch zeitgenössische Entwicklungen in der Computertechnologie und in der biotechnologischen Forschung sowie durch den Mediendiskurs[8] vorangetrieben und wirft (quasi als Gegenbewegung) die Frage nach der ‚verlorenen' sinnlichen Dimension des Körpers auf.

Dieses Problem der de-essentialistischen Körpertheorien, umgeht dagegen Pierre Bourdieus Theorie über die soziale Ungleichheit, indem er die praktische Dimension des Körpers aufgreift.[9] Sein Konzept des Habitus bezeichnet die Inkorporierung externer sozialer Strukturen (expressive, verbale und praktische Äußerungen bestimmter sozialer Gruppen, Klassen und Kulturen). Und diese Einverleibung externer Strukturen vollzieht sich im Medium der Praxis. Nach Bourdieu bildet sich dabei ein Sinn für die Praxis aus (sens pratique), der ein vorbewusstes praktisches Handlungswissen bereitstellt. D.h. diese Einverleibung geschieht quasi unbewusst, automatisch im Vollzug der Handlung und ist dabei ‚sinnvoll'.[10]

Diese hier (in Kürze) aufgezeigten unterschiedlichen Ansätze den menschlichen Körper zu begreifen, zeigen, dass der Körper eine Projektionsfläche vielfältiger Diskurse ist. Jede wissenschaftliche Disziplin (Biologie, Philosophie, Soziologie, Geschichte etc.) diskutiert jeweils ‚ihren' Körper.[11]

Wie wird der Körper nun in der Tanzwissenschaft diskutiert? Die Tanzwissenschaft, die sich derzeit in Deutschland als eigenständige wissenschaftliche Disziplin etabliert, ist bisher interdisziplinär und nährt sich hauptsächlich aus Sozial- und Kulturwissenschaft, Theaterwissenschaft, Kunstgeschichte, Musikwissenschaft, Literaturwissenschaft, Sportwissenschaft und Erziehungswissenschaft. So können gleichermaßen in der Tanzwissenschaft unterschiedliche Ansätze beobachtet werden, die von Gedanken anthropologischer, feministischer, moderner und poststrukturalistischer Theorien durchdrungen sind.

8 Zum Körper-Diskurs im Rahmen neuer Medien vgl.: Marie-Luise Angerer: Body options: körper.spuren.medien.bilder, Wien: Turia und Kant 1999.

9 Vgl. Pierre Bourdieu: Sozialer Sinn. Kritik der theoretischen Vernunft, Frankfurt: Suhrkamp 1987, S. 97-179.

10 Bourdieu, Pierre: Ebd., S. 127: „Weil die Handelnden nie ganz genau wissen, was sie tun, hat ihr Tun mehr Sinn, als sie selber wissen."

11 Vgl. P.-I. Villa: Sexy Bodies, S. 15.

Aus dem Bereich der Soziologie hat sich vor allem Gabriele Klein mit dem Körper im Tanz auseinandergesetzt, indem sie den tanzenden Körper in der Gesellschaft untersucht und diesen nicht nur als ästhetisches, sondern immer auch als soziales Phänomen versteht, auch wenn es sich um Tanz-Kunst handelt.[12] Für Klein bedeutet der Begriff ‚Körper' die „Synthese von biologischem Geschlecht, physischer Erscheinung, psychischer Struktur und gesellschaftlicher Repräsentation"[13]. Sie beschäftigt sich mit der Körper-Geschichte über den Tanz, und untersucht dabei die unterschiedlichen Konzepte für den ‚modernen Körper' und den ‚nachmodernen Körper', die erst im Zusammenwirken von Diskurs und Praxis in der Verkörperung ‚verwirklicht' werden.[14]

Auch zeigen jüngst erschienene kulturwissenschaftliche Betrachtungen das Interesse an der Auseinandersetzung mit Körper-Tanzgeschichte, indem Tanzkulturen der Moderne, die Kulturgeschichte des Balletts oder Entwicklung und Diskurse des Tango Argentino aufgearbeitet werden.[15]

In theaterwissenschaftlichen Arbeiten geht es in der Beschäftigung mit Tanz hauptsächlich um die Analyse der Ästhetik des Tanzes. Dies bringt eine Auseinandersetzung mit dem Körper mit sich, verstanden als Gegenstand der Inszenierung, als Zeichenmaterial. Der Tanzwissenschaftler Peter M. Boenisch untersucht über die Semiotik den tanzenden Körper als Zeichenträger[16], wobei er die Zeichenordnung mit ihrem grundlegenden Bedeutungskonzept, dass bisher vornehmlich im

---

12 Vgl. Gabriele Klein: Mimesis, Medialität und Tanz, in: Claudia Jeschke/Hans-Peter Bayerdörfer (Hg.), Bewegung im Blick. Beiträge zu einer theaterwissenschaftlichen Bewegungsforschung, Berlin: Vorwerk 8 2000, S. 97.

13 Vgl. Gabriele Klein: Frauen Körper Tanz, S. 293.

14 Vgl. Gabriele Klein: Medienphilosophie des Tanzes, in: Mike Sandbote/Ludwig Nagl: Systematische Medienphilosophie, Berlin: Akademie 2005, S. 181-198. Vgl. hierzu auch: Dies.: Was ist modern am modernen Tanz? Zur Dekonstruktion dualistischer Tanzverständnisse, in: Gesellschaft für Tanzforschung: Jahrbuch Tanzforschung 4, Münster: Lit 1993, S. 61-72.

15 Vgl.: Inge Baxmann: Mythos: Gemeinschaft: Körper- und Tanzkulturen in der Moderne, München: Fink 2000; Dorion Weikmann: Der dressierte Leib: Kulturgeschichte des Balletts, Frankfurt/M.: Campus 2002; Monika Elsner: Das vierbeinige Tier. Bewegungsdialog und Diskurse des tango argentino, Frankfurt/M.: Peter Lang 2000.

16 Vgl. Peter M. Boenisch: körPerformance 1.0. Theorie und Analyse von Körper- und Bewegungsdarstellungen im zeitgenössischen Theater, München: epodium 2002.

dramatischen Texttheater angewendet wird[17], auf nicht-sprachliche Zeichen des Körpers in einer zeitgenössischen (elektrOnischen) Medienkultur erweitert. Seine Studie bewegt sich zwischen Medienwissenschaft, Semiotik und Performancetheorie - zentral für Boenischs Körper-Begriff ist die kognitiv-diskursive Formation des Körpers. Er spricht durchgehend von Körper-Zeichen und nicht vom Körper.

Mit der fortscheitenden Entwicklung der Technologie und der Entstehung einer Mediengesellschaft wird der Körper im Tanz neu verhandelt. Mensch und Körper scheinen überflüssig, von Maschinen ersetzt zu werden. Diese Entwicklung wird teils als bedenklich, aber in der Tanzproduktion vor allem auch als neue ästhetische Möglichkeit gesehen. Der Körper kann als Material in interaktiven Aufführungsprozessen eingesetzt, wie auch durch Technik erweitert werden. In Studien von Kerstin Evert und Martina Leeker über Tanz und Technologie wird darauf verwiesen, wie Technologien sowie Wahrnehmung strukturierende Medien verändernd auf den Körper einwirken können.[18]

Ebenso ist der Körper als Bild für Tanzwissenschaftler von Interesse, die ‚Tanz im Bild' oder das ‚Bildliche im Tanz' betrachten - Bezüge zur Kunstwissenschaft und der Bildforschung werden dabei transparent.[19]

In der Theaterwissenschaft wird zudem auch der Körper als Text begriffen. In Studien von Gabriele Brandstetter über Körperbilder in der Avantgarde werden diese als „vermittelnde symbolische Konstrukte zwischen szenischem Ereignis und Text"[20] verstanden. Brandstetter

---

17 Vgl. E. Fischer-Lichte: Semiotik des Theaters. Fischer-Lichte widmet sich zwar hier auch den kinesischen Zeichen, unter denen sie Gesichts- und Körperbewegungen zusammenfasst, jedoch geht sie nicht weiter auf die Analyse vom ‚tanzenden' Körperzeichen ein. Siehe hierzu: Dies.: Ebd., Band 1, S. 47-93.

18 Vgl. Evert, Kerstin: DanceLab. Zeitgenössischer Tanz und Neue Technologien, Würzburg: Königshausen & Neumann 2003; Martina Leeker (Hg.): Maschinen, Medien, Performances. Theater an der Schnittstelle zu digitalen Welten, Berlin: Alexander 2001.

19 Vgl. Nic Leonhardt: Sehnsucht und Dansomanie. Überlegungen zu einer Verknüpfung von Bildforschung und Tanzgeschichtsschreibung am Beispiel ikonographischer Quellen des 19. Jahrhunderts, in: Gabriele Klein/ Christa Zipprich (Hg), Tanz Text Theorie, Münster: Lit 2002, S. 257-272; Nele Lipp: Der Wendepunkt als Ziel. Wenn die Skulptur zu fliegen scheint begegnet sie dem Tanz, in: G. Klein/Ch. Zipprich (Hg.), Tanz Text Theorie, S. 237-256.

20 Vgl. G. Brandstetter: Tanz-Lektüren, S. 22. Vgl. zu Tanz und Schrift auch I. Wortelkamp: Flüchtige Schrift/Bleibende Erinnerung.

entwickelt dabei eine Lesart von Körperbildern, die nicht als Schrift deutbar werden, sondern als Wahrnehmung des im Tanz bewegten Körpers, als ein eigenständiger Lektüreakt, der neben das Lesen der Schrift tritt. So analysiert sie zwei Arten von Texten, die lesbar sind: den Tanz-Text als Inszenierungsakt und literarische Texte, die versuchen den Tanz zu lesen und zu beschreiben.

Das Verständnis von Körper als Text bezieht sich ebenso auf die Frage nach der kulturellen Einschreibung von Körpern. So wird die Konstruktion von Geschlechterrollen zunehmend in der Tanzwissenschaft diskutiert, indem die Analysen von Körperdarstellung im Tanz mit Ansätzen aus der Frauen- und Geschlechterforschung verbunden werden.[21] Gleichermaßen kann Körper und Text auf verschiedenen Ebenen betrachtet werden: als Bewegungstext, als Tanz in Texten/Literatur/Schrifttheorien oder als Analyse von Tanzschriften oder Tanzschrift.[22]

Letzteres führt zum Körper-Begriff der Tanz- und Bewegungsanalyse, in der es darum geht den dargestellten Körper und seine durchgeführten Bewegungen, wie auch Tanzinszenierungen zu benennen und zu erfassen. Tanzanalyse meint zum einen das Zusammenspiel der verschiedenen Parameter einer Tanzaufführung zu analysieren. Der Körper und seine Bewegungen wird dabei stets im Verhältnis zu den visuellen und auralen Elementen einer Aufführung gesehen.[23] Zum anderen meint Tanzanalyse auch die eher auf einer Mikroebene stattfindenden Analyse von Tanzbewegungen, die sich vornehmlich auf den zeitlichen und räumlichen Ablauf und die Zusammenstellung (Komposition) der Bewegung bezieht. Der Fokus liegt hierbei auf dem Körper als Instrument der Bewegung. Methoden der Tanz-Notation sind für die Bewegungsanalyse nützlich, indem versucht wird, die Bewegungen des Körpers in Schrift zu übersetzen, zu fixieren, um somit diese wiederum ablesen und den Bewegungsablauf rekonstruieren zu können.[24] Im Zuge des Fortschreitens der Computertechnologie wird Tanznotation

21 Vgl. J. Schulze: Dancing Bodies Dancing Gender; Martina Peter-Bolaender/Gienger, Sibylle: Frauen Körper Kunst, Kassel: Furore 2001.

22 Vgl. Ellen W. Goellner/Jacqueline Shea Murphy: Bodies of the Text. Dance as Theory, Literature as Dance, New Brunswick/New Jersey: Rutgers University Press 1994.

23 Vgl. J. Adshead: Dance Analysis.

24 Claudia Jeschke liefert einen ausführlichen historischen Überblick über Tanznotationen in: Tanzschriften: ihre Geschichte und Methode, Bad Reichenhall: Comes 1983.

und -analyse auch auf der digitalen Ebene erweitert.[25] Gleichermaßen soll Bewegung dadurch besser verstanden und habituelle Bewegungsabläufe korrigiert werden können. Dabei geht die Tanzanalyse auch in den Bereich der Tanztherapie über.[26]

In der Tanztherapie wird vor allem auf die anatomisch-physikalische und psychische Struktur des Körpers in Verbindung mit der Imagination/Vorstellungskraft gesetzt. Hierbei wird mit einem essentiellen Körper-Begriff, vor allem mit der Frage nach einer Bewusstwerdung des Körpers durch spezielle Körper- und Bewegungspraktiken gearbeitet. Erkenntnisse aus der Psychologie und Physiotherapie befruchten Themenschwerpunkte, wie „Verwirklichung des Selbst im und durch Tanz“[27], „Authentische Bewegung“[28] oder „Imaginative Bewegungspädagogik“[29].

Mit erzieherischen Aspekten von Bewegung beschäftigt sich die Tanzpädagogik. Dabei wird der Körper vornehmlich unter funktionalen Aspekten betrachtet - die Physis des Körpers ist greifbar (kein Text, kein Bild, kein Zeichen) und soll Bewegung erlernen und durchführen.[30]

Die Blickwinkel auf den Körper der verschiedenen Bereiche der Tanzwissenschaft erweisen sich somit als durchaus heterogen. Essentielle, wie auch de-essentielle Körperansätze zeichnen sich in den verschiedenen Tanztheorien ab, die sich nicht zuletzt durch die Analyse der verschiedenen Tanzkonzepte aus der Praxis ergeben. Verschiedene Schwerpunkte in Forschungsansätzen werden deutlich und somit auch eine Interdisziplinarität des Körpers, den man in Folge dessen als relationale Kategorie betrachten muss. Der Körper ist wandelbar, wie auch

---

25 Vgl. Henner Drewes: Transformationen - Bewegung in Notationen und digitaler Verarbeitung, Essen: Die blaue Eule 2003.

26 Claudia Jeschke und Cary Rick erarbeiteten gemeinsam eine Tanz-Notation für die Tanztherapie (Movement Evaluation Graphics) in: Cary Rick/ Claudia Jeschke: Tanztherapie. Eine Einführung in die Grundlagen. Das System der graphischen Bewegungsevaluierung, Stuttgart: Fischer 1989.

27 Vgl. M. Peter-Bolaender: Tanz und Imagination.

28 Vgl. E.V. Siegel/Trautmann-Voigt/B. Voigt: Tanz- und Bewegungstherapie.

29 Vgl. Eric N. Franklin: Befreite Körper. Das Handbuch zur imaginativen Bewegungspädagogik, Kirchzarten: VAK 1999.

30 Vgl. Susanne Quinten: Das Bewegungsselbstkonzept und seine handlungsregulierenden Funktionen: eine theoretische und empirische Studie am Beispiel Bewegungslernen im Tanz, Köln: bps 1994.

die Definitionen vom Körper, die sich permanent verändern und immer in Relation zum jeweiligen Arbeitsfeld zu sehen sind.

Welcher Körperbegriff scheint nun sinnvoll für die Betrachtung der Tanzimprovisation? Mit der Betonung auf den tanztechnischen Körper im folgenden Kapitel wird der Körper zunächst als Instrument, als formbares Objekt gesehen. Es wird sich aber herausstellen, dass dieses Subjekt/Objekt-Verhältnis, bei dem Geist und Körper getrennt voneinander betrachtet werden, für die Praxis der improvisatorischen Bewegung nicht haltbar ist. Erweitert bzw. aufgelöst wird aber dieser Körperbegriff durch das übernächste Kapitel *Habitualisierte Körper*, indem das Habitus-Konzept von Pierre Bourdieu auf Tanz übertragen wird. Dabei wird sich herausstellen, dass der Körper sich nur über die Praxis - durch Dynamik - definiert.

Somit muss für eine Betrachtung der Improvisation mit einem Körper-Begriff gearbeitet werden, der nicht statisch sondern durch Bewegung konzipiert ist.

Einen ähnlichen Gedanken verfolgt die amerikanische Tanzwissenschaftlerin Susan Leigh Foster, indem sie den Ausdruck des Körpers der Improvisation als „bodily agency"[31] bezeichnet. Dabei versteht sie den Körper nicht als instrumentales Objekt, dass subjektorientiert geleitet wird, sondern entwirft für den Körper eine alternative Theorie der *körperlichen Tätigkeit*, bei der dem Körper eine Intelligenz und Aktivität zugestanden wird. Spielerisch kreiert der Körper sein eigenes physisches und semantisches Potenzial:

> Improvisation provides an experience of body in which it initiates, creates, and probes playfully its own physical and semantic potencial. The thinking and creating body engages in action.[32]

Die Betonung auf den ‚Körper in Aktion' bedeutet jedoch nicht etwa, dass die geistige Tätigkeit im improvisatorischen Tanz ausgeschaltet sei und nur der Körper spreche, vielmehr bietet die Improvisation einen Angelpunkt für eine neue Auffassung der Verhältnismäßigkeit von Geist und Körper:

31 Susan Leigh Foster: Taken by Surprise. Improvisation in Dance and Mind, in: Ann Cooper Albright/David Gere (Hg.): Taken by Surprise. A Dance Improvisation Reader, Connecticut: Wesleyan University Press 2003, S. 8.

32 S.L. Foster, ebd.

Improvisation does not, therefore, entail a silencing of the mind in order for the body „to speak". Rather, improvisation pivots both mind and body into a new apprehension of relationalities.[33]

Nicht der Geist denkt oder der Körper tanzt – in einem dynamischen Verhältnis materialisiert sich im Tanz der denkende Körper sowie der tanzende Geist.

2.2. Tanztechnische Körper

Der tanzende Körper (hier speziell der Körper des Bühnentänzers) ist einer der stets trainiert wird. Durch Dehnung, Muskelanspannung und -Entspannung, Koordination, Kondition arbeitet die tanzende Person am Körper. Er wird einer gewissen ‚Dressur' unterworfen. Auch jenseits der Bühnentanztechniken, sind die Techniken des Körpers im Alltag, so Marcel Mauss, verantwortlich für eine bestimmte Formung des Körpers.[34] Die Formung des Körpers und der Bewegungsarten werden dabei weniger nur vererbt (sei es die Bewegungsart zu gehen oder sich zu setzen), sondern sind, nach Mauss, vielmehr Folge von physiologischen, psychologischen und sozialen Konstitutionen.[35] Dabei versteht Marcel Mauss Technik als wirksame Handlungsweise und nicht nur in Verbindung mit einem Instrument. Vielmehr sieht er den Körper als das erste und natürlichste Instrument des Körpers – genauer gesagt als erstes und natürlichstes technisches Objekt und gleichzeitig technisches Mittel des Menschen.[36] So ist zunächst, nach Mauss, auch im Tanz der Körper als ein technisches Objekt der Tänzer zu verstehen, der im sozialen, physiologischen, psychologischen und jeweiligem ästhetisch-theatralen Rahmen konstruiert wird.[37] Zudem entstehen durch Nachahmung, Vollzug und Wiederholung die Technikfertigkeiten im Körper (der tanzenden Person) – so ist der Körper auch einziges Mittel, um Körper- bzw. Tanztechniken zu produzieren. Bei dieser Arbeit mit und

33 S.L. Foster, ebd., S. 7.

34 Marcel Mauss: „Jede Technik im eigentlichen Sinne hat ihre spezifische Form." Marcel Mauss in: „Die Techniken des Körpers." Ders.: Soziologie und Anthropologie, Band 2, Frankfurt/M.: Fischer 1989, S. 201.

35 Vgl.: M. Mauss: ebd., S. 203.

36 M. Mauss: „Vor den Techniken mit Instrumenten steht die Gesamtheit der Techniken des Körpers.", ebd., S. 206.

37 Wie diese Konstruktionen vollzogen werden wird an späterer Stelle betrachtet. Siehe Kapitel 2.4.

am Körper kreieren die Tanzenden ihre Körperformen und Bewegungsarten.

Die Tanzenden spüren und erleben körperliche Grenzen und Schmerzen, nehmen die körperlichen Befindlichkeiten bewusst wahr. Sie haben es, wie es Susan Leigh Foster in ihrem Aufsatz ,Dancing Bodies' beschreibt, jedoch mit zwei Körpern zu tun: Dem einen Körper, der sich spürt und wahrnimmt, und dem anderen ästhetisch „idealen" Körper, den sich der Tanzende vorstellt und dem er sich anzugleichen versucht.[38] Um sich dem idealen Körper anzunähern, müssen bestimmte Techniken erlernt werden, um der Form und der Bewegung des jeweiligen idealen Körpers zu entsprechen. Bewegungsdynamik und entsprechender Muskelaufbau verfestigen die Form, Bewegung und Gestus des Körpers.

Der westliche Bühnentanz besteht aus unterschiedlichen Tanzstilen. Hat sich seit dem 16. Jahrhundert das klassische Ballett als dominanter westlicher Bühnentanzstil mit entsprechender Tanztechnik etabliert, haben sich im Laufe des 20. Jahrhundert weitere Tanztechniken im künstlerischen Tanz entwickelt. Aus heutiger Perspektive betrachtet, lassen sich die Tanzstile in vier Kategorien einteilen: Klassisches Ballett, Moderner Tanz, Postmodern Dance, Zeitgenössischer Tanz. Jeder Tanzstil hat bestimmte Tanztechniken und somit entsprechende ,Idealkörper'.

Die vorgestellten Idealkörper der verschiedenen Tanztechniken speisen sich aus gedanklichen Konstrukten (geprägt vom gesellschaftlichen Diskurs) der Tanzenden und durch Klischees, die sich in und durch die Tanzpraxis des jeweiligen Tanzstils bilden. Somit sind die Idealkörper nicht als verfestigte, statische Körperbilder zu verstehen, sondern werden durch die Praxis von den Tänzern stets mitgeformt, verschoben und produziert. Dennoch ist es möglich die idealen Körperbilder von unterschiedlichen Tanztechniken auszubuchstabieren, um damit die Unterschiede der verschiedenen Körperkonzepte zu verdeutlichen.

38 Vgl. Susan Leigh Foster: Dancing Bodies, in: Jane Desmond (Hg.), Meaning in Motion. New Cultural Studies of Dance, London: Duke University Press, S. 235-257.
Die Vorstellung eines ,idealen' Körpers ist vergleichbar mit dem Begriff der ,Illusio', mit dem Pierre Bourdieu in seiner Theorie arbeitet. Vgl. Pierre Bourdieu: Die Regeln der Kunst. Genese und Struktur des literarischen Feldes, Frankfurt/M.: Suhrkamp 1999, S. 515-522.

Ballett

Die klassische Ballett-Technik verschreibt sich einem sehr determinierten Körper-Ideal. Bestimmte körperliche Voraussetzungen, um sich überhaupt diesem Ideal annähern zu können, müssen von den Tänzer anatomisch mitgebracht werden: Eine schlanke Erscheinung mit langen Gliedern; Dehnbarkeit der Bänder und Sehnen; Gelenkigkeit in den Gelenken; gute Streckbarkeit der Knie und der Füße; gute Auswärtsdrehung in den Hüftgelenken. Durch intensives tägliches Training in Dehnung und Muskelaufbau, wird der Körper nach geometrischen Linien im Raum geformt. Besondere Konzentration liegt dabei auf der Auswärtsdrehung der Beine und vor allem auf einer ausgefeilten Fußarbeit. Neben der Basistechnik für beide Geschlechter, wird in der klassischen Ballett-Technik geschlechtsspezifisch unterschieden: Frauen erlernen den Spitzentanz und Männer erlernen ein bestimmtes Vokabular an hohen, großen Sprüngen. Im Pas de Deux sind die Rollen deutlich aufgeteilt: Die Frau tanzt auf Spitze im Vordergrund und wird vom Mann im Hintergrund gestützt und gehoben. Zur Virtuosität der Ballett-Technik zählt vor allem die Balance in der Vertikalen, wie auch die Anzahl der Pirouetten und die Höhe der Sprünge. Leichtigkeit in der Bewegung, Präzision und Schnelligkeit der Fußarbeit, Geschmeidigkeit in den Gelenken, Eleganz der Glieder (die sogenannte klassische Linie) und nicht zuletzt Fluss und Musikalität in der Bewegung werden permanent geübt, um diesen idealen Körper des Balletts zu erreichen.

In diesem Angleichungsprozess, in welchem die Tänzer ihre Körperform kreieren, wird der Körper stets mit Schmerz konfrontiert. Dabei gilt es zwischen konstruktiven Schmerzen, destruktiven Schmerzen und chronischen Schmerzen zu unterscheiden. Die konstruktiven Schmerzen, wie zum Beispiel durch Dehnung und Muskelkater, bringen dem Körper mehr Kraft und Flexibilität. Auch blutende Füße durch den Spitzentanz werden dabei als konstruktive Schmerzen beurteilt: indem nach der Verheilung mehr Hornhaut auf den Fußknöcheln aufgebaut wird, treten somit später weniger Schmerzen beim Spitzentanz auf. Destruktive Schmerzen entstehen durch schlechte Angewohnheiten und falschen Gebrauch des Körpers. Typisch dafür sind beispielsweise Knieschmerzen, die durch eine übertriebene Auswärtsdrehung der Unterbeine, die nicht der potentiellen Auswärtsdrehung in den Hüften entsprechen, entstehen. Durch inkorrektes Positionieren der Glieder oder auch Forcieren der Glieder in Positionen für die der jeweilige Körper nicht gebaut ist, können zu schlechten Gewohnheiten werden, die zu chronischen Schmerzen führen.

Der unaufhörliche Prozess des Angleichens des Körpers an den idealen Ballettkörper ruft jedoch nicht nur Schmerz hervor, sondern auch das Gefühl der Macht über den Körper. Das Erfolgserlebnis bewusst eine Formung im Körper durch intensives Training vollzogen zu haben, motiviert die Tänzer sich weiter zu formen, nicht zuletzt das ,High-Gefühl' von Körperkontrolle und Lenkbarkeit in der Bewegung. Dies ist nicht immer als positives Körpertraining und Körperbewusstsein zu bezeichnen, sondern erklärt auch die negative Seite dieser Körperkontrolle, nämlich die in der Ballett-Szene weitverbreiteten Essstörungen, wie beispielsweise Magersucht.[39]

Die klassische Ballett-Technik ist eine sehr stark auf die äußere Erscheinung konzentrierte Tanztechnik. Sie besteht aus einem festgelegten Bewegungsvokabular und erfordert wenig Eigenkreativität, sondern vielmehr eine ausgeprägte Imitationsfähigkeit. Sogenannte ,Begabung' basiert zum größten Teil auf den anatomischen Gegebenheiten und der Technikfertigkeit des Körpers, zuzüglich dem ,gewissen Etwas', das sich durch Ausdruck und Musikalität in der Bewegung - der Eleganz in der Bewegung - zeigt.[40]

Die klassische Ballett-Technik, die auf italienisch-französische Tradition zurückzuverfolgen ist, wird heute hauptsächlich nach russischer Methode unterrichtet. Dies begründet sich darauf, dass das klassische Ballett seine Hoch-Zeit in St. Petersburg am Ende des 19. Jahrhunderts erlebte und sich dann ein bestimmtes Bewegungsvokabular verfestigte und weitergetragen wurde. Im Laufe des 20. Jahrhunderts kommt es jedoch durch die Verbreitung zu einigen Verschiebungen. So unterscheidet sich die Technik des amerikanischen Balletts, vom russischen Stil, der sich wiederum aus dem italienischen und französischen Stil heraus-

39 Auf die Problemetik der Magersucht bei Balletttänzern werde ich hier nicht näher eingehen. Studien dazu z.B.: D. Le Grange/J. Tibbs/T.D. Noakes: Implikations of a Diagnosis of Anorexia Nervosa in a Ballet School, The International Journal of Eating Disorders. Bd. 15, 4, New York (1994), S. 369-376.

40 Im Körperkonzept des Balletts ist der Glaube daran, dass es so etwas wie „natürliche Begabung" gibt, vorherrschend. Nach Pierre Bourdieu ist aber auch die sogenannte ,Gabe' eines Menschen Produkt sozialer Konditionierung. Vgl. Pierre Bourdieu: Antworten auf einige Einwände, in: Klaus Eder (Hg.): Klassenlage, Lebensstil und kulturelle Praxis. Beiträge zur Auseinandersetzung mit Pierre Bourdieus Klassentheorie, Frankfurt/ M.: Suhrkamp 1989, S. 398.

bildete, wie auch vom englischen Stil, oder auch vom dänischen Ballett-Stil (Bournonville), der auf eine ganz eigene Ballett-Tradition zurückschauen kann.[41] Zudem bekam die klassische Ballett-Technik unterschiedliche Prägungen durch neue zeitgenössische Strömungen im Tanz des 20. Jahrhunderts. Der Idealkörper des zeitgenössischen Balletts (wie etwa bei William Forsythe) ist gelöster: Kenntnisse über Körpertechniken wie Alexander-Technik, Feldenkreis und Body-Mind-Centering fliessen in das klassische Training mit ein, wodurch die Tänzer lernen ökonomischer und entspannter mit ihrem Körper umzugehen.[42]

Bei genauer Betrachtung sind somit feine Unterschiede in der klassischen Ballett-Technik auszumachen. Dies verdeutlicht, dass dem Körper des Balletts, abhängig von dem jeweiligen Idealbild des jeweiligen Ballett-Feldes, Verschiebungen und Verwandlungen unterlaufen.

Insgesamt kann man sagen, dass die Tanztechnik des Balletts einen Idealkörper konstituiert, der sich auf die äußere Erscheinung fixierter Bewegungsformen konzentriert. Gefordert ist ein hohes Maß an Virtuosität und Körperbeherrschung in Verbindung einer muskulösen schlanken Erscheinung sowie einer Musikalität, die die entsprechende ballettspezifische Eleganz in der Bewegung hervorbringt.

Moderner Tanz

Im Allgemeinen lässt sich der ‚moderne Tanz' in zwei Tanzgenres aufteilen: dem deutschen Ausdruckstanz und dem amerikanischen Modern Dance. Beide entstanden etwa zeitgleich in Europa und Amerika als Gegenbewegung zum klassischen Ballett Anfang des 20. Jahrhunderts.

Die Pionierin des modernen Tanzes, Isadora Duncan, trat für einen freieren Umgang mit dem Körper ein, verfolgte dabei die Idee von ‚natürlicher' und ‚ursprünglicher' Bewegung. Mehr Gefühl sollte die Form der Bewegungen füllen. Improvisation diente zur Suche nach einem individuellen ‚eigenen' Bewegungsvokabular. Duncan entwickelte nicht

41 Vgl. dazu Agrippina Waganova: Grundlagen des klassischen Tanzes, Wilhelmshaven: Noetzel 1987; Gerhard Zacharias: Ballett – Gestalt und Wesen: Die Symbolsprache im europäischen Schautanz der Neuzeit, Köln: DuMont Schauberg 1962.

42 Diese ‚Entspannung' bedeutet nicht weniger Anstrengung. Die sogenannte Technik des ‚Loslassens' (release ballet) muß ebenso erlernt und trainiert werden.

wirklich eine ausgefeilte Tanztechnik mit fixiertem Bewegungsvokabular, wenngleich Schülerinnen von ihr eine sogenannte ‚Duncan-Technik' vor allem in Amerika verbreiteten.[43]

Deutlich wird aber im Unterschied zum klassischen Ballett, der neue Umgang mit dem Körper für den künstlerischen Tanz: weniger Körperkontrolle durch Muskelanspannung; mehr elementare Bewegungen wie Laufen, Hüpfen, Springen; mehr Fluss durch das Einbringen der Atmung in der Bewegung; mehr Bewegung im Oberkörper und Konzentration auf den Solar Plexus als Körpermitte; weniger Körperformung durch die stete Wiederholung eines fixierten Bewegungsvokabulars in Angesicht von Schweiß und Schmerz; kein Spitzentanz mehr, sondern barfuss.

Es lässt sich also sagen, dass die Körperarbeit in den Anfängen des modernen Tanzes weniger auf Leistung und Körperformung orientiert ist als im klassischen Ballett, sondern sich vielmehr durch inhaltliche Ziele, wie etwa dem Ideal der Erlangung eines ‚natürlichen' selbstbestimmten Körpers auszeichnet. Nicht auszuschließen ist dabei, dass sich auch durch diese Absicht, wenn nicht ein fixiertes Bewegungsvokabular, aber dennoch ein bestimmter Gestus im modernen Tanz, der sich nach bestimmten Moden orientierte, festsetzte. Demnach wurden auch im frühen modernen Tanz künstliche Formen der Körperbewegungen kreiert.

In den 20er Jahren des 20. Jahrhunderts entwickelte sich der deutsche Ausdruckstanz. Auch hier lässt sich nicht von einer normierten ‚Tanztechnik' sprechen. Ziel war es vielmehr innere Gemütszustände und Bilder körperlich zum Ausdruck zu bringen. Für die Tänzer erforderte dies mehr eine intellektuelle Auseinandersetzung mit den Inhalten einer Bewegung, als die bloße äußere Formung des Körpers. Wie schon in den frühen Zügen des modernen Tanzes angedeutet, wurden weitere Ausdrucksmöglichkeiten des Körpers, jenseits des klassischen Balletts, durch den Ausdruckstanz erforscht. Damit ging vor allem eine Analyse der Bewegungsmöglichkeiten einher, vor allem in Bezug auf Bewegungsantriebe und Raum-Harmonielehre durch Rudolf von Laban. Die Atmung, Anspannung/Entspannung, mehr Bewegung im Oberkörper, kaum Fußarbeit, Einbezug des Bodens, und vor allem auch der Ausdruck des Gesichts, sind wichtige Komponenten im Ausdruckstanz.[44] Der ideale Tänzer-Körper des Ausdruckstanzes soll indi-

43 Vgl. J. Schulze: Dancing Bodies Dancing Gender, S.75-81.

44 Vgl. Schriftenreihe Akademie der Künste der DDR (Hg.): Mary Wigman – Die Sprache des Tanzes, S. 12-13.

viduell, natürlich, persönlichkeitsentfaltend und nicht einer strengen Formung unterworfen sein.

Anders als im Ausdruckstanz wurden im amerikanischen Modern Dance ab den 1930er Jahren normierte Tanztechniken begründet. Die bekanntesten, noch heute nach einem fixierten Bewegungsvokabular unterrichteten Modern Dance Techniken, sind benannt nach Doris Humphrey, Lester Horton, Martha Graham, José Limon und Merce Cunningham.

Ähnlich wie in der klassischen Ballett-Technik handelt es sich bei den meisten Modern Dance-Techniken um ein festes Bewegungsvokabular, das es mit dem Körper zu üben gilt und durch stete Wiederholung in den Körper eintrainiert wird. Dabei zählt ebenso starker Muskelaufbau, Körperformung und Körperkontrolle. Anders allerdings als im Ballett, indem es hauptsächlich um Körperanspannung geht[45], wird der Körper gleichermaßen in der Kunst der Entspannung trainiert.

Ebenso wie Rudolf von Laban für den Ausdruckstanz mit Spannung und Entspannung des Körpers arbeitete, wurde von Doris Humphrey das sogenannte ‚Recovery and Fall' als grundsätzliches Bewegungsprinzip des Modern Dance in den 1930er Jahren eingeführt. Stabilität und Labilität in der Bewegung dynamisieren sich gegenseitig, stehen für die Bewegungsführung in Wechselwirkung miteinander. Dadurch soll der Bewegung ein gewisser Fluss gegeben werden, der sich im gelöst dynamischen Bewegungsduktus auszeichnet.

Bei der Graham-Technik[46] handelt es sich eher um einen gebundenen Fluss[47] in der Bewegung, wodurch sich ein spannungsvoller, kraftvoller Tanzstil begründet, der als ausgesprochen expressiv gilt. Der ideale ‚Graham'-Körper, dem es anzugleichen gilt ist ein kraftvoller, in der Formung winkelig und gespannt. Die Entspannung (release) als Folge einer Kontraktion (contraction) wird kontrolliert durchgeführt. Die Graham-Technik fordert dem Tänzer immense Körperkontrolle ab. Die Konzentration der Anspannung liegt auf dem Becken – dem sexuellen Zentrum des Körpers – verdeutlicht durch stark ‚körper-öffnenden' Bewegungen und Positionen, wie beispielsweise die breite zweite

45 Außer beim bereits erwähnten ‚release ballet'.

46 Vgl. hierzu auch Agnes de Mille: Martha: The life and work of Martha Graham, New York: Vintage Books 1991.

47 ‚Gebundener Fluss' bedeutet, wenn eine Bewegung jederzeit mühelos angehalten werden kann. Ist ein plötzliches Anhalten einer schwungvollen Bewegung schwierig, so handelt es sich dann um ‚freien' Fluss. Vgl. hierzu R. von Laban: Der moderne Ausdruckstanz, S. 72.

Position der Beine im demi-plié. Graham lehnt Bewegungsimprovisation in ihrer Tanzausbildung ab, sie setzt auf absolute Körperdisziplinierung. Ähnlich wie im Tanzstil Lester Hortons unterstützt die Graham-Technik kraftvollen individuellen Ausdruck in der Bewegung, der vor allem in ihren Choreographien stets thematisiert wird. Dieser individuelle Ausdruck, von Graham als ‚ultimatives Selbst' bezeichnet, kann aber nach ihren Aussagen nur durch absolute Verfügbarkeit des Körpers durch jahrelanges Training erreicht werden.[48]

Ähnlich diszipliniert und körperkontrollierend, also in der Körperbeherrschung nicht ungleich zur klassischen Ballett-Technik, verhält es sich mit den Tanz-Techniken von José Limon und Merce Cunningham.

In der Limon-Technik[49] arbeiten die Tänzer mehr mit dem Oberkörper durch Schwung und Atmung. Besonderer Fokus in der Körper-Arbeit liegt auf dem Ab- und Anschwellen des Atems, der sich damit auf die Bewegung auswirkt. Wie schon Doris Humphrey und Martha Graham sich für den Sog der Schwerkraft interessierten, erforschte Limon weiter den Umgang mit dem Gewicht des Körpers und entwickelte eine Tanztechnik mit einem Bewegungsvokabular, das u.a. kreisende Schwünge, federnde Pendelschwünge, Spannung halten und Loslassen, Fallen des Oberkörpers in Verbindung mit Beinarbeit aus der klassischen Ballett-Technik, beinhaltet.

In der Cunningham-Technik[50], spielt die präzise Fußarbeit und die klaren Formen der klassischen Technik ebenso eine wichtige Rolle und wird ergänzt durch Fallen und Neigungen (curves) des Oberkörpers von der Vertikalen in horizontale Ausrichtungen. Die Körperglieder werden trainiert sich unabhängig voneinander bewegen zu können. Im Unterschied zur Limon-Technik werden die Bewegungen mehr gehalten und geführt, wenig geschwungen und losgelassen. In der Cunningham-Technik geht es nicht um individuelle Bewegung, die sich organisch ergibt, sondern um die ungewohnte, ‚pure' Bewegung, die jenseits von individuellem Ausdruck ist. Damit steht Merce Cunningham mit seinem Tanzstil an der Schwelle zur Ästhetik des Postmodern Dance, bei der die Thematik des Bewegungsfluss und des Individuums nicht mehr so im Vordergrund steht.

---

48 Vgl. Sabine Huschka: Moderner Tanz. Konzepte Stile Utopien, Reinbek bei Hamburg: Rowohlt 2002, S. 225.

49 Zur Limon-Technik vgl.: Daniel Lewis: Illustrierte Tanztechnik von José Limon, Wilhelmshaven: Noetzel 1990.

50 Zur Cunningham-Technik vgl.: Merce Cunningham: Der Tänzer und der Tanz. Gespräche mit Jacqueline Lesschaeve, Frankfurt/M.: Fricke 1986.

Ein ‚Grenzgänger' der Modern Dance-Techniken ist die Technik des Modern Jazz Dance[51], die sich mit dem Aufkommen des Showbusiness in Amerika etabliert hat. Die professionelle Bühnenform des Modern Jazz Dance ist eine Mixtur aus den klassischen Jazztänzen (z.B. Lindy Hop, Charleston, Blues), afro-amerikanischen Tänzen, Modern Dance und Ballett. Kennzeichnend für die Technik ist die Polyrhythmik und Polyzentrik, die sich in der Bewegung durch das Isolieren der einzelnen Glieder ausdrückt. Zudem wird verstärkt in den Bewegungen das Becken betont und der Körper (durch den Einfluß des afro-amerikanischen Tanzes) als erdnahe, raumfüllende Masse verstanden. Der Körper wird nicht, wie im Ballett, als bewegte Einheit getanzt, sondern als ein Körper, der mehrere Zentren isoliert voneinander in unterschiedlichen Rhythmen gleichzeitig bewegt. Typisches Merkmal für den Modern Jazz Dance ist auch die ‚Collapse-Haltung' (leicht gebeugte Knie mit vorgeneigtem Oberkörper), welche der gestreckten Haltung des Körpers im Ballett diametral entgegengesetzt ist.

Insgesamt ist zu erkennen, dass bei allen Tanz-Techniken des modernen Tanzes Off-Balances, also das Weichen von der Vertikalen, das Fallen und der Einbezug des Bodens, also bewusster Umgang mit dem Gewicht des Körpers, wichtige Bewegungsprinzipien sind.

Zu unterscheiden sind aber zwei Ideal-Körper im modernen Tanz: Zum einen der ideale Körper des Ausdruckstanzes, der sich ‚frei' bewegt, nach individuellem Modus dem Bewegungsfluß folgt – zum anderen der ideale Körper des Modern Dance, der kontrollierte, geformte Bewegungen durchführt, die durch eine spezifische Tanztechnik trainiert werden.

Diese erwähnten Techniken des modernen Tanzes sind unterscheidbar und die jeweilige Ästhetik (der vorgestellte Idealkörper der jeweiligen Tanztechnik) in der Körperbewegung erkennbar. Diese Opposition zwischen freier, individueller und körperkontrollierter, fixierter Körperarbeit im modernen Tanz sollte sich dann im Postmodern Dance zugunsten einer mehr ‚anti-tänzerischen' Körperarbeit auflösen.

---

51 Zur Modern Jazz Dance-Technik vgl.: Fred Traguth: Modern Jazz Dance. Einblick und Methodik – Für Amateure und Professionals, Wilhelmshaven: Noetzel 1992.

Postmodern Dance

Der sogenannte Postmodern Dance begründete sich als Genre bereits mit Merce Cunnighams choreographischer Arbeit in den 1950er Jahren in Amerika und hatte seine prägenste Zeit in den 1960er Jahren im Umfeld der Choreographen der Judson Church Gruppe in New York. Tanzbewegung wurde radikal neu definiert. Bewegung in allen Formen wurden in einen mehr oder weniger theatralen Kontext gestellt und so als Tanzkunst deklariert. Verschiedenste Präsentationsformen des Körpers wurden ausprobiert - neue Kombinationen wurden auf die Bühne gestellt. Es wurde nicht mehr mit der jeweilig trainierten Tanztechnik choreographiert, sondern Bewegungsabfolgen wurden ausgedacht, die sich zum Teil auch aus einem bestimmten Material oder formaler Themensetzung ergaben. Vermischungen von Tanztechniken fanden statt oder aber der Versuch sich jenseits der bisher entwickelten Tanztechniken (Lucinda Childs, Trisha Brown) zu bewegen. Dies hatte nicht zuletzt die Folge, dass sich choreographisch sehr auf Alltagsbewegungen konzentriert wurde. Improvisation und der Umgang mit grundsätzlichen Bewegungsprinzipien des Körpers, wie Laufen, Fallen, Auffangen, Sitzen, Liegen und Rollen wurde zur vorrangigen Arbeitsweise. Abstrakte, formale, entsymbolisierte Bewegungen standen ästhetisch im Vordergrund.

Aus diesen Experimenten wiederum fanden neue Tanztechniken ihren Namen: die Contact Improvisation[52] und New Dance.

Die Prinzipien der Contact Improvisation, die sich durch das Erforschen des Verhältnisses des Körpers zur Schwerkraft und zu anderen Körpern auszeichnet, fordert von den Tänzer einen Körper, der über den Tastsinn (den Kontakt) und über das Spüren, Bewegung generiert und weniger über das Visuelle. Wenngleich sich die Contact Improvisation über die Kunst des Improvisierens und weniger durch ein fixiertes Tanzvokabular definiert, gibt es bestimmte (teilweise akrobatische) Hebe-, Roll- und Gewichtsübertragungs-Techniken, die sich im Zuge ihrer Entwicklung verfestigt haben. Ebenso verhält es sich mit den Körpern in der Tanzform New Dance oder Neuer Tanz, welche in England in den 1970er Jahren durch experimentelle Tänzer begründet wurde, die ähnliche Prinzipien verfolgten wie die Begründer der Contact Improvisation. Im New Dance werden vor allem Körper-Arbeiten, wie Alexander-Technik, Feldenkreis, Release und Body-Mind-Centering fo-

52 Vgl. dazu Kapitel 1.3. und 3.2.

kussiert. Die Technik besteht aus einem Wechselspiel von Spannung und Entspannung im Körper und konzentriert sich auf den minimalen Kraftaufwand in der Bewegung. Die Tanz-Technik zeichnet sich nicht durch hartes Körper-Training und -Formung aus, sondern orientiert sich an minimaler Bewegungsausbildung und definiert sich über innere Körperarbeit des Erspürens und Erkennens von Bewegungszusammenhängen. Tanztechnik wird hierbei eher als Hilfestellung für die Improvisation genutzt, den eigenen Bewegungshorizont zu erweitern. Wichtigste dem New Dance zugrunde liegende Idee ist, dass jeder Mensch einzigartig in seinem Bewegungspotenzial ist und die Quellen für die Bewegungen im eigenen Körper liegen.[53] Dieser Anspruch auf Individualität und Einzigartigkeit vermeidet aber nicht, dass es auch dabei ein Idealbild vom Körper gibt - wie z.B.: geschmeidig, weich, ‚individueller' Ausdruck, sportlich, locker, entspannt - an das sich die Tänzer versuchen anzugleichen. Denn auch hier, wie in jeder anderen Tanztechnik werden die Körper der Tänzer durch die Arbeit an dem Körper durch die jeweiligen Techniken geformt, und machen somit einen bestimmten Bewegungsgestus an den Körpern erkennbar.

Durch die weniger extremen Leistungsanforderungen, diese Tanzformen durchführen und genießen zu können, verbreitet sich New Dance und Contact Improvisation vor allem im Laientanzbereich, beziehungsweise, zeigt sich verantwortlich für eine Auflösung des hierarchischen Verhältnis von Profi-Tanz und Laien-Tanz. Zudem muss aber gesagt werden, dass New Dance und Contact Improvisation von zeitgenössischen Choreographen, wie etwa William Forsythe, Sasha Waltz und Wim Vandekeybus, in ihre Choreographien einbezogen und mit tänzerischer Virtuosität verbunden werden.

Der ideale Körper des Postmodern Dance ist sehr stark mit der Idee der Reduzierung auf das Wesentliche verbunden: Der Körper bewegt sich beispielsweise in alltäglicher Weise, trägt Straßenschuhe und Alltagskleidung, konzentriert sich auf Bewegungen, die durch das eigene Gewicht oder auch zufällig entstehen, tanzt nicht Tanztechniken, sondern spielt und reorganisiert bereits bestehende Bewegungscodes wie etwa durch Fragmentierung und Wiederholungen.[54]

53 Vgl. T. Kaltenbrunner: Contact Improvisation, S. 18ff.

54 Vgl. hierzu auch wie Gabriele Brandstetter den Bewegungscode des Postmodern Dance beschreibt: als Prozess, Neuorganisation diverser Bewegungscodes, Spiel, Zufall, individueller Bewegungscode. Gabriele Brandstetter: Still/Motion. Zur Postmoderne im Tanztheater, in: C. Jeschke/H.-P. Bayerdörfer, Hans-Peter (Hg.), Bewegung im Blick, S. 129.

Zeitgenössischer Tanz

Während die Tanztechniken des Postmodern Dance vorrangig mit der amerikanischen und englischen Tanzbewegung in den 1960er und 1970er Jahren verbunden wird, kann man den zeitgenössischen Tanz oder auch Contemporary Dance auf die Zeit ab den 1980er Jahren bis heute datieren. Schwierig dabei ist die Vielzahl der Tanztechniken und die vermischten Tanzstile auf einen Überbegriff zu fixieren. Gemeinsamer Nenner für den zeitgenössischen Tanz ist jedoch vor allem die Hybridität. Während die bereits existierenden Tanztechniken noch stets in mehr oder weniger ‚reiner' Form in der Tanzlandschaft zu erkennen sind, sind aber vor allem seit den 1980er Jahren viele Mischformen zu beobachten.

Was bereits mit dem Postmodern Dance begann wird im zeitgenössischen Tanz (nun vor allem auch in Europa) weiterverfolgt: die Dichotomie zwischen modern und klassisch, frei und kontrolliert, improvisiert und fixiert, löst sich auf. Das Verständnis von Tanzen erweitert sich von noch virtuoseren tänzerischen Kunstfertigkeit, über Konzept-Tanz, bewusster Körperwahrnehmung bis hin zu beabsichtigten Dilettantismus. Der ideale Körper des zeitgenössischen Tanzes muss demnach sehr vielseitig sein. In der zeitgenössischen Tanzausbildung werden die Tänzer in mehreren Tanztechniken trainiert. Auch scheinbar gegensätzliche Tanztechniken, wie etwa klassisches Ballett und New Dance werden verbunden (wie etwa bei William Forsythe). Zeitgenössische Choreographen setzen auf relationale Tänzerkörper, die unterschiedlich tänzerisch einsetzbar sind, und sich nicht nur auf eine Tanztechnik beschränkt haben. Durch die multistilistischen Choreographien wird es immer schwieriger, Körper nach einer jeweiligen Tanztechnik einzuordnen.

Der ideale Körper des zeitgenössischen Tanzes wäre demnach im besten Fall ein multitalentierter, der alle der hier besprochenen Tanztechniken beherrscht: er besitzt die Kraft und Flexibilität durch das klassische Ballett-Training; kann sich durch die Ausbildung in modernen Tanztechniken expressiv, in freiem Fluss, wie auch neutral-formal bewegen; gleichermaßen hat der Körper durch die modernen Techniken die Beweglichkeit des Oberkörpers und die Isolation der einzelnen Glieder gelernt; durch die Techniken der Contact Improvisation und New Dance hat der Körper akrobatische Fertigkeiten, Improvisation und mehr Körperbewusstheit erworben.

So sind die Körper der Tänzer des zeitgenössischen Tanzes nicht mehr Körper, die sich über eine Tanztechnik definieren, sondern mehrere Tanztechniken in sich bergen und diese jeweils situativ different einsetzen.

Wenngleich der ideale Körper des zeitgenössischen Tanzes sich als hybrid repräsentiert, sind dennoch unterschiedliche Gewichtungen von bestimmten Tanztechniken zu erkennen, die aufdecken nach welchen Techniken die Körper (schwerpunktmäßig) geformt wurden.

Die Aneignung der Tanztechniken, die ich hier beschrieben habe, erfolgt durch eine bewusste Formung des Körpers - mit dem Körper wird wie mit einem Instrument umgegangen.

Die Formung und die Bewegung des Tanzkörpers läßt sich auf das Verfügen über den Körper durch eine Tanztechnik, also auf ein Subjekt-Objekt-Verhältnis zurückführen. Im Feld des Tanzes dominiert die Überzeugung, dass der Körper als Instrument bewusst formbar ist. Diese Formung des Körpers folgt aber vielmehr einer unbewussten Strategie, bei der Körper und Geist, Subjekt und Objekt nicht mehr eindeutig zu trennen sind. Hier macht es Sinn im Anschluss das Habituskonzept von Pierre Bourdieu, das sich von einem essentialistischen Subjekt-Begriff distanziert auf das Feld des Tanzes zu übertragen.

2.3. Habitualisierte Körper

Im Folgenden möchte ich das Konzept des Habitus des Kultursoziologen Pierre Bourdieu auf das Feld des Tanzes anwenden, um die Vorstellung eines Subjekt-Objekt-Verhältnis vom Tänzer und seinem Körper zu relativieren und gleichermaßen die Formenentstehung in der Tanzimprovisation zu spezifizieren.

Tanz als Kunst-Feld

Um zu verdeutlichen, was Pierre Bourdieu unter dem Habitus versteht, ist es zunächst notwenig seinen Begriff des Feldes einzuführen. Nach Bourdieu ist das Habitus-Konzept dicht verwoben mit seiner Vorstellung des Feldes. Felder sind soziale Räume, in denen nur für dieses Feld bestimmte Kapitalverteilungen[55] und Machtverhältnisse gelten,

55 Bourdieu versteht Gesellschaft als sozialen Raum, der aus mehreren sich überlagernden Dimensionen besteht. In dem sozialen Raum bestimmen sich die Akteure durch die Verteilung von Kräften, die Bourdieu mit ei-

die eine relative Eigenlogik verfolgen sowie durch gemeinsame Merkmale ausgezeichnet sind. Innerhalb der Gesellschaft zeichnen sich verschiedene Felder ab, wie z.B. das akademische Feld, das politische Feld, ökonomische Feld etc. - so auch das Kunst-Feld.

In seiner Studie über die Regeln der Kunst[56] untersucht Bourdieu die Entstehung eines künstlerischen Produktionsfeldes, um eine Basis für eine Wissenschaft von den Kulturprodukten zu begründen. Am Beispiel von Flauberts Roman *Die Erziehung des Herzens* analysiert er das literarische Feld, wobei er betont, dass dieser beispielhaften Analyse für die Gesamtheit der Felder der Kulturproduktion gültige Sätze abzuleiten wären.[57] So kann man in diesem Zusammenhang auch Tanz als Kunst-Feld betrachten, dass innerhalb gesellschaftlicher Mechanismen Kultur produziert. Für das Kunst-Feld heißt es:

> Es geht darum, das schrittweise Aufkommen des Ensembles gesellschaftlicher Mechanismen zu beschreiben, die den Künstler als Produzenten jenes Fetischs, den das Kunstwerk darstellt, möglich machen; das heißt die Konstitution des Kunst-Feldes [...] als Stätte, an der der Glaube an den Wert der Kunst und an die Macht der dem Künstler zukommenden Schöpfung von Werten sich unaufhörlich produziert und reproduziert.[58]

Übertragen auf das Feld des Tanzes, das hier als relativ autonomes Kunst-Feld verstanden wird (als Feld innerhalb des Kunst-Feldes), lassen sich die Regeln und Hierarchien, die das Feld stabilisieren, nachvollziehen. Dieser soziale Raum, in dem die Tanzkunst stattfindet, hat sich historisch herausgebildet und wird insbesondere durch die illusio– dem Glaube an das Feld und an das Spiel im Feld - beherrscht. Die illusio[59] bestimmt die Strukturen und Spielregeln innerhalb des Feldes und findet ihren Ausdruck im Habitus des Akteurs. Spricht Bourdieu auch von Kampf, Spiel und Glaube innerhalb des Feldes, so bedeutet

nem neuen Begriff des Kapitals definiert. So lassen sich drei Ebenen der Kräfteverteilung ausmachen: das materiell wirtschaftliche Kapital, das kulturelle Kapital, das soziale Kapital. Bourdieu fügt noch eine vierte Ebene hinzu: das symbolische Kapital. Vgl. P. Bourdieu, Sozialer Raum und Klassen, Frankfurt/M: Suhrkamp 1985, S.10.

56 Pierre Bourdieu: Die Regeln der Kunst, Frankfurt/M: Suhrkamp 1999.

57 Vgl. P. Bourdieu: Ebd., S. 340.

58 P. Bourdieu, in ebd., S. 458.

59 „Jedes Feld erzeugt seine eigene Form von *illusio* im Sinne eines Sich-Investierens, Sich-Einbringens in das Spiel, [...]." in: P. Bourdieu, Die Regeln der Kunst, S. 360.

dies im Tanz insbesondere Wettbewerb, Handlungsweisen, Bewegungen, Idealvorstellungen, die das Feld des Tanzes bestimmen. Das Feld des Tanzes differenziert sich wiederum in verschiedene Sub-Felder, die ich bereits im vorangehenden Kapitel ‚Tanztechnische Körper' ausdifferenziert habe. Dabei ging es insbesondere darum anhand der unterschiedlichen Tanztechniken jeweilige soziale Räume, in denen spezifische Habitusformen wirken, auszumachen. Sub-Felder des Tanzes sind die Felder, die sich innerhalb des Tanzfeldes (hier des professionellen Tanzfeldes) aufsplittern, wie etwa das Feld des Balletts, des modernen Tanzes (und innerhalb dieses Feldes die Felder des Modern Dance und des Ausdruckstanzes), des Postmodern Dance, des zeitgenössischen Tanzes. Ebenso etablieren sich spezifische Habitusformen im Umfeld eines bestimmten, einflussreichen Choreographen oder einer Company, wie etwa Ballett Frankfurt unter William Forsythe. Dabei muss betont werden, dass die jeweiligen Felder nicht völlig voneinander abgegrenzt werden können. Insbesondere im zeitgenössischen Tanz zeigt sich, dass Habitusformen sich vermischen und vielschichtiger wirken. Mit der Ausdifferenzierung der Sub-Felder anhand der verschiedenen Tanztechniken fand eine Analyse der inneren Struktur eines Feldes statt. Um meiner zentralen Fragestellung nach der Formenentstehung in der Tanzimprovisation weiter nachzugehen, soll es im Folgenden darum gehen den tänzerischen Habitus genauer zu untersuchen.[60]

Habitus

Der Kultursoziologe Pierre Bourdieu greift in seiner Theorie über soziale Ungleichheit in Gesellschaft die praktische Dimension des Körpers auf. Er entwickelt in seinen Untersuchungen den zentralen Begriff seiner Arbeit - den des Habitus bzw. der Habitusformen. Mit dem Habitus fasst Bourdieu unterschiedliche persönliche Verhaltensweisen, die nicht individuell, sondern gesellschaftlich sind.

60 Würde es nach einer Analyse nach Bourdieu gehen, so müssten drei Ebenen der gesellschaftlichen Wirklichkeit erfasst werden: 1. Die Position des Tanzfeldes innerhalb des Feldes der Macht, 2. Die Analyse der inneren Struktur des Tanzfeldes, 3. Die Untersuchung des Habitus. Vgl. P. Bourdieu, ebd. S. 340. Die für meine Arbeit relevanten Analysepunkte sind die Analyse der inneren Struktur und die Untersuchung des Habitus. Eine soziologische Untersuchung des Tanzfeldes innerhalb des Feldes der Macht bedarf einer weiteren wissenschaftlichen Studie.

Er umschreibt den Habitus als praktischen Sinn, der jedoch keiner bewussten Strategie folgt.[61] Er betrachtet dabei die handelnde Person weder als Subjekt noch den Körper als Objekt, sondern spricht durchweg vom Akteur.

Dabei betont er die durch soziale Konditionierung einverleibten Strukturen, die im Habitus des Akteurs zum Ausdruck kommen. Der Habitus umfasst nicht nur einverleibte ‚äußere' Strukturen wie etwa Bewegungsarten, Körperausdruck und -haltungen und Kleidungsstil, sondern diese werden von ‚inneren' Strukturen wie kulturgesellschaftlichen und gruppenspezifischen Einstellungen, Werthaltungen, Auffassungen und Geschmack begleitet. Wichtig für das Konzept des Habitus ist, dass der Habitus sich in Relation zu einem bestimmten Feld herausbildet und aktualisiert. Der Habitus als Produkt sozialer Konditionierung ist dabei aber auch wandelbar. Nach Bourdieu funktioniert der Körper als Speicher sozialer Erfahrung, welcher nur durch die Aktivität (die Praxis) weiter getragen und immer wieder feldspezifisch angepasst und transformiert wird. Der Habitus ist „strukturierte und strukturierende Struktur"[62]. Er kann mit den Strukturen aus früheren Erfahrungen jederzeit neue Erfahrungen strukturieren.[63]

Der Akteur kann über den Habitus nicht bewusst verfügen – Bourdieu räumt lediglich ein, dass der Habitus durch Bewusstwerdung unter Kontrolle gebracht werden kann und somit innerhalb bestimmter Grenzen veränderbar ist.[64] Er umschreibt aber den Habitus als „Spontaneität ohne Willen und Bewußtsein"[65] und als Intelligenz des Körpers, die sich im ‚praktischen Sinn' zeigt. Der praktische Sinn, den er auch als Spielsinn bezeichnet, befähigt den Menschen ohne bewusst nachzudenken zu handeln. Man könnte Bourdieus Überlegungen über den Spielsinn sogar so interpretieren, dass der Körper die Fähigkeit besitzt sich selbst zu formen und aufgrund der einverleibten Erfahrungen eigenständig zu agieren. Der Spielsinn gibt dem Individuum die Fähigkeit den Habitus nach geregelter Improvisation unbewusst weiter zutragen und zu transformieren. Menschliches Handeln wird durch das Habitus-Konzept also als geregelte Improvisation verstanden, die durch die Einverleibung sozialer Strukturen im und durch den Körper

61 Vgl. P. Bourdieu: Antworten auf einige Einwände, S. 397.
62 P. Bourdieu: Sozialer Sinn, S. 113.
63 Vgl. ebd.
64 Vgl. P. Bourdieu: Antworten auf einige Einwände, S. 407.
65 Vgl. P. Bourdieu : Sozialer Sinn, S. 105.

produziert wird.[66] Die „wirkende Präsenz der gesamten Vergangenheit"[67], die der Habitus ist und ihn gleichzeitig erzeugt ist wesentlicher Aspekt bei Bourdieu.

Tänzerischer Habitus und Improvisation

Übertragen auf das Feld des Tanzes bedeutet dieser Verweis auf die Vergangenheit und die dem Körper einverleibte Geschichte, dass im Tanz die Strukturen sichtbar werden, die sich in den Körper eingeschrieben haben - wie etwa Tanztechniken - und sich weiter fortschreiben. Jeder Tanzakteur hat entsprechend seines Sub-Feldes einen bestimmten Habitus, der aber nicht fixiert ist, sondern sich auch wandeln kann. Betrachtet man nun die Praxis der Tanzimprovisation, versinnbildlicht diese geradezu die Idee des Habitus als geregelte Improvisation. Vollzieht eine Person eine tänzerische Improvisation, so kommen die einverleibten Strukturen zum Ausdruck. Mit den einverleibten Strukturen hat sich ein Wissen über die Spielregeln eingeschrieben, nach denen die Person sich spontan (ohne Bewusstsein) bewegt. Unbeabsichtigt (zufällig) entstehen Erneuerungen im Tanz, die wiederum den folgenden Tanz neu strukturieren.

Wie Bourdieu den Habitus als „ein erworbenes System von Erzeugungsschemata"[68] umschreibt, über den die Struktur, die ihn erzeugt hat, regiert, so lässt sich auch die Praxis der Tanzimprovisation als ein erworbenes System von Erzeugungsschemata beschreiben, bei der innerhalb von Habitusformen erzeugter Grenzen, Tanz hervorgebracht wird.[69]

Die Betrachtung der Tanzimprovisation in Anlehnung des Habituskonzeptes erfolgt hier in zwei Bahnen: Zum einen erweist sich der Habitus-Begriff für die Bearbeitung der Frage der Formenenstehung - des Körpers der Improvisation als brauchbar. Zum anderen weist das Habitus-Konzept Parallelen auf, wie allgemein betrachtet die Mechanismen

66 Bourdieu betont die regelhafte Improvisation des Habitus, z.B in Erläuterungen, wie: „Als ständig von regelhaften Improvisationen überlagerte Erzeugungsgrundlage bewirkt der Habitus als praktischer Sinn [...]" in ebd., S. 107.

67 „Als einverleibte, zur Natur gewordene und damit als solche vergessene Geschichte ist der Habitus wirkende Präsenz der gesamten Vergangenheit, die ihn erzeugt hat." P. Bourdieu in ebd., S. 105.

68 Vgl. ebd., S. 102.

69 Vgl. ebd.

von Improvisation als menschliche Erzeugung denkbar wäre. So bemerkt Bourdieu zum Habitus:

Als unendliche, aber dennoch strikt begrenzte Fähigkeit zur Erzeugung ist der Habitus nur so lange schwer zu denken, wie man den üblichen Alternativen von Determiniertheit und Freiheit, Konditioniertheit und Kreativität, Bewußten und Unbewußten oder Individuum und Gesellschaft verhaftet bleibt, die er ja eben überwinden will. Da der Habitus eine unbegrenzte Fähigkeit ist, in völliger (kontrollierter) Freiheit Hervorbringungen - Gedanken, Wahrnehmungen, Äußerungen, Handlungen - zu erzeugen, die stets in den historischen und sozialen Grenzen seiner eigenen Erzeugung liegen, steht die konditionierte und bedingte Freiheit, die er bietet, der unvorhergesehenen Neuschöpfung ebenso fern wie der simplen mechanischen Reproduktion ursprünglicher Konditionierung.[70]

Diese angesprochene Überwindung der Dichotomien von Fixiertheit/Freiheit, Bewußten und Unbewußten, etc. ist ebenso in der Erzeugung von Tanzimprovisation ein wesentliches Denkmuster.[71] Vergleichbar ist auch die „(kontrollierte) Freiheit" oder konditionierte Freiheit in der Hervorbringung von improvisierten Tanz wie auch, dass es sich weder um „unvorhergesehene Neuschöpfungen" handelt noch um „simple mechanische Reproduktion" alter Strukturen. Es geht zwar in der Tanzimprovisation um Erneuerungen, diese sind aber immer in Zusammenhang mit der Vergangenheit des Improvisierenden (der Vorstrukturiertheit) zu verstehen. Insofern kann man nicht sagen, Tanzimprovisation ist nur kreativ: Sie ist weder völlig kreativ noch werden nur ursprüngliche Konditionierungen reproduziert.

Während Bourdieu mit dem Habituskonzept die Gegenüberstellung von Subjekt-Objekt umgeht, ist auch für die Tanzimprovisation die Vorstellung eines Subjekt-Objekt-Verhältnisses nicht denkbar. Hier

70 P. Bourdieu in ebd., S. 103.

71 Diesen Gedanken zur Tanzimprovisation vertritt auch Cynthia J. Novack in ihrer Arbeit über Contact Improvisation. Dabei gesteht sie dem improvisatorischen Verfahren der Contakt Improvisation eine zeitweise Synthese der Dichotomien, die im amerikanischen Tanz zu beobachten sind, zu: „These dichotomies and implicit associations - culture/nature, art/behaviour, choreographie/process, structure/spontaneity, thought/feeling, control/intuition, mind/body, and, of course, male/female - have powerful effects on american dance. In contact improvisation, a temporary synthesis of some of these oppositions has been made possible." C. J. Novack: Sharing the Dance, S.193.

definiert sich der Körper nur durch die Praxis - im Vollzug. Wer dabei handelt - ob Geist oder Körper - ist nicht relevant. Vielmehr macht das Konzept der Improvisation deutlich, dass eine Körper-Geist Dichotomie überwunden werden muss und der Körper der Improvisation als verkörpertes Gedächtnis oder verkörpertes Bewusstsein erscheint.[72] In der Tanzimprovisation wird das materialisiert, was an einverleibten Strukturen gespeichert ist. Dieses gespeicherte Bewegungsmaterial wird in der Tanzimprovisation durch Neu-Kombinationen und Verschiebungen der erinnerten Bewegungen stets aktualisiert. Der Habitus des Tanzenden ist somit wesentliches Element für die Formenentstehung von improvisiertem Tanz. Mit jeder neuen tänzerischen Erfahrung aktualisiert sich der Tanzhabitus. Das heißt, jede neue Tanztechnik, Improvisationstechnik oder improvisatorisches Verfahren, dass der Tanzende erfährt (erlernt) hat Einfluss auf den Habitus und somit auch auf die Formen der tänzerischen Improvisation. Zur Veranschaulichung hier ein Beispiel:

Ein Tänzer aus dem Tanzfeld des Ausdruckstanzes improvisiert gemeinsam mit Tänzern aus dem Tanzfeld des zeitgenössischen Balletts. Die Improvisationstechnik der Balletttänzer basiert auf den Improvisation Technologies und der Neun-Punkte-Technik, die von William Forsythe und Amanda Miller entwickelt wurden.[73] Die Erfahrung mit diesen Techniken bringen einen bestimmten tänzerischen Habitus hervor: ‚alltägliche', gelassene Körper-Präsenz, isolierte Bewegungen der Körperglieder im Raum, sehr formale Bewegung ohne ‚inneren' Ausdruck, viele Rotationen in den Gelenken, Tanzen auf Socken (dadurch entsteht weniger Bodenhaftung). Die Tänzer verstehen den Körper als Kompositionsmaterial, sie denken anti-hierarchisch, sie gehen miteinander formale Beziehungen ein, sie tanzen viel nebeneinander bzw. vereinzelt und drücken als Bewegungsmotivation äußerliche Formen aus.

Der Ausdruckstänzer taucht nun in dieses Feld ein mit seinem tänzerischen Habitus: die Bewegungen haben mehr Fluss, der Körper wird mehr im Ganzen bewegt, die Bewegungen werden mit bestimmter Dynamik getanzt, die dem Tanz Expressivität verleiht. Zwischenmenschliche Beziehungen werden eingegangen, die die Tänzer mehr als Individuen auszeichnen, die Tänzer tanzen eher barfuss (dadurch entsteht

72 Von „embodied consciousness" spricht auch Susan Leigh Foster in ihrem Aufsatz über Tanzimprovisation: Taken by Surprise. Improvisation in Dance and Mind, S. 9.

73 Zu den Improvisation Technologies, vgl. Teil IV Kapitel 1. Zu der Neun-Punkte-Technik, vgl. Teil IV Kapitel 3.

mehr Bodenhaftung) und drücken als Bewegungsmotivation innere Bewegtheit aus.

Diese Erfahrung nun, die der Ausdruckstänzer während dieser Gruppenimprovisation im Feld des zeitgenössischen Balletts macht aktualisiert seinen Habitus - der Improvisierende hat sich neue Strukturen angeeignet. Bewegungen, Haltungen, Umgangsformen werden sich erneuert haben. In einer nächsten Improvisation werden Elemente dieser Erfahrung mitwirken und sich in der Materialisierung zeigen.

Verschiebungen im mimetischen Prozess

Wie kann man sich nun die Aneignung von neuen Strukturen im Habitus und damit den Aktualisierungsprozess vorstellen? Mit der Frage, wie sich kulturelle Aneignung vollzieht, beschäftigt sich auch Gabriele Klein in ihren Studien über Techno und Hip Hop. Sie schlägt hierfür das Konzept der Mimesis vor und betont die mimetische Aneignung von Kultur als ein Akt nicht nur der Imitation sondern vor allem der Produktion:

> Sinnenhafte Aneignungsvorgänge lassen sich als mimetisch beschreiben. Wirklichkeit wird mimetisch angeeignet, indem die Menschen sie sinnenhaft wahrnehmen, sie innerlich abbilden und dann im Zusammenhang der eigenen Bilderwelt neu konstruieren. Aneignung ist in diesem Sinne ein mimetisches Nachschaffen, das über die Annäherung von Leib und ‚äußerer' Wirklichkeit erfolgt. Es ist ein Prozeß der Produktion und der Neugestaltung, der sich zwischen Innen und Außen, zwischen Leib und Wirklichkeit abspielt.[74]

Die Aktualisierungen im tänzerischen Habitus werden somit durch den mimetischen Prozess vollzogen. Dabei wird Mimesis nicht nur als Akt von Nachahmung verstanden, sondern gleichzeitig als Konstruktionsvorgang.[75] Im Vollzug einer Tanzimprovisation werden nicht nur einverleibte, vorgegebene tänzerische Strukturen (durch den Habitus) reproduziert, sondern es werden während der Durchführung neue Strukturen hergestellt. In der Tanzvermittlung geht es also nicht um die

74 Gabriele Klein: electronic vibration. Pop Kultur Theorie, Hamburg: Rogner & Bernhard 1999, S. 282.

75 Zum Mimesis-Begriff im Tanz als Nachahmung, Darstellung und Neu-Konstruktion vgl. G. Klein: Mimesis, Medialität und Tanz, S. 86-99. Und vgl. Gunter Gebauer/Christoph Wulf: Mimesis: Kultur - Kunst - Gesellschaft, Reinbek bei Hamburg: Rowohlt 1998.

Imitation, als Abbild von einem Vorbild, sondern vielmehr handelt es sich durch die Verschiedenheit der Körper und das unterschiedliche mimetischen Vermögen der Tanzenden beim mimetischen Prozess immer auch um Verschiebungen der Tanzinformation. Schon Walter Benjamin behauptet über das mimetische Vermögen:

> Dabei ist zu bedenken, dass weder die mimetischen Kräfte, noch die mimetischen Objekte, oder Gegenstände, im Laufe der Jahrtausende die gleichen blieben. Vielmehr ist anzunehmen, dass die Gabe, Ähnlichkeiten hervorzubringen - zum Beispiel in den Tänzen, deren älteste Funktion das ist - und daher auch die Gabe solche zu erkennen, sich im Wandel der Geschichte verändert hat.[76]

Diese Veränderungen im mimetischen Prozess deuten auf den Konstruktionsvorgang in der tänzerischen Nachahmung hin. Denkbar ist dies so: Eine bestimmte Tanzbewegung, beispielsweise das ‚glissade' aus dem klassischen Ballett, wird über Nachahmung erlernt. Die Bewegungsstruktur des ‚glissade' bestimmt, aus welchen Bestandteilen, Reihenfolge und Zusammenhang von Raum und Zeit das getanzte ‚glissade' besteht. Im Akt der Nachahmung wird das Bild des ‚glissade' in den eigenen Körper übertragen und in einen neuen Zusammenhang gebracht. Indem das Bild des ‚glissade' neu kontextualisiert wird, stellt sich ein neues ‚glissade' her.

Die Formenentstehung in der Tanzimprovisation basiert also nicht nur auf Abbildung von einem Vorbild und Reproduktion, sondern vielmehr auf einer performativen Praxis, in der stets im hier und jetzt das alte neu konstruiert wird. Der Körper und seine Bewegungsformen entsteht in der Dauer der Improvisation - er bildet sich im Prozess. Damit ergeben sich die Verschiebungen und Erneuerungen der alten Strukturen.

Mit der Anlehnung an das Habitus-Konzept von Bourdieu und der Betonung auf Verschiebungen in den mimetischen Prozessen sollte deutlich geworden sein, dass der Körper der Tanzimprovisation einverleibte Strukturen materialisiert und aktualisiert. Zugleich vollziehen sich im Akt der Aneignung habitueller Strukturen neue Konstruktionen. Als performative Praxis werden somit in der Improvisation alte Tanzformen nicht nur konserviert, sondern auch erneuert.

76 Walter Benjamin: Metaphysisch-geschichtsphilosophische Studien, 2. Über das mimetische Vermögen, in: Ders.: Gesammelte Schriften II.1, Frankfurt/M.: Suhrkamp 1980, S. 211.

Wie genau aber funktioniert dieser Konstruktionsvorgang in der Tanzimprovisation? Dazu möchte ich im nächsten Kapitel auf die Rolle des Zufalls und den Prozess der Erneuerung eingehen. An dieser Stelle erfolgt bewusst ein Bruch in der theoretischen Betrachtung. Der Anwendung der soziologischen Theorie des Habitus-Konzepts auf das Tanzfeld, folgt nun die Anbindung an Theorien des Zufalls. Der Zufall erscheint hier als wichtiger Bestandteil für Erneuerung. Denn: die Aktualisierung eines tänzerischen Habitus muss mit einer Destabilisierung des Alten einhergehen.[77] Das heißt, nur durch Destabilisierung, Brüche oder Störungen, welche durch den Zufall bestimmt werden, kann eine Aktualisierung stattfinden.

2.4. Der Prozess der Erneuerung

In der Tanzimprovisation wird der Prozess der Erneuerung entscheidend durch den Zufall, genauer gesagt: durch den Umgang mit dem Zufall, vorangetrieben.

Um die Bedeutung des Zufalls in der Tanzimprovisation näher zu bestimmen, muss zunächst geklärt werden, welche Bedeutung der Begriff des Zufalls in der Kunstproduktion hat. Denn offensichtlich wird der Zufall in den Naturwissenschaften wie auch Geisteswissenschaften unterschiedlich gedeutet und verstanden.

Während in der naturwissenschaftlichen Zufallsforschung es seit jeher um die Frage geht, ob es den ‚echten' Zufall überhaupt gibt, widmet sich die Kunstproduktion vielmehr der Frage, wie mit dem Zufall umgegangen werden kann. Das heißt, in der Produktion von Kunst wird der Zufall provoziert, er ergibt sich nicht einfach, sondern wird durch unterschiedliche Verfahren gelenkt. So auch in der Tanzimprovisation. Der improvisierende Tänzer muss spontan kompositorische Entscheidungen treffen und gleichzeitig mit dem was ihm an äußeren sowie inneren Informationen (Gedanken, Erinnerungen) ‚zufällt' umgehen. Dabei wirkt sich das *Fallen* zwischen Ordnung und Chaos konstituierend aus für neuartige, überraschende Konstellationen, die am

77 Hier weicht die weitere Betrachtung vom Denken Bourdieus ab, da er ja gerade den Habitus als eine Kategorie bestimmt, über die er erläutern will, dass sich Tradition bewahrt und Bestehendes immer wieder reproduziert wird. Ich möchte im Folgenden jedoch eine Möglichkeit aufzeigen, wie eine Aktualisierung (d.h. auch Verschiebung) eines tänzerischen Habitus denkbar ist.

Ende des folgenden Gedankengangs als emergente Bewegungsabläufe beschrieben werden.

Der Rest von Unbestimmbarkeit

In der Mathematik (Stochastik) wird zwischen verschiedenen Zufällen unterschieden. Da gibt es den Zufall als Unwahrscheinlichkeit, als Nicht-Determinismus oder zufällige Verhalten, die als determiniertes Chaos beschrieben werden. Und es gibt auch den berechenbaren Zufall, der beispielsweise von Computerprogrammen erzeugt werden kann und gewissermaßen einen Pseudo-Zufall darstellt.[78] Daneben gibt es auch den berechenbaren Zufall in der Komplexität, der eben berechenbar ist, aber so kompliziert zu berechnen ist, dass die nötigen Ressourcen an Speicher-Raum und Rechen-Zeit überschritten würden. Der Mathematiker Wolfgang Coy fast die Problematik des Zufalls zusammen:

> Ob *objektive*r Zufall überhaupt existiert, ist mit mathematischen Ansätzen nicht entscheidbar. Insbesondere ist Zufall nicht vom Ergebnis komplizierter, aber dennoch berechenbarer und determinierter Prozesse unterscheidbar. Der scholastische Universalienstreit findet so eine überraschende (aber keineswegs zufällige) Fortsetzung, denn ob ein ‚objektiver Zufall' real existiert oder ob der ‚objektive Zufall' nur eine Frage des Sprachgebrauchs ist, bleibt mathematisch ebensowenig entscheidbar wie die Frage nach der ‚Existenz freien Willens'. *Halten wir fest*: Zufall entsteht erst in den Köpfen der Betrachter. Was Zufall ist, bestimmen wir![79]

Durch diese Bemerkung wird deutlich, dass auch in der vermeintlich objektiven Naturwissenschaft ein philosophisches Weltbild konstruiert wird, das durch das jeweilige Denken entsteht.

Die Frage nach Zufall und Freiheit beschäftigte die Philosophen in allen Zeiten. Während eine Zusammenfassung der Zufallstheorien in der Philosophie hier den Rahmen sprengen würde, möchte ich lediglich herausheben, dass in der klassischen Kausalitätsbetrachtung[80] der

78 Vgl. Wolfgang Coy: Berechenbares Chaos, in: Peter Gendolla/Thomas Kamphusmann (Hg.), Die Künste des Zufalls, Frankfurt/M.: Suhrkamp 1999, S. 43.

79 Wolfgang Coy in ebd., S. 46.

80 Auf Kant sind die Kausalitätsprinzipien zurückzuführen, die in der klassischen Physik eine große Rolle spielen. Er formulierte die Gedanken, dass jedem Ereignis ein anderes Ereignis vorhergegangen sein muß, aus

Zufall deutlich negiert (oder dem Göttlichen zugeschrieben) wurde. Demgegenüber ist in neueren Denkansätzen des 20. Jahrhunderts eine Bejahung des Zufalls zu beobachten, wenn beispielsweise der Philosoph Odo Marquard sagt: „Wir Menschen sind stets mehr unsere Zufälle als unsere Wahl."[81] Deutlich wird dies auch durch die Beschäftigung mit der Aleatorik, wenn etwa Stéphane Mallarmé in seinem Gedicht *Un coup de dés* sagt: „Toute Penseé émet un Coup de Dés" („Jeder Gedanke wagt einen Würfelwurf"), oder durch das poststrukturalistische Denken von Michel Foucault, Gilles Deleuze und Félix Guattari, das Abschied nimmt von einem deterministischen Weltbild.[82] Diese Philosophen (Foucault, Deleuze, Guattari), bejahen nicht nur den Zufall, sie *denken* ihn auch. In einer philosophischen Aleatorik gegen den Kausalismus ist eine andere Handhabung des Wissens von Nöten, die Distanz zu jeder Hermeneutik hält.

Diese Apologie an den Zufall ist ebenso in der Kunstproduktion zu beobachten. Vor allem im 20. Jahrhundert ist der Zufall in Literatur, Musik, Film, Theater, allgemein in ästhetischen Produktionen, nicht mehr nur Motiv, sondern außerdem zu einem schöpferischen Verfahren geworden. Man denke dabei etwa an die Experimente der Dadaisten im Café Voltaire, Zufalls-Gedichte von Hans Arp, Ready-mades von Marcel Duchamp oder die bekannten Zufallsoperationen in der Musik von John Cage. Der ‚ästhetische' Zufall aber, wie es Peter Gendolla und Thomas Kamphusmann in ihrer Enleitung des Bandes ‚Die Künste des Zufalls' schreiben, unterscheidet sich elementar von den anderen Zufällen:

> [...] vom Zufall der Evolution, von den Zufällen der Geschichte, den physikalischen, technischen, den sozialen Zufällen, den zufälligen Begegnungen auf der Straße. Diese ergeben sich, sie sind per definitionem nicht gewollt. Die Künste wollen den Zufall, benötigen ihn geradezu systematisch. Sie versuchen ihn eben deshalb auf immer neue Weise zu plazieren, [...] herzustellen, an einen wichtigen Platz im ästhetischen Gefüge zu stellen.[83]

dem das betrachtete Ereignis folgte (Kausalitätsprinzip), die Aufeinanderfolge von Ereignissen (oft) inhaltlich und zeitlich unumkehrbar sind. Das heißt: jedes Ereignis hat einen Grund, eine Vorgeschichte.

81 Odo Marquard: Apologie des Zufälligen, Stuttgart: Reclam 1986, S.118.

82 Vgl. Friedrich Balke: Den Zufall denken. Das Problem der Aleatorik in der zeitgenössischen französischen Philosophie, in: P. Gendolla/T. Kamphusmann (Hg.), Die Künste des Zufalls, S. 48-76.

83 P. Gendolla/T. Kamphusmann: Die Künste des Zufalls, S. 7.

Betrachtet man nun die Tanzimprovisation, so spielt der Zufall auch hier eine entscheidende Rolle für die schöpferische Produktion. Dem Umgang mit dem Zufall in der Kunstproduktion unterliegt jedoch eine paradoxe Bemühung: „ein in jeder Hinsicht unvorhersehbares Ereignis herzustellen, eine nicht kalkulierbare Situation in berechnender Absicht zu provozieren".[84]

In der tänzerischen Improvisation wird der Zufall mit einkalkuliert, er wird ‚beherrscht' und in kreative Systeme mit eingebunden.[85] So ließe sich dieser Zufall auch als Pseudo-Zufall beschreiben - ein Zufall, der aus künstlerischen Zwecken gewollt ist. Dieser Zufall aber ist schöpferisch und treibt vielmehr wiederum den Zu-Fall von Koinzidenzen an. Das Zusammentreffen und die unerwartete Konstellation verschiedener Ereignisse, die den kreativen Prozess der Improvisation ausmachen, geschieht durch das Zulassen des Zufalls, der im Rahmen der Tanzproduktion beherrscht wird. So wird der Zufall gelenkt und durch Spielregeln gebändigt - und diese Spielregeln werden bestimmt durch die ‚geregelte Improvisation' des tänzerischen Habitus des Improvisierenden[86] wie auch durch die auferlegten Spielregeln des jeweiligen improvisatorischen Verfahrens.

In der Tanzimprovisation herrscht also nicht Chaos und blinde Willkür, vielmehr ist der Tanz zum größten Teil vorstrukturiert und bleibt nur an den Rändern des Bestimmten unbestimmt und variabel. Aber dieser Rest von Unbestimmbarkeit macht letztendlich das Wesentliche - das kreative Potenzial der Improvisation aus: durch den gelenkten Zufall kann Neues und Überraschendes erobert werden.

Destabilisierung des Alten durch Zufall

Der Zufall hat hier die Funktion Altes zu destabilisieren und Bewegungsgewohnheiten zu brechen. Der Zufall ist das was die improvisierende Person nicht voraussehen kann. In diesen Momenten wird die improvisierende Person überrascht und befindet sich im Ungewissen. Sie verliert dabei die Kontrolle über ihre gestalterischen Entscheidungen bis sie die Kontrolle wieder erlangt und den Tanz bewusst in eine bestimmte Richtung lenkt.

84 P. Gendolla/T. Kamphusmann: ebd., S. 7.

85 Siehe hierzu als exemplarische Analyse der improvisatorischen Verfahren, Kapitel 3.1: Der systematisierte Zufall bei Trisha Brown.

86 Zum Habitus des improvisierenden Tänzers siehe Kapitel 2.3.

Der Schock und die Überraschung, die die improvisierende Person durch den Zufall erfährt, löst neue Strukturen im Tanz aus. Und zwar so, dass in der Reaktion auf den Zufall, die Person für kurze Zeit sehr bewusst den Tanz lenken muss, um wieder geordnete Stabilität zu erlangen, um im nächsten Moment wieder vom Zufall in positivem Sinne „gestört" zu werden.

So bewegt sich die improvisierende Person wie in einem Feedback Loop zwischen Stabilität und Labilität, Ordnung und Chaos.

Von der Erfahrung mit dem Ungewissen berichten viele Improvisatoren. Eine andere Qualität des Tanzens wird dabei betont, ganz im Unterschied zur getanzten Choreographie, die im voraus geplant und vom Tänzer eingeübt ist. So bemerkt der Tänzer Mark Tomkins:

> In a set choreography we know what we are doing, and what is actually interesting in an improvised performance, is to not know [...] that I can keep [...] the spontaneity, this state of being in the unknown, of risk, of playfullness and of surprise.[87]

Weiter beschreibt der Tänzer Vitor Garcia den Prozess während der Improvisation folgendermaßen:

> [...] there is that moment of not knowing, that you actually have to surrender and go with it. And when it is finished it is time to take another decision, so then at that moment you know. But when you take the decision to implement the decision again, or the choice, then again you don't know. So there is always the cause and the consequence, the rule and the coincidence going on. Or the: I know, I don't know, I know, I don't know etc.[88]

Und William Forsythe bemerkt dazu:

> Der Zweck von Improvisieren ist es, Choreographie zu überwinden, zurückzukommen zu dem, was Tanz ursprünglich ist. Ich sehe Choreographie als sekundäres Ergebnis im Tanz.[89]

87 Mark Tomkins in: A. Benois (Hg.): Nouvelle de Danse, S. 213.

88 Vitor Garcia in einem von mir geführten Interview vom 18.05.1999 in Freiburg.

89 William Forsythe: Bewegung beobachten. Ein Interview mit William Forsythe, Forsythe, William Sommer, Astrid (Hg.), Improvisation Technologies. A Tool for the Analytical Dance Eye. CD-Rom/Booklet, Karlsruhe: Hatje Cantz 1999, S. 25.

Damit spricht Forsythe die Überwindung von bewussten bzw. gewussten und geplanten Körperbewegungen an, wie es im choreographierten Tanz der Fall ist, und versteht die Überwindung dieses Zustandes während der Improvisation als den ‚gelungenen Tanz':

[...] dann würde der Körper übernehmen und würde tanzen, wo Du nicht weiter weißt. Ich sehe das als eine idealisierte Form des Tanzens: nicht zu wissen, sondern es dem Körper überlassen, dich zu tanzen.[90]

Dieses Zitat bestätigt geradezu Pierre Bourdieus Habitus-Theorie: Mit dem ‚Spielsinn' besitzt der Körper die Fähigkeit sich selbst zu formen und aufgrund der einverleibten Erfahrungen eigenständig zu agieren.[91]

Zu dem ‚Wissen' des Tänzers gehört auch das, was sich soeben in der Improvisation vollzogen hat. Die Tanzenden haben es jeden Moment mit einem Vorstoß in das Unbekannte/Nichtwissen zu tun und reichern gleichzeitig damit das Wissen an. Immer wieder werden die Grenzen des Wissens überwunden, um das Unbekannte zu erobern, sich selbst zu überraschen. Die amerikanische Tanzwissenschaftlerin Susan Leigh Foster beschreibt dies so:

Improvisation presses us to extend into, expand beyond, extricate ourselves from that which was known. It encourages us or even forces us to be ‚taken by surprise'. Yet we could never accomplish this encounter with the unknown without engaging the known.[92]

Ähnlich diskutiert die amerikanische Soziologin Elaine Clark-Rapley in einem Aufsatz über Tanzimprovisation das improvisatorische Prinzip:

Innovations, however, continue to push the bounderies of what is known forward in a dialectical process of becoming.[93]

Rapley betrachtet dabei die Improvisation als eine innovative Tätigkeit, die die Tanzenden über gewohnte Bewegungsmuster hinausträgt und dabei ungeahnte Bewegungsmöglichkeiten erobert und die Grenzen des Wissens im dialektischen Prozess des Werdens erweitert werden.

90 W. Forsythe: Ebd.
91 Vgl. Kapitel 2.3. dieser Arbeit, S.102.
92 S. L. Foster: Taken by Surprise, S. 4.
93 E. Clark-Rapley: Dancing bodies, S. 103.

Man kann also sagen, dass im Akt der Improvisation durch den Zufall Momente hervorgerufen werden, die das eintrainierte Bewegungsvokabular für kurze Zeit destabilisieren. In einer fortwährenden Zirkulation zwischen Stabilisierung und Destabilisierung bewegt sich der Improvisierende mit seinem tänzerischen Habitus. Dabei löst (im wahrsten Sinne des Wortes) der Zu-Fall den Wechsel von stabilen geordneten Bewegungen oder von instabilen, andersartigen ‚neuen' Bewegungen aus. Etwas ‚fällt' dem Improvisierenden im Moment des Bewegungswechsels, der die Form des voranschreitenden Tanzes ausmacht, zu: sei es eine bewusste Entscheidung, die ‚fällt' und den Tanz in eine bestimmte Richtung lenkt oder sei es der Körper, der durch sein Gewicht in eine bestimmte Richtung ‚fällt'.

Hier möchte ich nun die Frage nach der Formenentstehung der Tanzimprovisation auf der Mikroebene betrachten: Was passiert im Moment des Wechsels von einer Bewegung zur anderen? Im Folgenden stelle ich zunächst ein Denkmodell vor, dass der amerikanische Tanzwissenschaftler Kent de Spain vorschlägt und versuche anhand dessen die Improvisationsbewegung mit der Idee des Falls[94] zu konkretisieren.

Bewegungswechsel zwischen Ordnung und Chaos

Kent de Spain versteht seine Forschung über Bewegungsimprovisation als ein Vordringen in das komplexe System ‚Mensch'. Die Komplexität von spontaner menschlicher Kreativität zeige sich in der geistigen Fähigkeit im Moment des Wechsels einer Bewegung aus einer unendlichen Zahl von Bewegungsmustern und Möglichkeiten zu entscheiden. Beinahe alle Dinge in der Natur, der menschliche Körper, eingeschlossen das Gehirn und das Nervensystem, besäßen einige lineare und einige nicht-lineare Strukturen. Daraus folgernd baut de Spain sein Modell für die geistige Tätigkeit während der Improvisation auf den Dualismus von Linearität und Nicht-Linearität auf und schafft eine Verbindung zur Quantentheorie:

A fundamental tenet of my model of the improvising mind is that this structural dualism, linearity and non-linearity integrated into the same space, creates a corresponding dualism of function: that at the same time in the

94 Mit der Idee des Falls zur Beschreibung von ‚außer-ordentlichen' Bewegung arbeitet auch Gabriele Brandstetter in ihrem Aufsatz ‚Choreographie als Grab-Mal. Das Gedächtnis von Bewegung', in: G. Brandstetter/H. Völckers (Hg.): ReMembering the Body, S. 102-135.

same mind, we all have a propensity towards order and a propensity towards chaos. The interaction of these opposing forces in the mind can be elucidated by quantum theory [...] Quantum theory tells us that after each action there is a moment, a place, a world where many choices for the next movement simultaneously coexists.[95]

Steht also die tanzende Person während der Improvisation vor einer Entscheidung für die nächste Bewegung (bewusst oder unbewusst), gibt es nicht nur eine Möglichkeit für die sich die Person entscheiden kann. Stattdessen gibt es für einen Moment unendlich viele Möglichkeiten, die das Spektrum von Ordnung bis Chaos abdecken. Es besteht eine kohärente Superposition der Zustände (a superposition of states, wie es in der Quantentheorie heißt) - ein Überlagerungszustand von sich gegenseitig ausschließenden Möglichkeiten. Aus der Erfahrung als improvisierender Tänzer berichtet Kent de Spain von diesen Momenten während des Improvisierens, die er als schwebenden Zustand beschreibt - Mikrosekunden von Innehalten, in der der Körper eine muskuläre Spannung erzeugt und in jede Richtung gehen könnte - bevor diese Spannung sich in der nächsten Bewegung löst. Diese Auflösung in Bewegung repräsentiert für de Spain eine Entscheidung.

Wie die improvisierende Person von einer Bewegung zur nächsten kommt ist zwar unvorhersehbar, so de Spain, unterliegt aber trotzdem einer Logik. Es ist nicht möglich zu bestimmen welche Bewegungsentscheidung aus dieser Vielzahl von Möglichkeiten sich im Körper materialisiert, aber durch die Untersuchung der Wahrscheinlichkeiten wird eine Logik verdeutlicht.

Im Moment des Wechsels zur nächsten Bewegung schwebt die tanzende Person in der Superposition der Zustände - der Gleichzeitigkeit aller Möglichkeiten - und erwartet einen Impuls zur Aktion (bewusst oder unbewusst). Die Quantentheorie würde jede Entscheidung als mechanisches Gewicht bezeichnen, welches ein Ausdruck für die Wahrscheinlichkeit einer bestimmten vorkommenden Möglichkeit ist. Nach de Spain wäre dieser Zustand als eine Art Wellen-Form bzw. Wellenfunktion denkbar. Wenn dann eine Möglichkeit sich physikalisch manifestiere, würde die Wahrscheinlichkeit hundertprozentig und alle anderen möglichen Entscheidungen zählten gleich null. Damit würde die Wellen-Form gebrochen.

95 Kent de Spain: Science and the Improvising Mind, in: Contact Quarterly 19, Northampton (1994), S. 59.

Drei Bedürfnisse im Bewegungswechsel beschreibt Kent de Spain als ausschlaggebend für den Verlauf der Bewegung: Das Bewegungsmuster weiterführen, das Bewegungsmuster variieren oder das Bewegungsmuster brechen. Geht die tanzende Person dem Bedürfnis nach, das Bewegungsmuster weiterzuführen, erhalten die Möglichkeiten in Richtung Ordnung im Ordnung/Chaos-Spektrum mehr Gewicht, bzw. werden wahrscheinlicher. Wenn es einer Variation oder einem Bruch des Bewegungsmusters bedarf, sind die Möglichkeiten Richtung Chaos wahrscheinlicher.

De Spain fügt noch ein weiteres unverzichtbares Element seinem Modell zu: das Kulturelle. Die kulturelle Erfahrung steht für de Spain für den Begriff der Ordnung. In diesem Zusammenhang kann man hier auch mit Pierre Bourdieu die kulturelle Erfahrung als Habitus verstehen. Für den Begriff des Chaos versteht de Spain dann ‚Etwas völlig anderes oder Unerwartetes'. Damit erklärt sich ein möglicher Mechanismus während des Bewegungswechsels: Geht die Entscheidung Richtung Ordnung, kommt in der Bewegung die kulturelle Erfahrung des Tanzenden zum tragen (bekommt also mehr Gewicht), und geht die Entscheidung Richtung Chaos, wird etwas völlig anderes und unerwartetes in der Bewegung erfahrbar und sichtbar. De Spain versteht also das kreative Schaffen in der Improvisation als eine Tätigkeit, die durch vorherige Bedingungen entsteht und in einer Wellenfunktion von linearen und nicht-linearen Elementen, ein einzigartiges, aber kulturell kohärentes Bewegungsbild erzeugt.

Nun möchte ich auf diesem Hintergrund ein Modell der Improvisationsbewegung weiterdenken.

Improvisation als ständiges Fallen

Kent de Spain bringt den Vergleich mit der Wellenfunktion – so lässt sich die improvisatorische Bewegung in Form einer Welle, deren Umbrüche, je nach Gewicht, an unterschiedlichen Stellen erfolgt, folgendermaßen verbildlichen.

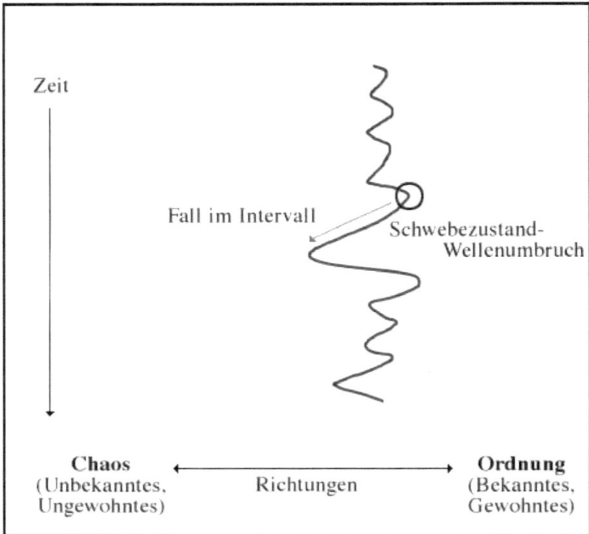

Abb. 2: Improvisatorische Bewegung in Form einer Welle

Der Schwebezustand – die Superposition – das ist der Moment, in dem der Umbruch geschieht, das Gewicht in eine andere Richtung *fällt*. Die geordneten Phasen der Improvisation bringen gewohnte, habituelle Bewegungen hervor. Die chaotischen Phasen der Improvisation sind jene außer-ordentlichen Bewegungen, die eine Andersartigkeit hervorrufen, bei denen die tanzende Person sich in einem Zustand der Desorientierung befindet, bis die Welle wieder umbricht, und in Richtung Ordnung lenkt.

Der Zustand der Des-Orientierung, der Entschichtung (des Körpers), der Zustand des Fallens, der momentanen Nicht-Kontrolle, äußern die Bewegungen, die nicht planbar und bestimmbar sind. Diese Bewegungen kommen schnell, plötzlich und unerwartet – diese Fälle werden aber immer wieder durch ordnende Kontrolle aufgefangen. Dieses Element der Unordnung in der Ordnung, dass im Fallen symbolisiert wird, betont Gabriele Brandstetter in ihren Überlegungen über das Fallen, indem sie der einfachen, scheinbar geordneten Bewegung – nämlich dem ‚Gehen' ein fortwährendes Fallen zugesteht. Sie zitiert dazu Laurie Anderson:

Du gehst [...] und du merkst es nicht immer, aber du fällst ständig. Mit jedem Schritt [...] fällst du. Du fällst ein kleines Stückchen vorwärts und fängst dich wieder. Du fällst immer wieder und fängst dich im Fallen auf. Und auf diese Weise gehst und fällst du gleichzeitig.[96]

Dieses ständige Fallen und Auffangen zwischen Ordnung und Chaos, dass auch schon Doris Humphrey in ihrem Bewegungsprinzip des Fall and Recovery manifestierte[97], geschieht auch in der tänzerischen Improvisation, wie es in Form der Welle in der Graphik verbildlicht wird. Der Fall im Intervall zwischen Ordnung und Chaos, Wissen und Nicht-Wissen birgt, so Gabriele Brandstetter, die Möglichkeit für unbekannte, fremde, neuartige Bewegung:

Der Körper, der gerade im Verlust der Kontrolle ‚sich selbst entschlüpft', befindet sich in jenem Status des Nicht-Wissens, der die (Auf)Lösung gebahnter Gedächtnisspuren von Bewegung präfiguriert. Nicht ein Nullpunkt des Wissens oder ein vollständiges Vergessen, sondern gleichsam ein ‚Limbus' zwischen körperlichem Wissen und Nicht-Wissen, zwischen Kontrolle und Aussetzen der Kontrollinstanz. Dieses Intervall birgt das Potenzial einer ‚anderen Bewegung', in der das Gewusste und Wiederholbare gleichsam eine Zäsur des Verlernens enthalten - ein Mal, das die Möglichkeit öffnet für unbekannte, ‚fremde' Bewegung.[98]

Demnach wird hier deutlich: Nicht die vollständigen Zustände von Ordnung oder Chaos werden erreicht, sondern im Intervall werden verschiedene Grade durchgangen. Eine klare Grenze zwischen Ordnung und Chaos lässt sich nicht manifestieren. So gesehen ist Improvisation ein ständiges Fallen, und ganz dem Grad entsprechend[99], bringt sie im Prozess der Veränderung und des Werdens außergewöhnliche, fremde Bewegungen hervor.

96 Laurie Anderson zitiert nach G. Brandstetter: Choreographie als Grab-Mal, S. 122.

97 Doris Humphrey schrieb 1959: „Der menschliche Gang weist das Grundmuster von Fallen und Wiederstabilisieren auf (so meine Theorie der Bewegung); das bedeutet, der Schwerkraft nachzugeben und wieder federnd von ihr wegzustreben. Nach meiner Überzeugung ist dies der eigentliche Kern jeder Bewegung. Alles Leben fluktuiert zwischen zwei Polen: Der Schwerkraft zu widerstehen und sich ihr zu überlassen." In: Dies: Die Kunst Tänze zu machen. Zur Choreographie des Modernen Tanzes, Wilhelmshaven: Noetzel 1998, S. 150.

98 G. Brandstetter: Choreographie als Grabmal, S.126.

99 Vgl. hierzu Kapitel 4.2. Improvisationsgrade.

Emergente Bewegungsabläufe

Diese außergewöhnlichen Bewegungen lassen sich im herkömmlichen Sinne als ‚neue'[100] Bewegungen bezeichnen. Jedoch unterliegt der Frage nach neuen, außer-ordentlichen Bewegungen ein Paradox. Es gibt zwei Formen von Neuem in der tänzerischen Improvisation: Zum einen handelt es sich, wenn man von Neuem in der Bewegung spricht um eine *Erneuerung des Alten*, bei dem man die Spuren des Alten im Neuen noch deutlich erkennen kann (tänzerischer Habitus). Zum anderen lässt sich hier auch eine Verbindung zum wissenschaftstheoretischen Begriff der Emergenz herstellen, bei dem das Neue durch das Zusammenfügen von verschiedenen Elementen unvorhersehbar in Erscheinung tritt:

> Unter Emergenz versteht man, dass in einem weitgehend kausalen Ablauf durch das Zusammentreten von Bauteilen völlig neue, und zwar unvorhersehbar neue, nie dagewesene Eigenschaften zutage kommen. [...] Das Vorliegen von Emergenz ist über den Nachweis zu führen, dass die neuen Qualitäten in den Konstituenten, in den Bauteilen, die das Neue zusammensetzen, auch in Spuren nicht vorkommen.[101]

Emergenz ergibt sich also aus der Zusammensetzung unterschiedlicher, bekannter Bauteile, die dann in der Zusammensetzung etwas völlig überraschend, Unvorhersehbares ergeben.

Der Wissenschaftstheoretiker Rupert Riedl nennt als Beispiel die Erfindung der Violine, bei der „der Frühmensch die Eigenschaften etwa von Holz, Rosshaar und Hühnerdarm (z.B. zum Binden) gut kannte, ohne dass er in der Lage gewesen wäre, aus dem Zusammenwirken dieser drei Materialien die Entstehung der Violine vorherzusagen."[102]

Übertragen auf tänzerische Improvisation ist nun die Frage, inwiefern es unvorhersehbare Bewegungen in der Improvisation gibt, die

---

100 Es wird sich in den folgenden Erläuterungen zeigen, dass der Begriff des ‚völlig' Neuen im Grunde obsolet geworden ist. Die Bedeutung von ‚Neuem' stellt sich in dieser Arbeit vielmehr zum einen als Erneuerung des Alten und zum anderen als emergentes Phänomen heraus. Vgl. hierzu: Ludwig Huber (Hg.): Wie das Neue in die Welt kommt. Phasenübergänge in Natur und Kultur, Wien: WUV 2000; Boris Groys: Über das Neue. Versuch einer Kulturökonomie, Frankfurt/M: Fischer 1999.

101 Rupert Riedl: Wie wohl das Neue in die Welt kommt? in: Ludwig Huber (Hg.), Wie das Neue in die Welt kommt. Phasenübergänge in Natur und Kultur, Wien: WUV 2000, S. 11.

102 R. Riedl: Ebd., S. 12.

aus bekannten Bauteilen bestehen, jedoch in der Zusammensetzung nicht erahnbar gewesen wären. Während die Formen einer Tanzimprovisation durch die Betrachtung des tänzerische Habitus (tanztechnischer und habitueller Körper) erahnbar sind, ist Emergenz nicht vorhersehbar.

Aus der theaterwissenschaftlichen Perspektive wird Emergenz vor allem im postdramatischen Theater verhandelt. Da gerade hier neuere Arbeitsmethoden, wie etwa Improvisation und Zufallsoperationen eingesetzt werden, fordern die emergierenden Elemente auch eine ganz andere Art der Wahrnehmung:

> Da es unvorhergesehen auftaucht, ist es für den Wahrnehmenden weder auf die vorhergehenden noch auf die zu antizipierenden Elemente zu beziehen. Ihm fehlt zunächst jeglicher Kontext.[...] Es entsteht eine Diskontinuität, ein Bruch. Der Fokus der Aufmerksamkeit liegt nicht mehr länger auf der Konstruktion eines solchen Zusammenhangs - z.B. einer dramatischen Figur, einer Geschichte, einer fiktiven Welt. Er richtet sich vielmehr auf die je besondere, aus allen Kontexten abgelöste Phänomenalität des emergierenden Elementes, das eben in seiner Selbstbezüglichkeit wahrgenommen wird. Ein solcher Modus der Wahrnehmung bewirkt, dass das wahrgenommene Element in besonderer Weise und besonders intensiv als gegenwärtig erscheint.[103]

Bezogen auf die Tanzimprovisation ist es eben diese Präsenz der Tanzenden, die unvorhersehbare Bewegungssituationen hervorrufen.[104] In diesen Momenten sind die Tanzenden durch den eigenen Einsatz der unvorhersehbaren Situation ausgesetzt.[105]

103 Erika Fischer-Lichte: Emergenz, in: Fischer-Lichte, Erika/Kolesch, Doris/u.a. (Hg.), Metzler Lexikon. Theatertheorie, Stuttgart/Weimar: J.B. Metzler 2005, S. 86.

104 Inwiefern diese besonders präsenten Bewegungsabläufe, die von dem Tanzenden als solche wahrgenommen werden, immer mit der Wahrnehmung besonders präsenter Momente des Zuschauers zusammenfallen, ist bisher noch nicht genau untersucht worden. Eine wissenschaftliche Studie der Rezeption von Tanzimprovisation steht noch aus.

105 Betont seien hier die Merkmale des Performativen, die der Praxis der Improvisation unterliegen: Dieter Mersch beschreibt die Merkmale in drei ‚Setzungen': als Augenblick des ‚Einsatzes', als ‚Entsetzung' und ‚Aussetzung' die die performative Situation hervorruft. Vgl.: D. Mersch: Life-Acts. Die Kunst des Performativen und die Performativität der Künste, in: Klein, Gabriele/Sting, Wolfgang (Hg.): Performance. Positionen zur zeitgenössischen szenischen Kunst, Bielefeld: transcript 2005, S. 41.

Für manche Choreographen und Improvisatoren ist genau dies das Ziel der Arbeit mit Improvisation: nämlich emergente Bewegungsabläufe zu finden, die nicht planbar, nicht choreographierbar und von besonderer Präsenz sind.[106] Für einen emergenten Bewegungsablauf in der Tanzimprovisation möchte ich folgendes Beispiel anbringen:

In einer Filmaufnahme einer Improvisationsaufführung des Ballett Freiburg Pretty Ugly[107] ist folgende Bewegungsabfolge zu beobachten: Die Tänzer Vitor Garcia und Michael Maurrissens nähern sich in multizentristischen Bewegungen[108] zu einem Duett. Nach den Prinzipien der Kontaktimprovisation[109] entstehen die Bewegungen aus manipulativen Kontakten der Körperteile. Maurrissens bewegt sich stehend auf einer höheren Ebene, während Garcia auf tieferer Ebene sich in einer ‚arabesque'[110] das Körpergewicht auf ein Knie verlagert. Garcia befindet sich nun in einer schwierigen Lage, in die er durch die wechselseitigen Manipulationen geraten ist. Wie kann diese Situation elegant gelöst werden? Und nun überraschen beide Tänzer mit einem völlig neuartigem Bewegungsablauf: Maurrissens führt Garcia in einer ‚promenade arabesque'[111] auf dem Knie. Das Neue dabei ist die Drehung auf dem Knie. Die Bauteile dieses emergenten Bewegungsablaufes sind: ‚arabesque', ‚promenade', Gewicht lagert auf dem Knie, Führung (Anschwung) der Promenade durch einen Partner. In der Zusammensetzung dieser Einzelelemente entsteht nun dieser neuartige Bewegungsablauf, die ‚Knie-Promenade', die nicht nur die Zuschauer überrascht, sondern vor allem die Tänzer selbst.

Emergente Bewegungsabläufe kann man also durch Improvisation hervorrufen, wobei das eben davon abhängt, ob die unterschiedlichen

---

106 Der Tänzer Nik Haffner über den Choreographen William Forsythe: „Das ist genau , was Bill [William Forsythe] erreichen will, – dass Situationen entstehen, die nicht choreographierbar sind, Choreographie sozusagen überwinden. Bill sagt oft: Surprise me! Und wenn man es schafft sich selbst zu überraschen, ist er meistens auch surprised und happy." Nik Haffner in einem Email-Interview vom 9.2.2001.

107 Dieser Abend fand im Mai 1999 im Rahmen der Improvisationsreihe *Once in a Lifetime* im Stadttheater Freiburg unter der Leitung von Amanda Miller statt.

108 Multizentristischer Tanz ist eine Bezeichnung, die sich aus dem Training durch die Neun-Punkte-Technik ergibt. Siehe dazu Teil IV, Kapitel 3.

109 Zu den Prinzipien der Kontaktimprovisation siehe Teil III, Kapitel 2.

110 Arabesque: Das Spielbein wird nach hinten gestreckt gehalten.

111 Promenade arabesque: langsame Drehung durch den Fuß des Standbeins – Spielbein in Haltung der arabesque.

Elemente günstig für den Moment *zusammenfallen* und in günstiger Weise damit umgegangen wird. Deswegen passieren sie selten und sind nicht vorhersehbar. Für Improvisatoren ist es immer eine Herausforderung neue Bewegungen zu erfinden. Während die Überwindung des eigenen Habitus nicht möglich ist, es sich vielmehr dann um Erneuerung des Alten handelt[112], können Improvisatoren aber auf die Möglichkeit von Emergenz setzen. Durch Improvisationstechniken können sie sich auf diese Momente vorbereiten. Dabei geht es neben dem Lernen von der Kunst der Kombinatorik[113] auch um Techniken des Kontrollverlusts, des sich Treiben lassens und der Passivität, die die Tänzer dazu befähigen mit Momenten des Schocks, des Unfalls und Fehlerhaften umzugehen.

Noch komplexere emergente Bewegungsabläufe im Vergleich zu dem beschriebenen Duett können sich in der Gruppenimprovisation ergeben. Dabei handelt es sich um ein offenes, selbstorganisierendes dynamisches System, wie es in chaostheoretischen Ansätzen beschrieben wird.[114] Die Tänzerinnen und Tänzer kreieren spontan aus dem Chaos heraus eine Ordnung, die aber nicht allein durch eine Person beeinflusst werden kann, sondern nur im Zusammenspiel der tänzerischen Ereignisse sich selbst organisiert. Ein tänzerisches Ereignis eines Tänzers bewirkt immer auch eine Fluktuation im gesamten System. In diesem ständigen Prozess inneren Wechselspiels entwickelt die Gruppenimprovisation ihre eigene Form, die im scheinbaren Chaos auch einen Ordnungsprozess organisiert.[115]

---

112 Selbst die Aktualisierung des tänzerischen Habitus erfordert Disziplin, wie es Steve Paxton treffend formuliert. Dabei geht es vor allem zuerst um die Bewusstwerdung der eigenen Bewegungsgewohnheiten, um zu wissen, was es zu vermeiden gilt. Improvisation ist demnach immer auch eine Studie des eigenen tänzerischen Habitus. Paxton: „To reject the familiar, so rooted in our nervous system and minds, requires discipline. The difficulty is that we have to know so much to understand what it is we do and why we do it, in order to know what to avoid. We are not attempting to simply eliminate the known systems, but also realize how we have adapted to those systems." S. Paxton: Improvisation is a word…, S. 19.

113 Die Kunst der Kombinatorik, die ich als wesentliches Handwerk der Improvisation ansehe, wird in Kapitel 4.1 näher erläutert.

114 Vgl. Ilya Prigogine: Die Gesetze des Chaos, Frankfurt/M.: Campus 1995; vgl. auch John Marinelli: Dancing Chaos. Self-Organisation in Improvisation, in: Contact Quarterly 18/2, Northampton (1993), S. 33-41.

115 Zum Ordnungsprozess in der Gruppenimprovisation vgl.: Friederike Lampert: Kommunikation in der Gruppenimprovisation. Zur verschlüs-

Das komplexe Zusammenspiel in der Gruppe hält gerade durch diese dynamischen Prozesse emergente Eigenschaften bereit. Für die künstlerische Gruppenimprovisation bedeutet das, dass beim Improvisieren vor allem die Kommunikation in der Gruppe durch Improvisationstechniken geübt werden muss, um mit dem unerwarteten Zusammenfallen von tänzerischen Ereignissen entsprechend umgehen zu können.

Die Kunst der Improvisation und die wesentlichen Improvisationstechniken werden im vierten Teil dieser Arbeit ausgearbeitet.

2.5. Zusammenfassung

Diese theoretische Ausarbeitung liefert keine entgültige Erklärung, jedoch eine Annäherung an eine Antwort der zentralen Frage dieser Arbeit: Wie entstehen die Formen in der Tanzimprovisation?

Folgende Aspekte machen die Form der getanzten Improvisation aus:

- Für die Form der Bewegung zeigt sich der Körper verantwortlich, der tanztechnisch geformt ist und entsprechend des Tanzfeldes einen tänzerischen Habitus ausgebildet hat.
- Im Vollzug der Improvisation kombiniert die tanzende Person spontan Bewegungsmaterial, dass dem tänzerischen Habitus zugrunde liegt, und aktualisiert ihn dabei gleichzeitig. Diese Aktualisierung vollzieht sich auch im mimetischen Prozess, die damit keine reine Nachahmung, sondern auch immer eine Veränderung ist.
- Der offene Umgang mit dem Zufall bringt die tanzende Person oft in instabile Situationen, in denen gewohntes Bewegungsvokabular destabilisiert wird. Diese Destabilisierungen führen zu unerwarteten Richtungen im Tanz, die nicht unbedingt, aber auch neue Bewegungsformen hervorbringen können. Improvisation wird als ständiges Fallen zwischen Ordnung und Chaos begriffen, wobei das Fallen (als Zu-Fall, Zusammen-Fall, Un-Fall) notwendiges Element für emergente Vorgänge in der Tanzimprovisation ist.

Das wesentliche Potenzial von Improvisation ist Veränderung hervorzurufen. Diese Veränderung zeigt sich in neuartigen Formen: zum ei-

selten Verständigung beim Ballett Freiburg Pretty Ugly, in: Antje Klinge/Martina Leeker (Hg.): Tanz Kommunikation Praxis, Münster: Lit 2003, S. 77-90.

nen durch Erneuerungen des Alten – die durch den tänzerischen Habitus weitreichend voraussehbar sind; und zum anderen durch emergente Vorgänge, die etwas nicht-voraussehbar Neuartiges durch die Neu-Kombination bekannter Elemente erzeugen.

3. Verfahren

In den folgenden exemplarischen Analysen, werden improvisatorische Verfahren betrachtet. Sie sollen ein Bild vermitteln, wie verschiedene zeitgenössische Choreographen Improvisation in der künstlerischen Arbeit einsetzen. Daraus soll u.a. hervorgehen, welche Anforderungen bei den unterschiedlichen improvisatorischen Verfahren von den Tänzer verlangt werden und welche Merkmale das jeweilige Verfahren kennzeichnen. Da jedes Verfahren unterschiedliche Schwerpunkte hat, erfolgt das Herausfiltern der wesentlichen Merkmale auf unterschiedlichen Ebenen. Die Auswahl der angeführten Beispiele (aus dem Postmodern Dance und zeitgenössischen Tanz) verdeutlichen den Fokus meiner Arbeit, nämlich die Betrachtung von ‚strukturierten Improvisationen', wie und auf welche Weise ‚spontane Kompositionen' vorbereitet und live durchgeführt werden.

3.1. Improvisation in der vorbestimmten Struktur: Systematisierter Zufall bei Trisha Brown

Die amerikanische Choreographin Trisha Brown gehörte in den 1960er Jahren dem Judson Church Dance Theater an und war wesentlich mit verantwortlich für eine Ästhetik des Postmodern Dance. Sie arbeitete in ihrer Schaffenszeit bis heute mit verschiedenen Aspekten von Körper und Raum, Zeit und Bewegung. In den 1970er Jahren war sie bekannt vor allem durch ihre ‚Tanz-Invasion' auf andere Orte – ihre Company tanzte auf den Dächern Manhattens, Parkbänken, Seen und an Mauern.[1] Ebenso erforschte sie die Arbeit mit Objekten (‚equipment pieces'), wie etwa in dem Stück *Motor* (1965), indem sie mit einem Skateboard einen tänzerischen Dialog einging. Brown erarbeitete Möglichkeiten Objekte oder Räume als ‚score' für tänzerische Bewegung ‚abzulesen', wie sie es in ihrem Stück *Inside* zeigte, indem sie das Interieur ihres Loft-Studios als Struktur für ihren Tanz nahm.[2] In diesen Stücken sollten die choreographischen Entscheidungen durch Formen von außen gelenkt werden.

Trisha Brown hatte ein Bewegungs- und Körperverständnis, gemäß des Postmodern Dance, das den Körper als pures Material verstand.[3] Die intensive Studie des Körpers als Material brachte sie dazu, jegliche Möglichkeiten von Strukturen für die Improvisation zu erforschen.

Trisha Brown, die u.a. Tanz bei José Limón, Merce Cunningham und Graham-Technik studiert hatte begann mit Improvisation ihr eigenes Tanzvokabular zu entwickeln. Durch Improvisationsklassen von Anna Halprin und Robert Ellis Dunn inspiriert, beschäftigte sich Brown

1 Vgl. André Lepecki: Die Entfesselung des Raumes, in: BalletTanz 2/97, Berlin (1997), S. 16.
Z.B: *Man Walking Down the Side of the Building* (1970), die letzte Version von *Split Solo* (1974) fand auf Flößen in einem See statt, und *Roof Piece* (1973) auf den Dächern Manhattens.

2 Das tänzerische Ablesen von äußeren Strukturen findet sich wieder in der Improvisationstechnik *roomwriting* in W. Forsythe: Improvisation Technologies.

3 Trisha Brown zu ihrem Bewegungsverständnis in den 1970er Jahren: „Pure movement is movement that has no other connotations. It is not functional or pantomimic. [...] I use pure movements, a kind of breakdown of the body's capabilities", in: Roland Aeschlimann/u.a.: Trisha Brown: Dance and Art in Dialogue, 1961-2001, Andover: Addison Gallery of American Art 2002, S. 87.
In den späteren Jahren jedoch, nach einer intensiven Studie des Körpers als Material, verwirft sie den Gedanken eines rein objektiven Tanzes: „In all den Jahren, den vielen guten Jahren meiner Arbeit als Choreographin, habe ich versucht, darauf zu bestehen, dass der Körper objektiv ist, pures Material für Tanz. Doch jetzt muss ich passen. Meine Schlussfolgerung lautet heute, dass er es nicht ist. Die Konstruktion des menschlichen Körpers ist nicht das beste Design für Objektivität. Man kann eben nicht in der gleichen Art und Weise auf den Händen stehen, wie man auf den Füßen steht. Es gibt die Möglichkeit nicht, Gesten in Raum und Zeit gewissermaßen pur aufzuteilen." Trisha Brown in einem Interview mit Edith Boxberger: Der Körper ist nicht nur Objektivität. Trisha Brown über die Arbeitsweise, die sie mit ihrem Musik-Zyklus begonnen hat, in: Ballettanz 2/97, Berlin (1997), S. 24.

in ihren frühen Schaffensjahren intensiv mit Improvisation und erarbeitete, u.a. zusammen mit Simone Forti und Dick Levine verschiedene ,strukturierte Improvisationen'. Für Gruppenimprovisation arbeitete sie beispielsweise mit ,Violent Contact', indem die Eroberung von Bewegung durch schnelle Entscheidung und Lösungen forciert wurde. In ihren frühen Choreographien experimentierte Trisha Brown mit einfachen bis komplexen Strukturen, die sie für die Improvisation bereitstellte. Sie setzte, deutlich von Anna Halprins Ansätzen geprägt, der Improvisation Grenzen:

> If in the beginning you set a structure and decide to deal with X,Y, and Z materials in a certain way, nail it down even further and say you can only walk forward, you cannot use your voice or you have to do 195 gestures before you hit the wall at the other end of the room, that is an improvisation within set boundaries. [...] This is what I would call structured improvisation because it locates you in time and place with content.[4]

So sind vor allem ihre frühen Choreographien strukturierte Improvisationen, die von der Idee der ,borderline acceptability'[5] ausgehen. In ihrem Solo *Trillium* (1962) beispielsweise waren die Regeln - stehen, sitzen oder liegen und am Ende sich erheben. Diese konkreten, sehr einfachen Anweisungen setzen zum einen der Improvisation Grenzen, geben ihr aber zum anderen unendlich viel Variationsspielraum, so dass der Tanz durch die Vor-Struktur formal zusammengehalten wird, wie auch innerhalb der Regeln neue, und überraschende Bewegungskonstellationen erobern kann. Mit diesem improvisatorischen Verfahren, Improvisation durch konkrete Regeln im voraus zu strukturieren, experimentiert Brown oft und macht es in Verbindung mit einer minimalistischen Bewegungsforschung zu ihrer choreographischen Methode. Ein weiterer Aspekt ihrer Arbeit wurde in ihrem Stück *Accumulation* (1971) deutlich. Nach dem Prinzip 1,1,2,1,2,3,1,2,3,4 ,häufte' sie darin Bewegung an. Wie viel und wie lang sie Bewegung aneinander reihte überließ Brown der Improvisation. Ursprünglich tanzte sie das Stück

4 T. Brown zit.n. S.L. Foster: Dances That Describe Themselves, S. 28.

5 Den Begriff der ,borderline acceptability' benutzt T. Brown in folgendem Zitat: „This procedure illuminated the interworkings of the dances and minimized value judgements of the choreographer, which for me meant permission, permission to go ahead and do what I wanted to do or had to do - to try out an idea of borderline acceptability." zit.n. S. Banes: Terpsichore in Sneakers, S. 78.

viereinhalb Minuten, später führte sie es auch 55 Minuten auf. Das Thema der ‚Anhäufung' wurde in verschiedenen Versionen bearbeitet (*Primary Accumulation* 1972, *Group Primary Accumulation* 1973). Auch verband sie verschiedene Arbeiten miteinander und bearbeitete sie unter einem bestimmten Thema, wie etwa das Verhältnis ‚Sprechen und Tanzen' in dem Stück *Accumulation with Talking Plus Watermotor*. Jede Aufführung unterlag bestimmten Strukturen und unterschied sich entsprechend der jeweiligen Improvisation:

Accumulation (1971) with Talking (1973) Plus Watermotor (1977) is structured around the alternation between two phrases and two stories, yet both movement and stories are crafted differently in each performance, with some material added or deleted at whim. Furthermore, although the movement is continious, transiting seamlessly from one phrase to the other, the commencement and duration of each story segment is improvised.[6]

Brown bevorzugt die Live-Improvisation vor allem auch deshalb, da im Moment strukturierter Improvisation die Sinne hellwach und dadurch die Präsenz des Tänzers in besonderer Weise hervortritt. Gerade die Konzentration auf die vorgegebene Struktur und schnellen Entscheidungen für die Lösung eines Problems machen die Präsenz des Tänzers aus:

If you are improvising with a structure your senses are hightened; you are using your wits, thinking, everything is working at once to find the best solution to a given problem under pressure of a viewing audience.[7]

Das systematische Erkunden der Improvisation durch Strukturen im gegenwärtigen Tanzen kennzeichnen Trisha Browns Improvisations-Konzept.[8]

6 Susan Leigh Foster: Dances That Describe Themselves, S. 192.

7 Trisha Brown zitiert nach Sabine Huschka: Moderner Tanz, S. 267.

8 Der Tanzwissenschaftler André Lepecki versteht die strukturellen Improvisationsarbeiten von Trisha Brown wie auch von Yvonne Rainer und Steve Paxton, als eine Erkundung von Tanz überhaupt: „[...] die zentrale Bedeutung von Browns, Paxtons und Rainers systematischen Erkundungen der Improvisation besteht darin, dass durch diese Grenzziehungen, durch diese Beschwörung einer Improvisationsstruktur letztlich das Terrain abgesteckt wird, auf dem Tanz überhaupt erst stattfinden kann. Improvisation als planvolles Ausüben körperlicher und kognitiver Techniken zielt ab auf die Schaffung eines Territoriums für den Tanz, ver-

Eine besonders komplizierte Struktur, die äußerste Konzentration der Ausführenden forderte, entwickelte Brown für das Stück *Locus* (1975). Anhand der Notation zur der Konzeption des Stückes möchte ich im Folgenden die bereitgestellte Struktur genauer betrachten.

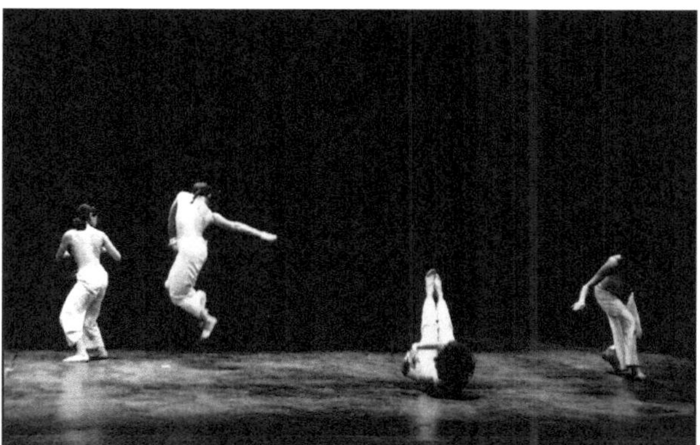

Abb. 3: Trisha Brown: Locus (1975)

Ohne zunächst voraussehen zu können welches Bewegungsmuster daraus resultiert, legte Trisha Brown am Anfang des Arbeitsprozesses ein System fest, das drei Ebenen miteinander verbindet. Das Bewegungsmuster entsteht dann, wenn die verschiedenen Ebenen zusammentreffen und dann innerhalb dieser Struktur improvisiert wird. Die Choreographie ist ein durch ein System entstandenes nicht voraussehbares Bewegungsereignis, jedoch in berechnender Absicht von Trisha Brown provoziert.

Die erste Ebene beschreibt 27 Referenzpunkte in einem imaginären Kubus.[9] Ein Referenzpunkt bedeutet, dass die Tänzer mit diesem Punkt in irgendeiner Weise arbeiteten (improvisieren), wie z.B. sich durch den Punkt bewegen, berühren, betrachten oder auch überspringen.

Die zweite Ebene ist das Alphabet mit den 26 Buchstaben. Beide Ebenen werden zusammengesetzt, d. h. A ist 1, B ist 2 u.s.w. - der 27. Referenzpunkt ist das Leerzeichen.

---

sucht, für einen gegebenen Zeitraum und einen gegebenen Ort einen gemeinsamen Raum zu definieren, einen Raum des Miteinander", in: André Lepecki: Die Entfesselung des Raumes, S. 16.

9 Brown übernimmt das Modell, das Rudolf von Laban in seiner Bewegungsforschung für die Raumorientierung festsetzte. Vgl. R. von Laban: Choreutik.

Die dritte Ebene ist der Text (biographische Daten von Trisha Brown), durch den dann die Reihenfolge der Punkte festgesetzt wird: Trisha Brown was born in Aberdeen Washington...u.s.w. dann ist T - 20, R - 18, I - 9, S - 19, H - 8, A - 1, u.s.w. Der Text ist wiederum in vier Abschnitte unterteilt.

Das aus den drei Ebenen (durch systematisierten Zufall) entstandene Bewegungsmuster ergibt die Struktur für die Choreographie, innerhalb derer die Tänzer improvisieren. (Die Improvisationsebene könnte als vierte Ebene im System verstanden werden) Den Raum in dem die Tänzer sich bewegen, erweitert Trisha Brown noch, indem sie den Grundriss des Kubus vervielfältigt, so dass die Tänzer die Möglichkeit haben sich von einem Kubus zum anderen zu bewegen. Die Struktur bestimmt also den Spiel-Raum der Improvisation:

> Dadurch, dass wir diese Optionen wahrnehmen, bewegen wir uns. Die jeweilige Auswahl des Wendens, der Plazierung und des Abschnittes wird während der Vorstellung von den vier Darstellern vorgenommen. Dies beschreibt die Struktur des Tanzes - man füllt ihn mit den Arten der Bewegung aus [...][10]

In diesem Beispiel sind die Auswahlmöglichkeiten für die Tänzer im Voraus festgelegt. Das bedeutet: die Tänzer müssen sich die Struktur einprägen, um diese dann im Aufführungsprozess sich selbst präsent zu machen und daraus improvisierend die Choreographie entstehen zu lassen.

Es handelt sich also hier um eine Art aleatorisches Verfahren mit der Verknüpfung von improvisatorischem Einsatz. Trisha Brown operiert hier mit dem Zufall insofern, indem das unvorhersehbare Ereignis - die Reihenfolge - durch die Struktur/Konstellation der drei Ebenen hergestellt wird.

Die individuellen Bewegungen der Tänzer werden durch die Buchstabenreihenfolge, die durch den Text entsteht, gelenkt. Mit diesem Verfahren testet Brown die Fähigkeiten des Körpers unvorhersehbare Bewegungsmuster zu realisieren, so erläutert Susan Leigh Foster zur *Locus*-Struktur:

10 Trisha Brown: A Profile (1975), in: Martin Bergelt, Hortensia Völckers (Hg.), Zeiträume. Zeiträume - Raumzeiten - Zeitträume, München: Hanser 1991, S. 312.

She devised individual moves that incorporated the points on the cube in the order dictated by the spelling of the narrative. Brown has frequently used structures like this to cast body parts in unpredictable directions.[11]

Die Choreographie ist also ein durch ein System entstandenes nicht voraussehbares Bewegungsereignis, welches in berechnender Absicht durch Trisha Brown provoziert wurde. Die wichtigsten Merkmale dieses improvisatorischen Verfahrens sind:

- Der beabsichtigte Zufall wird kalkuliert.
- Die Improvisation findet innerhalb einer vorher fixierten Struktur statt.
- Die Struktur verändert sich während des Stückes nicht, sie muss memoriert werden.
- Durch die Akzeptanz der festen Grenzen (‚boarderline acceptability') muss der Körper ungewohnte Bewegungsmuster eingehen.

3.2. Improvisation als politische Transformation: Contact Improvisation

Die Bewegungsforschung Steve Paxtons, die vor allem auf das Spiel mit der Schwerkraft abzielte, war bedeutend für die Entwicklung der Tanzform Contact Improvisation.

„Steve Paxton makes dances about ordinary, physical things"[12], schreibt Sally Banes und reduziert damit Paxtons choreographische Arbeit auf das Wesentliche - die physikalische Auseinandersetzung mit dem Körper und seine dynamischen Prozesse. Paxton, der von 1961 bis 1964 der Merce Cunningham Company angehörte, nahm die Botschaft Cunninghams ernst, dass jede Bewegung Tanz und jeder Körper ein ästhetischer Übermittler sein kann.[13] Während der Arbeit als Tänzer mit Merce Cunningham begann Paxton mit eigenen Bewegungsexperimenten und Choreographien und organisierte mit anderen Kollegen 1962 die Gründung des Judson Dance Theater. Wenngleich er die Innovationen, die Cunningham der Tanzwelt brachte, schätzte, distanzierte er sich auch von Cunninghams Arbeit und kritisierte die hierarchisch

11 Susan Leigh Foster: Reading Dancing: Bodies and Subjects in Contemporary American Dance, Berkeley: University of California Press 1986, S. 177.

12 S. Banes: Terpsichore in Sneakers, S. 57.

13 Vgl. C.J. Novack: Sharing the Dance, S. 53.

soziale Struktur der Company. Das Verhältnis von Choreograph und Tänzer empfand Paxton als hierarchisch und, indem der Choreograph dem Tänzer sagt, wie die Bewegung zu tanzen sei, könne der Tänzer nur eine ,abgewaschene Version' des Choreographen hervorbringen.[14]

Paxton suchte stattdessen nach einer Methode wie man Bewegung Tänzern vermitteln könnte, ohne diese persönlich zu demonstrieren.[15]

I began looking for ways to initiate a dance and cause movement to arise among people I was interested in seeing move [...], but without me being a figure whom they copied or who controlled them verbally or through suggestion.[16]

Dies führte Paxton zu Improvisationsarbeit und zur Konzentration auf die körperliche Bewegung an sich. Er brachte Alltagsbewegungen auf die Bühne, reduzierte Tanz auf einfachste körperliche Bewegung, wie z.B. das Gehen. Im Gehen sah er Tanz und Nicht-Tanz zugleich, eine Auflösung von hierarchischen Strukturen tänzerischer Bewegung, eine Überwindung des Dualismus von Kunst und Alltag. Nicht nur, dass diese Alltagsbewegung Zuschauer und Darsteller als gemeinsame Erfahrung verband, und somit eine Brücke zwischen Rezeption und Bühne schlug, sondern Paxton ging es vor allem um die ,Entsymbolisierung' der Alltagsbewegung. Er erforschte die Bewegung und versuchte sie von jedem vermeintlichen Bedeutungsinhalt zu befreien, so dass nichts anderes übrig blieb, als die Form der Bewegung selbst. In seinem Stück *Proxy* (1961) wurden die Bewegungen der Tänzer möglichst einflussfrei präsentiert:

I didn't want it costumed or set designed or lit or anything else, exept on its own terms. So in a way I think that, for me at least, the Robert Dunn classes

14 „,Your motive, your movement sources were determined, controlled by them, and you struggled to be what they were.' To Paxton, dancers often ended up looking like neither themselves nor their teachers, but like ,watered down versions' of their teachers." C.J. Novack: Sharing the Dance, S. 54.

15 „Paxton still searched for a method of transmitting movement to dancers that would be even less direct and less subjective than personal demonstration." S. Banes: Terpsichore in Sneakers, S. 59.

16 S. Paxton zit.n. Novack: Sharing the Dance, S. 54.

were a way to get down to what I meant by form or what interested me as form and to discover form as an entity in its own right [...].[17]

In *Proxy* wurde eine Serie von Photos präsentiert, die die Akteure (Trisha Brown, Lucinda Childs, Robert Rauschenberg) selbst imitierten und interpretierten. Aktionen und Bewegungen sollten ‚normal' ausgeführt werden. Dabei sollte die Form der Bewegung in den Vordergrund gerückt werden und der Gehalt (oder Bedeutungsinhalt) der Bewegung sollte sich erst (wenn überhaupt) im nachhinein einstellen. „I was interested in manifesting the form and letting the content adjust"[18], bemerkte Paxton und wendete sich damit gegen bis zu dieser Zeit herkömmliche Kompositionsweisen von Choreographen, die beispielsweise zuerst eine Idee, einen zu vermittelnden Inhalt oder eine Musik im Kopf hatten, und diese dann im zweiten Schritt durch den Tanz transportieren wollten. Paxton versuchte also Formen von Bewegung zu finden, die weder von einem Inhalt noch von einer Musik beeinflusst waren. Und dies gelang ihm, indem er die Bewegung zunächst auf die wesentlichen Funktionen reduzierte und untersuchte. Damit verbunden war ein Enthierarchisierungsprozess von Bewegung auf der Bühne. Nicht mehr nur Virtuosität und ausgefeilte Ästhetik waren von Belang auf der Tanzbühne, sondern die einfache Bewegung wurde als Tanz proklamiert und sollte den gleichen Stellenwert wie eine ‚tänzerisch' ausgeführte Bewegung erhalten.

Die einfache (Alltags-)Bewegung, möglichst unverwandelt, innerhalb eines Tanz-Kontextes darzustellen – damit beschäftigte sich nicht allein Paxton, sondern auch Yvonne Rainer, Deborah Hay, Lucinda Childs und andere Choreographen des Judson Dance Theaters. Sie verband eine demokratische politische Gesinnung, die sich gegen jegliche Formen von Hierarchisierung wendete. Die Enthierarchisierung des Körpers und der Bewegung brachte die Improvisation als unverzichtbare Tanzpraxis ins Spiel. Mit der Suche nach neuen Präsentationsformen von Tanz wurden auch weibliche und männliche Rollenkonstruktionen aufgebrochen. Enthierarchisierungsprozesse auf allen Ebenen kennzeichnet die Tanzexperimente der Judson Church Choreographen, wenngleich auch klar war, dass hierarchische Strukturen nicht völlig abbaubar sind. Vielmehr existierten balancierte Hierarchien in der Judson Church Gruppe, nicht *eine* sondern mehrere, so Paxton:

17 Steve Paxton: Trance Script. Judson Project Interview with Steve Paxton, in: Contact Quarterly 14/1, Northampton (1989), S.16.

18 S. Paxton: ebd., S. 16f.

I'd say there were a lot of hierarchies going on. [...] There was a mixture of things going on that sort of balanced each other. I wouldn't say there was *a* hierarchy though. I'd say there was a lot of power things mixing in and out.[19]

Das Judson Dance Theater fand ein offizielles Ende 1964/65 durch die Deklaration von Jill Johnson im Village Voice, das diese künstlerische Bewegung vorüber sei.[20] Doch die ehemaligen Judson Church Choreographen wie etwa Yvonne Rainer, Douglas Dunn, David Gordon und Paxton experimentierten weiter. Das Interesse an Improvisation stieg und von 1970 bis 1976 formierte sich mit anderen Tänzern das bereits erwähnte Kollektiv *The Grand Union,* durch das jegliche Formen von Improvisationen und spontanes Verhalten auf der Bühne durchexerziert wurden. Als Mitglied dieser Gruppe versuchte Paxton herauszufinden, wie Improvisation eine physische Interaktion zwischen den Tänzern ermöglichen kann, an der die Tanzenden gleichgestellt teilnehmen können und hierarchische Gruppenkonstellationen unbeachtet bleiben.[21] Aus diesen Versuchen, an denen u.a. auch Nancy Stark-Smith, Curt Sidall, Lisa Nelson und Daniel Lepkoff beteiligt waren, entwickelte sich jene Tanzform, die sich etwa 1972 einen Namen gab: Contact Improvisation. Darin wurde die Reduktion und Konzentration der Bewegung auf die Regeln der Schwerkraft, und eine demokratische Gesinnung, die sich im Tanz auf verschiedenen Ebenen äußerte, verbunden. So Paxton:

Der Körper wurde auf die Schwerkraft reduziert [...] Und wollte weder Konkurrenten noch Führende [...]. Ich wollte eine wirklich demokratische Form erfahren.[22]

Entscheidend für den Beginn von Contact Improvisation war das Stück *Magnesium,* das Steve Paxton 1972 am Oberlin College leitete. Darin untersuchte eine Gruppe von Männern verschiedene Qualitäten von Berührungen: Berührung im Schwung (Impuls), Fallen, Rollen und Kollidieren. Das Stück endete mit fünf Minuten stillstehen. Auf diese Weise

19 S. Paxton in ebd., S. 17.

20 S. Paxton: „Well, Jill Johnston at the Village Voice became the official spokesman, made herself the official spokesman for that group of people. And she declared in'64 to '65 that it was over." Vgl., ebd., S. 21.

21 Vgl. C. J. Novack: Sharing the Dance, S. 58.

22 Steve Paxton: Improvisation. Lisa Nelson und Steve Paxton im Gespräch, in: Ballett International/Tanz Aktuell 5/99, Berlin (1999), S. 31.

wurde ein Gegensatz verdeutlicht durch die vorangegangenen stark bewegten Aktionen. Das Stillstehen demonstrierte auch, das man nicht wirklich still stehen kann. Es zeigt, dass man immer zwischen zwei Beinen balanciert und sich mit der Schwerkraft bewegt. Dieter Heitkamp, der wesentlich verantwortlich war für die Verbreitung von Contact Improvisation in Deutschland, erläutert:

'Magnesium' endete mit einem fünfminütigen 'Small Dance', eine Art Bewegungsmeditation, bei der die Ausführenden minimalen Bewegungen im Körper nachspürten, die notwendig sind, ihn in Balance zu halten. Dieser 'kleine Tanz' wurde zu einer Basisübung der Contact Improvisation, [...].[23]

Bewegung wurde getestet durch das Spiel mit der Schwerkraft und der Anziehung zum Boden. Die Bewegung sollte nicht geführt sein, sie sollte 'passieren/sich ergeben', während die tanzende Person den Impuls durch die Schwerkraft erspürt. Im Duett (oder in der Gruppe) sollte der Kontakt des anderen den Impuls zur Bewegung geben. In der Video-Dokumentation *Fall after Newton* erklärt Steve Paxton:

In the play of moving and being moved, specific movements are unpredictable, but they occur within an unnourrible field of gravity, centrifical force, support and dependancy. Human touch units the forces, which act upon the body with the sensations they provoke within the body. This interaction makes it possible to keep all the parts of both their bodies harmonizing.[24]

Steve Paxton provozierte damit eine völlig neue Einstellung zur Entstehung und Wahrnehmung von Tanz. Nicht durch Nachahmung der visuellen, internalen oder externalen Vorstellungsbilder wird die Bewegung initiiert, sondern durch die Beanspruchung des Berührungssinns

Damals sah ich einen Berührungstanz kommen [...] das schien mir ein großer Beitrag zur bis dahin visuell dominierten Tanzwelt zu sein. Es begann sich ein neues räumliches und zeitliches Denken zu entwickeln. Eine Sequenz

23 Dieter Heitkamp: 25 Jahre Contact improvisation... und sie ist nicht tot zu kriegen, in: Ballettanz 10/97, Berlin (1997), S. 68.

24 Steve Paxton in der Video-Dokumentation: Fall after Newton. Contact Improvisation 1972 - 1983, A project of Contact Collaborations, Inc. Charleston: Videoda 1987.

wurde nicht mehr durch ihre Erscheinung, sondern durch Berührung bestimmt.[25]

Es wurden Bewegungstechniken entwickelt, die ein Rollen, Fallen, Anspringen und Hebungen der Körper (‚Contact Lifts') ermöglichen, und Elemente von Kampfsportarten wie z.B. Aikido wurden eingebracht. Die Entscheidung Fall-Techniken zu entwickeln, und nicht etwa sich einer Technik völlig zu verwehren, ergab sich aus der Erfahrung, dass die Verbindung von guter Technik und Improvisation, mehr Risikobereitschaft und somit die Erfahrung eines weiteren Bewegungshorizonts mit sich bringt. In *Fall after Newton* zeigen Nancy Stark-Smith und Curt Sidall atemberaubende Bewegunsimprovisationen, in denen sich vor allem Nancy Stark-Smith mit großem Risiko fallen lässt, und - gewusst wie - ohne sich zu verletzen den Fall weiterlenkt. Durch das Training und die Erforschung des Falls hat Nancy Stark-Smith gelernt auf Des-Orientierung vorbereitet zu sein.

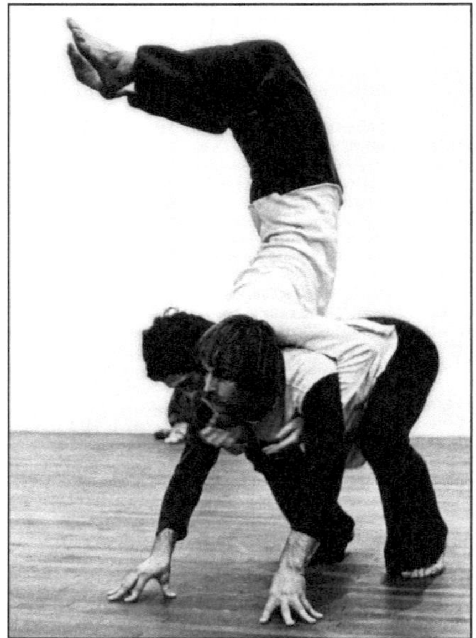

Abb. 4: Steve Paxton und Curt Siddall (1976)

25 S. Paxton: Improvisation. Lisa Nelson und Steve Paxton im Gespräch, S. 31. Vgl. dazu auch T. Kaltenbrunner: Contact Improvisation, S. 23ff.

Alte Hierarchien aufzulösen (oder zumindest abzuflachen) bedeutet Bewegung immer wieder neu zu denken. „Bewegung denken ist auch politisch denken", sagt Dieter Heitkamp.[26] So vollzieht sich eine politische Transformation in Bewegung. Transparent wird dies durch die Tanztechnik und dem demokratischen Gebrauch des Körpers. Ebenso demonstriert Contact Improvisation die Überwindung eines geschlechtsspezifischen Bewegungscodes, so schreibt Cynthia J. Novack:

> The danceform has no gendered codification of movement vocabulary that exists (such as rolling, falling, counterbalancing) is available for both men and women.[27]

Die Tanzbewegung wird durch Kontakt zwischen zwei (oder mehreren) Körpern initiiert. Das Teilen des Gewichts (Gewicht geben und Gewicht nehmen) treibt den Fluss und die Richtung der Bewegung an. Der Kontaktpunkt kann an jeder Stelle des Körpers liegen. Eine Enthierarchisierung der Körperteile wird dadurch deutlich, dass jeder Körperteil in gleichem Maße beansprucht werden kann. Der Mittelpunkt ist dezentralisiert und die Tanzenden nehmen ihren Körper in Fragmenten und isolierten Körperteilen wahr. Der Gedanke der Dezentralisierung des Körpers wird auch deutlich im Unterricht von Contact Improvisation – durch beispielsweise Übungen für Des-Orientierung, Off-Balances und peripheres Sehen.

Das Zentrum des Gewichts liegt immer irgendwo zwischen zwei (oder mehreren) Körpern und verschiebt sich durch den ‚rollenden Kontaktpunkt' ständig. Von jedem Punkt in und am Körper kann Bewegung initiiert werden. Contact Improvisation stellt also einen demokratischen Körper dar – einen Körper, der polyzentrisch tanzt, wie es beispielsweise der Tänzer Martin Keogh beschreibt:

> When people learn CI [Contact Improvisation], I delight in the transition when their evolution moves their dance from, centered' to ‚polycentric'.[28]

26 Zitiert aus Dieter Heitkamps unveröffentlichten Vortrag: Assistierte Schwebezustände oder der Zerfall der Schwerkraft, gehalten in Köln, September 1998.

27 C.J. Novack: Sharing the Dance, S. 128.

28 Martin Keogh: Contact Teaching, in: Contact Quarterly 22/2, Northampton (1997), S. 63.

Wie auch immer man das Wort Demokratie in seiner Umsetzung in die Praxis auslegen mag, für die Kontaktimprovisation ist demokratisches Denken und Tanzen Prinzip. Insofern handeln Kontakter demokratisch, indem sie die Gleichstellung aller Teilnehmer als sozialen Entwurf in der Gruppe gemeinsam agierender Menschen durch Tanz erforschen und darstellen. Ob es nun gelingt Hierarchien vollständig abzubauen, mag illusorisch sein. Ausschlaggebend ist vielmehr der demokratische Gedanke, der neben dem Interesse an der rein physikalischen Interaktion diese Tanzform ausgelöst hat und versucht diesen in Körper und Tanz umzusetzen, und sich damit als eine politische Transformation darstellt.

Wesentliche Merkmale des improvisatorischen Verfahrens der Contact Improvisation sind:

- Die physikalische Interaktion durch Kontakt zwischen zwei oder mehreren Körpern (Gewicht geben und nehmen, Bewegungsfluss, rollender Kontaktpunkt).
- Der demokratische Gedanke für Bewegung und den Gebrauch des Körpers.
- Die Improvisation wird gelenkt durch dynamische Prozesse, die durch die Schwerkraft entstehen (Spiel mit der Schwerkraft).

3.3. Live-Strukturierung durch Informationsfluss: Echt-Zeit-Choreographie bei William Forsythe

Eine komplexe Struktur umgibt das improvisatorische Verfahren, in den von William Forsythe so umschriebenen Real Time Choreographies.[29]

> Es ist beschrieben auf den letzten Millimeter, aber auf der Bühne muss man spontan diese Sprache schreiben - real time choreography. Und es ist ganz klar, wie man das macht, und wie man das machen soll.[30]

---

29 Fast in jedem Stück von William Forsythe kommt Improvisation bzw. Real Time Choreographie vor. Stücke, in denen dies der Schwerpunkt ist, sind u.a.: *Die Befragung des Robert Scott* (Version 1986), *The Loss of Small Detail* (1987), *Artifact* Teil 3 (1984), *Alie/na(c)tion* Teil 1 (1992), *Self Meant to Govern* (1994) und *Pivothouse* (2000). Diese Informationen erhielt ich durch den ehemaligen Tänzer des Ballett Frankfurt Nik Haffner.

Für das Stück *Self Meant to Govern* (1994) entwickelte William Forsythe in Zusammenarbeit mit den Tänzern des Ballett Frankfurt ein choreographisches System[31], das nicht nur eine komplexe Struktur unter Einbezug von Improvisation vorschreibt, sondern auch im Aufführungsprozess strukturbildende Informationen für die Tanzenden von außen anbietet. Das heißt, die Vorschrift der Struktur wird gewissermaßen auf der Bühne fortgeschrieben.

Informationen die in der Improvisation von den Tanzenden verarbeitet werden, können auf verschiedenen medialen Ebenen zugespielt werden.[32] In *Self Meant to Govern* gibt es beispielsweise Uhren, die auf der Bühne verteilt sind. Auf diesen Uhren stehen statt Zahlen Buchstaben. Den 26 Buchstaben sind jeweils drei Bewegungssequenzen zugeordnet, die wiederum mit Wörtern verbunden sind, die assoziativ im Tanz verarbeitet werden können.

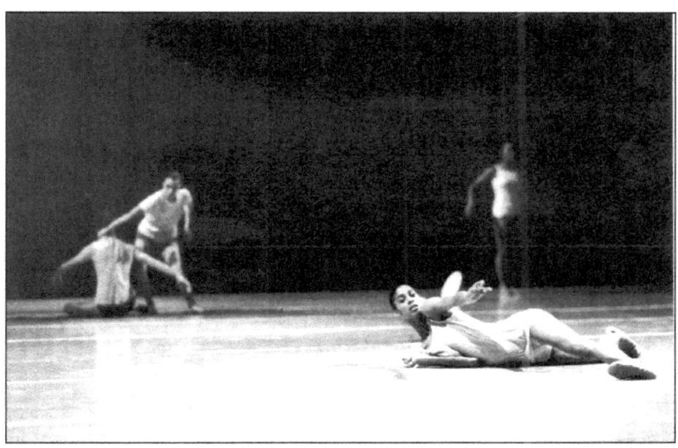

Abb. 5: William Forsythe: Self meant to Govern (1994)

Eine andere Informationsebene bilden die durch (am Seitenrand der Bühne, für die Zuschauer nicht sichtbare) Monitore eingeblendeten Wörter, die die Tanzenden wieder mit der Kenntnis des Codes als Angebot zur Verarbeitung nutzen können. Desweiteren werden auch

30 William Forsythe, zit.n. Edith Boxberger: I am not where you think I am, in: TAKT 5. Magazin der bayrischen Staatsoper Januar/Februar. München (1996).

31 Dieses choreographische System beschreibt K. Evert detailliert in ihrem Aufsatz: William Forsythes Poetry of Disappearance, S. 143ff.

32 An dieser Stelle danke ich Nik Haffner für die Gespräche und Emails über die Arbeitsweise des Ballett Frankfurts, die mir die Beschreibung des improvisatorischen Verfahrens im folgendem Text ermöglichten.

Filmszenen auf den Monitoren eingeblendet, die zur improvisatorischen Anregung dienen. Auf den Monitoren wird auch das Bewegungsalphabet abgespielt. Die Reihenfolge des Erscheinens der Buchstaben ist ungeordnet und die Buchstaben selbst variieren in ihrer räumlichen Stellung. Der Buchstabe A kann beispielsweise gekippt, gewrungen oder in verschiedenen Raumrichtungen gedreht sein. Dies stellt eine weitere Assoziationsebene dar, die den Tänzer die Anregung zur Improvisation gibt bzw. diese auslöst. Hierbei bedeutet Improvisation das Variieren (Abweichen, Veränderung, Abwandeln) und Neukombinieren aus einem bestehenden Bewegungskatalog:

Während der Vorstellung, können wir also das Material, das wir mit dem Bewegungsalphabet erarbeitet haben, abrufen. Das Material selbst wird nie in seiner Originalfassung getanzt, sondern es geht darum, ein sehr schnell abrufbares System für den erarbeiteten Bewegungskatalog zu finden, um ihn jederzeit neu - wie es in der Filmsprache heißt - schneiden zu können.[33]

Die Tänzer bestimmen die Schnittstellen der variierten Bewegungsphrasen. Dabei wird deutlich, dass es in diesen Improvisationen nicht nur um die Variation von Bewegung (die Umschreibung im Raum) geht, sondern auch um die Bestimmung des Zeitmaßes. Die Wahl der Schnittstellen, die Pausen (das Innehalten) und das Tempo ergeben den Rhythmus im spontan komponierten Tanz.

In dem früheren Stück *ALIE/NA(C)TION* (1992) sehen sich die Tänzer ebenso verschiedenen Informationsebenen gegenüber. Die Tänzerin Dana Caspersen beschreibt:

In *ALIE/NA(C)TION* for example, we have a set structure that was made up from five different layers of things, so there's a lot of information going on and you have to constantly choose which layer to respond to. So we don't do the same thing every time, we have this established structure and then we are composing within it.[34]

33 Nik Haffner: Forsythe und die Medien. Ein Bericht, in: Tanzdrama 51, München 2000, S. 32. Die Grundlage für die Erarbeitung des Bewegungskataloges und Basis-Variationen waren die Improvisation Technologies, die William Forsthe im Arbeitsprozess mehrer Stücke gemeinsam mit den Tänzern entwickelte. Vgl. W. Forsythe : Improvisation Technologies.

34 Dana Caspersen im Programmheft zu einer Aufführung zu der Jonathan Burrows die Chreographinnen Paul Selwyn Norton, Meg Stuart, Michael

Die Vor-Struktur des Stückes entstand zunächst durch die Notation von Plänen. Es wurden Raumpläne erarbeitet, die, ähnlich wie bei Trisha Brown, sich durch systematisierten Zufall ergaben. Forsythe ersetzte den Bleistift mit einem Messer und ritzte Linien in ein Papier, faltete das Papier nach den entsprechenden Linien und photokopierte es. So konnte dieser Plan als Topographie für die Choreographie transformiert werden. Die Vor-Struktur war damit fixiert. Jedoch wurde durch das Hinzufügen von variablen Informationsebenen, wie Wörter, Buchstaben, bestimmte Zeitvorgaben (durch Filmeinspielungen) und die damit verbundenen Regeln im Aufführungsprozess, die Struktur immer wieder live verändert. William Forsythe erläutert:

What we did first was make maps. And I thought I don't want to be drawing, I want to be cutting through the pages, so I exchanged the pen for a knife, and then took the page and folded it and photocopied it, so that I was transposing it into a topography. So you were transposing it into something that you had to understand, were forced to understand. And we tried to do some of the same process with the dancers. So one map had words on it, and from those words there was a process whereby the dancers had to, like in a computer programme, move through the layers, which coincided and determined what happened, so for instance, there might be letters on the map and if the dancer spelled out a word that he or she had chosen, they ended up having to go in that particular direction. But all this was linked to the time, so you were constantly having to accomplish either nothing in a tremendous amount of time, or a lot in very little time. It wasn't our decision, it was to see what would happen if you made up a completely abstract methodology. What would evolve?[35]

Es ging Forsythe also darum zu sehen, was sich durch die verschiedenen Informationsebenen innerhalb komplexer Strukturen und Regel-Vorgaben ergibt. So werden emergente Bewegungsabläufe provoziert.[36]

Ein weiteres Beispiel für eine Informationsebene verdeutlicht die Live-Verarbeitung von Filmmaterial in *ALIE/NA(C)TION*. Dabei werden hauptsächlich Filmausschnitte aus zwei Spielfilmen (‚Alien' und ‚Aliens') den Tänzer zugespielt. Die Aufgabe für die Tanzenden ist es herauszufinden, wie viele Informationen aus einem kleinen Filmaus-

Clark, Amanda Miller, William Forsythe/Dana Caspersen einlud. J. Burrows: Conversations with Choreographers, S. 23.

35 W. Forsythe: Ebd., S. 23.

36 Zu emergenten Bewegungsabläufen siehe Kapitel 2.4. dieser Arbeit.

schnitt für die Improvisation herauszuziehen und zu verarbeiten sind. Dabei liegt es vornehmlich an den Tanzenden ihre eigene Methode der Informationsverarbeitung zu finden. Nik Haffner beschreibt die Methode einer Tänzerin folgendermaßen:

Ana Catalina Roman ist beispielsweise so vorgegangen: Sie hat sich vor der Vorstellung eine Farbe überlegt, mit der sie arbeiten will. Die gewählte Farbe, sagen wir mal Rot, ist für sie eine Hilfe, um die Bewegungen im Raum zu bestimmen. Wenn in einem Bild links oben eine rote Tischdecke erscheint, überträgt sie das auf die Bühne, indem sie sich flach links oben auf den Boden legt. Jeden Ort auf dem Bildschirm überträgt sie wie eine Art „mapping" auf einen Ort auf der Bühne. Ihre Bewegungen, ihr Innehalten, die verschiedenen Plätze auf der Bühne holt sie als Informationen aus dem Farbsystem.[37]

Der Filmausschnitt stellt die Quelle der Information dar. Die Tänzerin filtriert die Information, indem sie sich für die Farbe rot entscheidet. Gleichzeitig wählt sie die Art der Übersetzung - mapping. Es zeigt zwei Schritte der Vermittlung durch die Tänzerin: Das Lesen (Filtrieren der Information) und das Schreiben (Das Übersetzen und Verarbeiten der Information). Dieser Vorgang macht deutlich, dass die angebotene Information durch die Filtrierung reduziert wird und letztlich nur ein kleiner Teil durch die Tänzerin ‚gesendet' wird.

So stehen die Tanzenden im Aufführungsprozess vor einem Informationsfeld, das zwar bereits codiert und somit die Zahl der möglichen Wahlen schon beträchtlich begrenzt ist, aber noch immer im einzelnen Fall zwischen einer großen Auswahl an Möglichkeiten entscheiden können. Ein überwachter und stets bewegter Spielraum bietet den Tänzer eine Art ‚virtuelle Landkarte' auf der sie ihre Wege beschreiten. Inwiefern den Tanzenden durch die feste Struktur ‚Freiheit' genommen oder gegeben wird ist relativ zu betrachten. Der große Informationsfluss der auf die Tänzer einwirkt, ist vielmehr ein Angebot von Möglichkeiten, die die Tanzenden nutzen können während des Improvisierens. Die Regeln müssen nie vollständig erfüllt sein, denn der Zweck der Informationszuspielung ist es vielmehr die Improvisationen zu *verursachen*, als die zu realisierenden Bewegungen zu bestimmen. Das Resultat bleibt innerhalb des Kodex offen. Von Vorstellung zu Vorstellung schreiben die Tänzer das Stück immer wieder neu in den Bühnenraum. Für die Tänzer bedeutet das, das sie in jeder Vorstellung die ständig neu zusammen gewürfelten Informationen konzentriert lesen müssen

37 N. Haffner: Forsythe und die Medien, S. 31.

und bei der Umsetzung im besten Fall Unplanbares entdecken und sich selbst überraschen. So bemerkt der Tänzer Nik Haffner:

> Die Reihenfolge und Kombination der Informationen sind in jeder Vorstellung verändert, aber das ist nicht der Überraschungsmoment, denn darauf bin ich vorbereitet. Worauf ich nicht vorbereitet bin ist, dass in manchen Vorstellungen die Kombination der Informationen und die Art wie ich sie umsetze zu überraschenden Resultaten führt. Das ist genau was Bill [Forsythe] erreichen will, - dass Situationen entstehen, die nicht choreographierbar sind, Choreographie sozusagen überwinden.[38]

Die beabsichtigte Indetermination und das Moment der Überraschung - hervorgerufen durch den Informationsfluss in der Live-Strukturierung - soll das kreative Muster der Choreographie bereichern und den stets veränderbaren Prozess vorantreiben.

Die Real Time Choreographies können auch als Spiel verstanden werden, indem jeder Mitspieler eine Verantwortung für das Gesamtgeschehen hat. Die Tanzenden müssen sich innerhalb dieses Organismus selbst organisieren und die Entscheidungen tätigen, die die besten oder überraschendsten Resultate für das Stück bringen. Damit tragen die Tänzer einen großen Teil der ästhetischen Verantwortung. William Forsythe ist Editor und Improvisator zugleich, indem er das Stück live schneidet und die Zeiten und Dauer des Informationsflusses improvisiert. Als Choreograph ist er ebenso Mitspieler, wenn er beispielsweise sich selbst auf der Bühne als Informationszuspieler sichtbar macht. Dabei gibt er nicht nur die Auslöser für die tänzerische Improvisation, sondern greift live in die Koordination von Tanz, Text, Musik und Licht, also allen Elementen eines Stückes, ein.

Aus diesem Beispiel heraus lässt sich für das improvisatorische Verfahren der Real Time Choreographies folgendes feststellen:

- Die Improvisation der Tänzer bestehen aus Variationen eines Bewegungskataloges, wie auch aus der Wahl des Zeitmaßes durch Schnitt und Phrasierung.
- Die Improvisationen unterliegen einer Vor-Struktur und einer Live-Strukturierung.
- Die Improvisationen werden von mehreren Informationsebenen ausgelöst.

38 N. Haffner in einem Email vom 8.2.2001.

- Der Choreograph ist als Koordinator und Informationszuspieler der Live-Strukturierung in den Prozess der Improvisation mit eingebunden.

3.4. Improvisation als Interpretation: Schwebendes Gleichgewicht bei Amanda Miller

Als klassische Tänzerin an der North Carolina School of the Arts von Balanchine-Ballerina Melissa Hayden ausgebildet, tanzte Amanda Miller u.a. im Chicago Lyrical Opera Ballet, im Ballett der Deutschen Oper Berlin, bis sie 1984 zum Ballett Frankfurt kam, wo sie unter der Leitung von William Forsythe nach zwei Jahren zur Hauschoreographin avancierte. 1992 verließ sie das Ballett Frankfurt, um ihre eigene Company, die Pretty Ugly Dancecompany zu gründen.

Die wohl prägenste Zeit für die 1961 in North Carolina, U.S.A., geborene Amanda Miller war die acht-jährige Zusammenarbeit mit William Forsythe am Ballett Frankfurt. Sowohl Forsythe, als auch Miller forschten nach neuen ästhetischen Möglichkeiten für das Ballett. Die Basis von Millers Tanzstil ist die klassische Balletttechnik. In den Stücken, die sie für die Pretty Ugly Dancecompany (ab 1997 ‚Ballett Freiburg Pretty Ugly' und ab 2005 ‚Pretty Ugly Tanz Köln') choreographierte, beschäftigte sich Miller kontinuierlich damit, das ‚Fremde' und ‚Unbekannte' mit dem Ballettkörper zu entdecken und wendete sich mehr den improvisatorischen Möglichkeiten zu. Es geht ihr nicht um die Dekonstruktion des Balletts, wofür sich bekannterweise William Forsythe einen Namen gemacht hat, sondern sie verändert, formt um und verwandelt:

> I never talk about deconstruct, for me I think about evaporating or almost disappearing, so things come back in another form.[39]

Der Tanzwissenschaftler Gerald Siegmund beschreibt den Tanz von Amanda Miller als Klassik zweiter Ordnung:

39 Amanda Miller: J. Burrows, Conversations with Choreographers, S. 19.

Ihr Tanz ist durch die Zersplitterung der Forsythschen Dekonstruktion gegangen, um im diffusen Licht am anderen Ende des Tunnels eine Art Klassik zweiter Ordnung zu rekonstruieren.[40]

Dieser ‚Klassik zweiter Ordnung' aber entspringt eine Ästhetik, die sich durch Seltsamkeit, am Rande von Hässlichkeit, kennzeichnet, so erläutert Miller:

[...] it's more like an awkwardness, so to try to find a way to work through the awkwardness. It's very much part of my ideal anarchy where things don't have to be beautiful or perfect.[41]

Auf der Suche nach dem ‚Unperfekten' erlangt die Praxis der Improvisation für Amanda Miller im Laufe ihrer Schaffenszeit immer größere Bedeutung. Neben ihrer choreographischen Tätigkeit, organisiert sie auch reine Improvisationsabende mit ihrer Company in Freiburg. Für ihre eigenen Choreographien nutzt sie die Improvisation in zwei Weisen: Zum Einen arbeitet sie mit der Neun-Punkte-Technik[42], die sie zum Training ihrer Company und auch zum Teil als choreographische Methode einsetzt. So sind in manchen Stücken Lücken im zeitlichen Ablauf vorgesehen, in denen die Tänzer nach der Neun-Punkte-Technik improvisieren. Zum Anderen nutzt Miller die Improvisation als spezielle Form der tänzerischen Umsetzung, welche ich hier als besonderes improvisatorisches Verfahren hervorheben möchte:

Wenn Amanda Miller choreographiert besteht für die Tänzer immer ein großer Interpretations-Spielraum. Sie gibt die Bewegungsabfolge vor, erwartet jedoch nicht die perfekte Nachahmung, sondern eine persönliche Interpretation dieser vorgegebenen Bewegung. Diese Bewegungsinterpretation ist nicht ein emotionaler Ausdruck der Bewegung, sondern eine formale Umsetzung. Gewissermaßen lässt sich die vorgegebene Bewegung als ‚Gerüst' verstehen. Der interpretative Spielraum ist dann der Raum um dieses Gerüst herum, der durch die Tänzer individuell gefüllt werden soll, ohne das Gerüst zu verlassen. Das festgelegte Bewegungsgerüst und die Bewegungsreihenfolge bilden die Struktur, an der sich die Tänzer ausrichten. Dieser Grad der Improvi-

40 Gerald Siegmund: Im Dämmerlicht sehen und gesehen werden, Frankfurter Allgemeine Zeitung, 14.7.1996, S. 26.

41 Amanda Miller: J. Burrows, Conversations with Choreographers, S. 17.

42 Die Neun-Punkte-Technik wird im vierten Teil dieser Arbeit als Improvisationstechnik ausführlich besprochen.

sation, den ich hier als Interpretation bezeichne, bringt mit sich, dass jede Vorstellung anders getanzt wird. Die Choreographie bleibt zwar gleich, wird dennoch jedes Mal neu interpretiert: „even if it's the same thing, you can find a different voice for it."[43] Diese Art des Lernens einer Bewegungsabfolge im choreographischen Prozess, erfordert von den Tänzern kreative Fähigkeiten, die sich im Vollzug der Nachahmung als Neukonstruktion äußern. Es geht hierbei um einen Akt des Verstehens und der Deutung der vorgegebenen Bewegung. So ist die Interpretation eine aktive Auseinandersetzung mit der originären Bewegung und deren Abwandlung.

Die Tänzer erweitern im Tanzen den Zeit- und Bewegungs-Spielraum der vorgegebenen Choreographie. Es geht Miller darum, dass die Tänzer eine Bewegung immer wieder neu tanzen und erfahren, eigene Grenzen überwinden und Risiken eingehen. Dadurch entstehen räumliche und auch zeitliche Veränderungen in der Bewegung, die dem Erscheinungsbild des Tanzes im Moment der Aufführung stets ein überraschendes und neues Zusammenspiel bringt. Durch diese beabsichtigte Differenz zwischen vorgegebenem choreographischem Gerüst und Interpretation, bewegen sich die Tänzer unstabiler und unsicherer, sind aber dafür reicher an Möglichkeiten. Insbesondere das Stück *Two Pears* (1994) lebt von den improvisatorischen Abstimmungen der Tänzer. Die Wirkung hängt immer von einem filigranen Balance-Akt ab. Mal mehr, mal weniger nah tanzen die Tänzer entlang der choreographischen Struktur, bemüht um ein schwebendes Gleichgewicht.

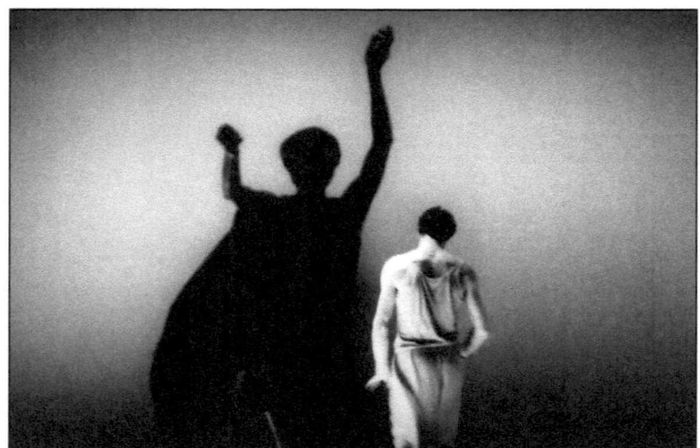

Abb. 6: Amanda Miller: Two Pears (1994)

43 A. Miller: J. Burrows, Conversations with Choreographers, S. 19.

Oft befinden sich die Tänzer am Rande des Chaos, den der Naturwissenschaftler Roger Lewin folgendermaßen beschreibt:

> Er ist sehr viel plastischer und ruft die Vorstellung eines schwebenden Gleichgewichts im Raum, eines vorläufigen, labilen, möglicherweise sogar gefährlichen Zustandes wach, der jedoch voller Möglichkeiten steckt.[44]

Übertragen auf Tanz geht es Amanda Miller genau um diesen labilen, gefährlichen Zustand, der in ihren Stücken durch die Tänzer im besten Fall erreicht werden soll. Denn dabei können unbekannte und emergente Bewegungsmöglichkeiten entdeckt werden. In dem Duett *Meidosems* (1996) sind die räumlichen Bodenlinien, wie auch die Bewegungsabfolgen festgesetzt. Die Tänzerin beginnt in der Mitte des Raumes die Anfangsbewegungen. In der Beobachtung von verschiedenen Aufführungen zeigt sich, dass die Tänzerin jedes Mal die Bewegungen anders interpretiert. Der Fokus liegt dabei auf unterschiedliche Raumrichtungen, in der die Bewegungen angesetzt werden, wie auch in unterschiedlichen Timings. So kann beispielsweise eine Pirouette in verschiedenen Richtungen enden und auch verschieden schnell gedreht werden. Oder: eine Tondue kann auf direkten Weg (in einer geraden Linie) von A nach B geführt werden oder auf einem Umweg (schnörkelig). In Amanda Millers Solo *Paralipomena* (1996) tanzt sie entlang festgelegter Bodenlinien (Diagonale und Quadrat) Bewegungskombinationen, die in früheren Arbeitsprozessen entwickelt, aber teilweise nicht in den Aufführungen genutzt wurden.[45] Als eine Art ‚Nachtrag' erfindet sie diese Bewegungskombinationen in der Art der Interpretation von Aufführung zu Aufführung immer wieder neu. Millers Umgang mit Musik lehnt sich an eine Unabhängigkeit von Musik und Tanz, wie es schon Cunningham erprobte, an. Der Tanz entsteht zunächst unabhängig von der Musik – die Schritte werden nicht ausgezählt. Kommt die Musik dann dazu, ist es die Aufgabe der Tänzer innerhalb des Tanzes eine Musikalität zu finden, die der Musik entspricht.[46] Dies geschieht

44 Roger Lewin: Die Komplexitätstheorie. Wissenschaft nach der Chaosforschung, München: Droemer Knaur 1992, S. 74.

45 „The title is Paralipomena, which translates as ‚leftovers', so it's a piece were I am dancing all the things that I felt didn't get communicated." A. Milller: J. Burrows, Conversations with Choreographers, S. 19.

46 Amanda Miller lässt zum Einen Musik für ihre Stücke komponieren (z.B.: Fred Frith, Arto Lindsay), zum Anderen nutzt sie konservierte Musik (z.B.: John Cage, John Zorn, Giacinto Scelsi) oder läßt live spielen (z.B.: J.S. Bach durch das Barockorchester Freiburg).

jedoch ohne dabei 1:1 auf die Musik zu tanzen. Da die Schritte nicht ausgezählt werden besteht auch hier in jeder Vorstellung ein großer Interpretations-Spielraum. Mal wird ‚über' die Musik getanzt, mal fällt der Tanz wieder in ihren Rhythmus: Ein schwebender Balance-Zustand, der aber genau dadurch neue Entdeckungen im Verhältnis zwischen Musik und Tanz zulässt. Diese ‚ungenaue' Art zu tanzen hat auch Auswirkungen auf die Gruppentänze. In vielen Stücken bewegen sich die Tänzer beispielsweise in Gruppensequenzen mit gleichen Schrittkombinationen, tanzen sie jedoch, eben durch die jeweilige Interpretation, nicht synchron. Dennoch ergibt sich eine organische Masse, die, wenn der Balance-Akt gelingt, völlig neue Qualitäten der tänzerischen Erscheinung mit sich bringt.

Diese Arbeit gegen das Perfekte und Korrekte entspricht Millers improvisatorischen Verfahren der Interpretation. Indem sie den Tänzern diesen großen Interpretations-Spielraum gibt, eröffnet sie ihnen gleichzeitig die Möglichkeit ‚Fehler' zu machen. Und gerade hier wird die kreative Absicht Millers deutlich:

> I don't go in and structure things completely, I don't have expextations because so many times the mistakes are much better than anything I could devise or would want to devise.[47]

Für das improvisatorische Verfahren der Interpretation nach Amanda Miller lässt sich folgendes feststellen:

- Die Improvisation liegt in der Differenz zwischen choreographischen Struktur und deren Interpretation.
- Den Tänzern bietet sich in der Ausführung der festgelegten Choreographie ein großer tänzerischer wie auch musikalischer Spielraum.
- In jeder Aufführung wird neu interpretiert, die Wirkung des jeweiligen Stückes ist somit nicht kalkulierbar, sondern jedes Mal ein Balance-Akt.

47 Amanda Miller: J. Burrows, Conversations with Choreographers, S. 20.

3.5. Improvisation, um zu verblassen: Neue Verbindungen bei Jonathan Burrows

„One of the main reasons I perform is for those moments when I am on stage and I forget completely what I'm doing, but I go on doing it."[48] So beschreibt Jonathan Burrows den anzustrebenden Zustand von Tanz – wenn man nicht bewusst den Tanz lenkt, sondern vielmehr den Tanz sich ergeben lässt durch die Freisetzung der Imagination.

Jonathan Burrows ist ein Forscher von Arbeits- und Kompositionstechniken von Tanz. Er arbeitet nicht immer mit Improvisation auf der Bühne, wenngleich er sich intensiv mit Improvisation im Tanz auseinandergesetzt hat. Er arbeitet an unterschiedlichen Arbeitstechniken und Kompositionsmethoden für den Tanz, kreiert für seine Stücke ausgefeilte, festgelegte Tanzkompositionen. Gleichermaßen erforscht er selbst als Improvisator in verschiedenen Improvisationskollektiven neue Bewegungsverbindungen im Tanz.

Der 1960 geborene Engländer arbeitete 12 Jahre lang als klassischer Tänzer am Royal Ballet in London. Früh begann er selbst zu choreographieren und fand mit seiner eigenen Arbeit zunehmend Aufmerksamkeit. 1988 gründete er seine Kompanie, die Jonathan Burrows Group, welche innerhalb kurzer Zeit zu einer der anerkanntesten zeitgenössischen Tanzkompanien in England wurde. Als Gastchoreograph choreographierte er u.a. für William Forsythes Ballett Frankfurt und für P.A.R.T.S in Brüssel. Großen Einfluss auf seine Arbeit hatte die langjährige Zusammenarbeit mit Rosemary Butcher, jene britische Choreographin, die wesentlich für die Entwicklung des zeitgenössischen Tanzes in England verantwortlich war. Ihre Arbeit war geprägt von Konzept-Kunst, der Konzentration auf ‚pure' Bewegung und dem komplexen Umgang mit Raum. Rosemary Butcher machte sich bekannt durch Genre-übergreifende Kooperationen und der Wahl für nicht-theatrale Orte, in denen sie ihre Arbeiten präsentierte.

Die Konzentration auf pure Bewegung, vor allem Kompositionstechniken von Bewegung, beschäftigt Jonathan Burrows in seinen Stücken durchweg. Ebenso führt ihn sein Interesse auch in die Bereiche anderer Medien. Zusammen mit dem Filmemacher Adam Roberts entstehen zwei Tanzfilme: *Hands* und das von der Ballerina Sylvie Guillem getanzte *Blue Yellow*. Intensiv arbeitet Jonathan Burrows auch mit den Komponisten Kevin Volans und Matteo Fargio, wie auch Licht-De-

48 J. Burrows: Conversations with Choreographers, S. 19.

signer Michael Hulls zusammen. Wenngleich er sich mit anderen Kunstarten beschäftigt, konzentriert er sich dabei ausschließlich auf das Medium Tanz. Die Inspiration und die Ideen, die er von anderen Künsten bekommt, fließen in seinen Tanz ein, jedoch vielmehr als Übersetzung. So erläutert Burrows:

> Man braucht die Fähigkeit, zu sehen, was die anderen Kunstformen tun, die Fähigkeit zu entschlüsseln und zu übersetzen. [...] Es ist sehr wichtig sein eigenes Medium zu verlassen, etwas zu verstehen, und zum eigenen Medium zurückzukehren. Man hat dieses Medium gewählt und muss sich ihm verpflichten.[49]

Burrows ist der radikalen Überzeugung, dass Bewegung weder bedeutungsvoller Spuren noch einer spannenden Dynamik bedarf. Er insistiert auf der ‚leeren' Bewegung und sieht darin mehr Möglichkeiten, wenn er meint, dass die leere Bewegung reich genug sei, wenn nicht sogar reicher als die kontextbezogene: „Wenn man der Bewegung gestattet, leerer zu sein, kann sie stärker gefüllt werden."[50]

Dieses Verständnis von Bewegung führt Burrows zu einer intensiven Auseinandersetzung mit dem Körper als Kompositionsmaterial. So choreographiert er u.a. auch Tänze für Hände in *Hands* (1995) oder konzentriert sich auf die Komposition des Oberkörpers in *Both Sitting Duett* (2002).

Es geht Jonathan Burrows nicht darum eine neue Sprache für den Tanz zu erfinden, vielmehr sucht er nach neuen Verbindungen zwischen den Bewegungen, die dem Körper einverleibt sind. Auf den tänzerischen Habitus spielt Burrows mit folgenden Worten an:

> Das Interessante ist, neue Verbindungen zwischen diesen Bewegungen zu finden. Der Körper ist voll mit alten Verknüpfungen. Wir lernen sie von Kindheit an und auch in den Tanztechniken. Der Körper speichert diese Verbindungen unglaublich stark. Die Idee ist nicht etwas zu finden, was anders aussieht, sondern nur zu akzeptieren, dass es andere Möglichkeiten gibt und dass der Körper, wenn man das einmal akzeptiert hat, neue Verbindungen lernen kann.[51]

49 Jonathan Burrows in einem Interview mit Edith Boxberger: Ein Freiraum für die Imagination, in: Ballettanz 12/96, Berlin (1996), S. 49.

50 J. Burrows: Ebd., S. 48.

51 J. Burrows: Ebd., S. 49.

Dieses Erforschen nach neuen Verbindungen praktiziert Burrows zunächst durch das Komponieren und durch die Fixierung von bestimmten Bewegungsabläufen. Für die Tänzer bedeutet dies eine große Herausforderung im Memorieren der ungewohnten Bewegungsabläufe, da die neuen Verknüpfungen dem Körper noch fremd sind.

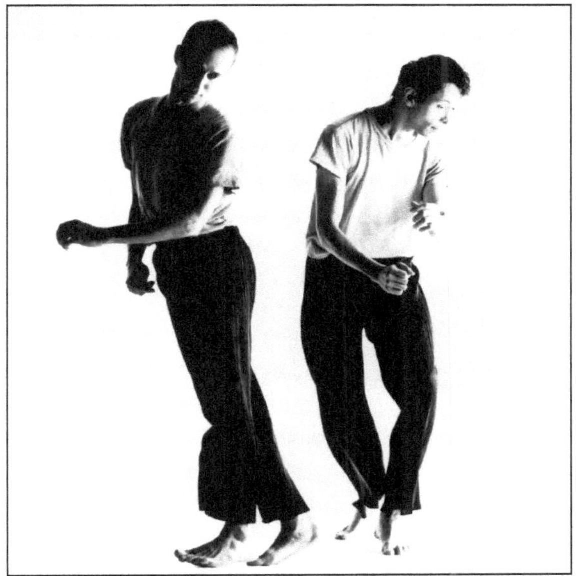

Abb. 7: Jonathan Burrows mit Henry Montes in: The Stop Quartett (1996)

Es entstehen scheinbar ‚untänzerische' Bewegungen, die auch für den Zuschauer ein neues Sehen von Tanz fordern. Aus diesen Neu-Kompositionen resultieren ‚nackte' Bewegungen, die nur in Zusammenhang der Bewegung an sich zu verstehen sind, so eine Kritikerin zu Burrows Stück *The Stop Quartett* (1996):

> He has been anatomising the mechanics of the human body, [...] The Stop Quartett looks to me about as near to pure dance physics as one is ever likely to see.[52]

52 Ismene Brown: Doing a jig of funny walks, in: The Daily Telegraph, London 29.5.1996.

Insbesondere wird auch die ‚Sperrigkeit' seines Bewegungsstils und das Tanzen von andersartigen Bewegungen deutlich:

The Stop Quartett heißt, was sich vor allem durch leichtherzig-unbeirrbaren Fluss auszeichnet. Untergründige Strömungen verwirbeln ihn sanft, aber nachhaltig; immer wieder wird er durch befremdliche Positionen aufgestört, durch das Stillstellen von Bewegung durchlöchert, Einschnitte, die [...] weniger als Bruch denn als Nachhall des Vorangegangenen wirken.[53]

Diese Kompositionstechnik, dem Suchen nach neuen Verknüpfungen, nutzt Burrows schließlich auch in der spontanen Komposition, dem Improvisieren. In dem Stück *Weak Dance Strong Questions* (2001) sucht er gemeinsam mit seinem Partner, dem ‚Nicht-Tänzer' Jan Ritsema im Improvisieren nach neuen Verknüpfungen in den Bewegungen. Zu sehen sind dabei unaufdringliche, sperrige Bewegungen, die schwer vom Zuschauer zu ‚lesen' sind, da sie in so ungewohnten Verbindungen auftreten. Sie wirken wie beiläufig und nicht zu Ende geführt – ‚halbe' Bewegungen – die aber in gestochener Genauigkeit, durch gewählte Akzentuierung, kombiniert werden. Jonathan Burrows und Jan Ritsema provozieren damit ein neues Sehverhalten für das Tanzpublikum. Da in der Improvisation versucht wird gewohntes Tanzmaterial verblassen zu lassen, ist der Zuschauer durchweg Zeuge neuer Verbindungen. Nicht-Tänzerische Bewegungen werden durch die theatrale Rahmung[54] und durch die Kompositionstechnik zu Tanz gemacht. Die Technik der Verblassung gelingt Ihnen, indem sie nicht etwa versuchen Bewegungsgewohnheiten bewusst zu brechen, sondern vielmehr sich mit dem eigenen tänzerischen Habitus direkt konfrontieren. So könnte durch die bewusste Wahrnehmung der eigenen Bewegungsgewohnheiten in der Improvisation, der tänzerische Habitus verblassen. So Burrows:

We wanted to show ourselves weak and able to fail, as the culture of dance so often has seemed to be about showing strength. Of course the irony is that by doing this the performance often could arrive at a different kind of strength.

53 Edith Boxberger: Zurück zum Tanz, in: Ballettanz 6/96, Berlin (1996), S. 25.

54 Wenngleich die theatrale Rahmung sehr reduziert ist, handelt es sich dennoch um eine klar umrissene Rahmung: Die Kostüme bestehen aus einfachen T-Shirts und Hosen; die Musik besteht aus der real vorhandenen Geräuschkulisse; normale Studio-Beleuchtung; der Raum ist geteilt in Bühnenraum und Zuschauerraum.

Same with habits, which often fade when you walk towards them instead of trying to bury them.[55]

Hier wird deutlich, dass Burrows in der Tanzimprovisationspraxis das versucht, was Pierre Bourdieu in der Habitus-Theorie als Mögliches andeutet. Der Kritik an der Habitus-Theorie, die Bourdieu Determinismus vorwirft, entgegnet Bourdieu, dass der Habitus in unaufhörlichem Wandel begriffen sei und „(innerhalb bestimmter Grenzen) [...] schließlich auch durch Bewusstwerdung unter Kontrolle gebracht werden"[56] kann. Dieses in ‚Kontrolle bringen' des tänzerischen Habitus praktizieren Burrows und Ritsema in *Weak Dance Strong Questions*, indem sie jede Bewegung während des Tanzens genau beobachten und gleichzeitig in Frage stellen:

So for Weak Dance Strong Questions the task is to move always in a state of questioning, not a specific question, but the feeling of a question.[57]

Dieses in-Frage-stellen von Bewegung äußert sich in den oben beschriebenen ‚Halb-Bewegungen': Burrows beginnt eine Bewegung mit der Hand, beobachtet sie, hält inne, beginnt erneut, führt sie weiter, hält inne, verwirft den angefangenen Bewegungsimpuls, beginnt erneut eine Bewegung mit einem anderen Körperteil, verwirft im nächsten Augenblick diesen wieder, orientiert sich neu, u.s.w.

Durch die Kombination dieser nie vollständig ausgeführten Bewegungen stellen sich neue Verbindungen ein und tänzerische Gewohnheiten verblassen.

Für das improvisatorische Verfahren von Jonathan Burrows ist kennzeichnend:

- Die Anreicherung von Improvisationsmaterial durch ausgefeilte Komposition.
- Die Konzentration auf ‚Tanz' der Körperteile, neue Verbindungen und Verknüpfungen.
- Die Verblassung von gewohntem ‚tänzerischem' Bewegungsmaterial durch Bewusstwerdung und In-Frage-Stellung.

55 J. Burrows in einem Email vom 18.8.2004.

56 P. Bourdieu: Antworten auf einige Einwände, S. 407.

57 J. Burrows in einem Email vom 18.8.2004.

3.6. Zusammenfassung

Durch die Analyse der verschiedenen Verfahren wurden spezifische Merkmale improvisatorischer Arbeitsweisen deutlich. Den jeweiligen Verfahren entsprechend dominieren unterschiedliche Merkmale. Sie zeigen deutlich den heterogenen Umgang mit Improvisation und verweisen insbesondere auf die *Strukturiertheit* von Improvisation im künstlerischen Tanz. In jedem Verfahren geht es um die Akzeptanz von Grenzen und einer vorgegebenen Struktur, sei es in Form eines bestimmten Körpergebrauchs und -verständnisses (Schwerkraft und Demokratie bei Contact Improvisation - Paxton) oder einer bestimmten Vorgabe (jede Bewegung zu hinterfragen - Burrows, individuelle Interpretation - Miller). Bei William Forsythes Verfahren der Echt-Zeit-Choreographie dominiert das Merkmal der Live-Strukturierung, wohingegen bei Trisha Browns Verfahren die Struktur im Vorfeld durch systematisierten Zufall fixiert wird.

Die verschiedenen Verfahren, bei denen es sich um strukturierte Improvisationen in der Live-Aufführung handelt, weisen unterschiedliche Spielarten und Regeln innerhalb der Strukturen auf. Dabei ermöglicht gerade die ‚Eingrenzung' der Tanzenden die besondere Gegenwärtigkeit und Emergenz in der Aufführung. Je nach künstlerischem Verfahren tanzen die Improvisierenden innerhalb ihrer tänzerischen Habitusformen und der auferlegten Struktur. Improvisation als spontane Komposition erweist sich hier als potenzielles Kreativitätsmittel, um Gewohntes zu überwinden und emergente Formen in Tanzaufführungen erscheinen zu lassen.

Neben dem Aspekt des Zufalls hängt Emergenz zudem vom Grad der Improvisation und der Beherrschung von Improvisationstechniken ab. Das Aufzeigen der ‚Technisierung' in der Tanzimprovisation wird im folgenden Kapitel verhandelt. Dabei zeigt sich das immerwährende Paradox in der Improvisationspraxis: nämlich die Ermöglichung von Unvorhersehbarem, die Vorbereitung von Unvorbereitetem, der beabsichtigte Kontrollverlust, die geplante Offenheit oder die fixierte Flüchtigkeit.

4. Vermittlung

Für das Gelingen und die Gestaltung einer tänzerischen Improvisation werden Fertigkeiten geübt, die den kreativen Prozess der Improvisation vereinfachen. Entsprechend der Beherrschung oder vielmehr des Umgangs von Improvisationstechniken haben diese Einfluss auf die Form des improvisierten Tanzes.

Unter Techniken der Improvisation versteht man, im Gegensatz zu Tanztechniken, Fertigkeiten, die den Improvisator dazu befähigen Bewegungsmaterial zu erforschen, tänzerisch mit seiner Umwelt zu kommunizieren sowie mit Bewegungsthemen und Material umzugehen. Während Tanztechniken grundlegende Bewegungsaktionen enthalten und es dabei um den Erwerb von Fertigkeiten geht, das spezielle Bewegungsvokabular einer Tanztechnik ausführen zu können und zu beherrschen, geht es bei den Techniken der Improvisation vielmehr um die Hervorbringung und das Entstehen von Bewegung. Insofern beruht das Lernen von Improvisationstechniken nicht auf Imitieren eines bestimmten Bewegungskanons, sondern auf der Erzeugung von Bewegungen und deren spontaner Kombination. Rudolf von Laban, der tänzerische Improvisation in den 1940er Jahren eine ‚freie' Tanztechnik nannte, schuf mit seinem theoretischen und praktischen Schaffen über Tanz, eine grundlegende Basis für Didaktik und Methoden der Tanzimprovisation. Er bemerkt dazu:

In einer freien Tanztechnik, also in einer Technik ohne vorgefassten oder vorgeschriebenen Stil, wird das gesamte Spektrum der Bewegungselemente erprobt und geübt. Aus dem spontanen Kombinieren dieser Elemente erwächst eine fasst unbegrenzte Vielfalt an Schritten und Gesten, die dem Tänzer zur Verfügung stehen.[1]

Das Erlernen von Improvisationstechniken ist insofern immer Bewegungserzeugung. Für eine Didaktik der Improvisation gilt grundsätzlich die Methode der Aufgabenstellung. Dabei erhalten die Improvisierenden Informationen und Strukturvorgaben, die sie individuell im Tanz umsetzen. Rudolf von Laban entwickelte ein Improvisationsinstrumentarium, das aus Bewegungsthemen besteht, die weitreichend das Spektrum tänzerischer Elemente abdeckt.[2] Unter Einbezug seiner theoretischen Arbeiten - der Raum-Harmonie-Lehre[3] und seiner Analyse über die Antriebsaktionen[4] - geht es Laban um die harmonische Kombinatorik grundlegender Bewegungsprinzipien zur Bewegungserzeugung. In der Tanzpädagogik wurde die Methode der Aufgabenstellung durch bedeutende Tanzimprovisations-Pädagogen wie Barbara Haselbach[5], Maja Lex[6] und Tai W. Deharde[7] in den 1970er Jahren erweitert und auch schriftlich formuliert. Zudem entwickelte Martina Peter-Bolaender eine pädagogisch-therapeutische Konzeption der tanzimprovisation in Hinblick auf Tanz als Medium der Selbst-Verwirklichung.[8] Mit der Etablierung der Kontaktimprovisation in Deutschland stellen Autoren wie Thomas Kaltenbrunner[9] und Ulla Brink-

1 R. von Laban: Der moderne Ausdruckstanz in der Erziehung, S. 41.

2 Vgl. R. von Laban: Ebd.

3 Vgl. R. von Laban: Choreutik.

4 Vgl. R. von Laban/F.C. Lawrence: Effort Economy of Human Movement, London: Macd. & E. 1974. Und vgl. Ders.: Die Kunst der Bewegung.

5 Vgl. B. Haselbach: Improvisation Tanz Bewegung. Barbara Haselbach erweitert die Bewegungsthemen für Improvisation durch neue Improvisationsauslöser. Neben Musik und szenischen Inhalten entwickelt sie auch Improvisationsaufgaben für den Umgang mit Material, Sprache und bildender Kunst.

6 Vgl. M. Lex: Elementarer Tanz. Maja Lex stellt darin ein umfangreiches Aufgabensystem vor, dass einfache Bewegung bis ins kleinste differenziert. Der pädagogische Weg des elemntaren Tanzes kennzeichnet sich durch die Balance zwischen der freien Gestaltung - der Improvisation - sowie der Anpassung an festgelegte Bewegungsvorgänge.

7 Vgl. T.W. Deharde: Tanzimprovisation. Tai W. Deharde erweitert Labans Methode durch ein pädagogisches Konzept für Tanzimprovisation, dass emotionale Ausdrucksqualitäten und individuelle Symbolbildung ermöglicht.

8 Vgl. M. Peter-Bolaender: Tanz und Imagination.

9 Vgl. T. Kaltenbrunner: Contact Improvisation.

mann[10] ein breites Spektrum von Improvisationsaufgaben zusammen. Claudia Fleischle-Braun erarbeitet Vermittlungskonzepte des Modernen Tanzes und des New Dance, bei dem die Improvisation eine wesentliche Rolle spielt.[11] Wiebke Dröge führt in ihrem Aufsatz ‚Tanzimprovisation als Performance' in das spontane Komponieren in der Gruppenimprovisation ein.[12] Weiter zu nennen sind hier aus dem englischsprachigen Bereich Lynn Anne Blom und L. Tarin Chaplin[13] sowie Joyce Morgenrot[14]. Beide Arbeiten stellen einen Katalog von Improvisationsaufgaben sowie Leitfäden für den Unterricht vor. Außerdem formulieren Miranda Tufnell[15] und Daniel Nagrin[16] Improvisationsaufgaben - dies aber aus einem künstlerischen Hintergrund heraus - dabei handelt es sich mehr um einsehbare Praxisberichte als um pädagogische Konzepte. Es ist offensichtlich, dass Choreographen im Zuge ihrer Praxisarbeit ein Vermittlungskonzept für die Art der Tanzimprovisation entwickeln, mit der sie sich beschäftigen. Nicht alle formulieren diese Konzepte schriftlich - die meisten setzen auf die Vermittlung in der Praxis durch die Praxis, bei der die Vermittlung von Mensch zu Mensch, von Körper zu Körper im Zentrum steht. Dennoch gibt es Formulierungen von Choreographen, die das Handwerk der Tanzimprovisation an Tänzer und Tanzinteressierte weitergeben. Besonders einflussreich sind die Unterrichtskonzepte von Anna Halprin und Robert Ellis Dunn.[17] Ebenso zu nennen sind hierzu die Schriften von Steve Paxton sowie im deutschsprachigen Raum Aufsätze über Improvisation von Dieter Heitkamp.

Einen umfassenden Katalog von Improvisationsregeln stellt Choreograph und Pädagoge Ronald Blum[18] für die Gruppenimprovisation auf. Er betrachtet in seinem Buch ‚Die Kunst des Fügens' Improvisationstechniken für das Tanztheater (hier verstanden als Bühnentanz, nicht als Genre) und fokussiert dabei wesentliche Aspekte für die Improvisation als Live-Kunst. Er räumt mit der falsch verstandenen Frei-

10 Vgl. Ulla Brinkmann: Kontaktimprovisation. Neue Bewegung im Tanz, Frankfurt/M./Griedel: Afra 1999.

11 Vgl. C. Fleischle-Braun: Der moderne Tanz.

12 Vgl. W. Dröge: Tanzimprovisation als Performance.

13 Vgl. L. A. Blom/L. T. Chaplin: The Moment of Movement.

14 Vgl. Joyce Morgenroth: Dance Improvisations, Pittsburg: University of Pittsburgh Press 1987.

15 Vgl. M. Tufnell/C. Crickmay: Body Space Image.

16 Vgl. D. Nagrin: Dance and the Specific Image.

17 Die Arbeiten von Anna Halprin und Robert Ellis Dunn werden in Kapitel 1.2. dieser Arbeit näher erläutert.

18 R. Blum: Die Kunst des Fügens.

heit des Improvisierenden auf, indem er gerade auf die Wichtigkeit des ‚sich fügens' und der kommunikativen Gebundenheit der Akteure verweist.

Eine Besonderheit für die Art der Vermittlung stellt die CD-Rom *Improvisation Technologies* von William Forsythe[19] dar, die quasi als Dokument zwischen schriftlicher Formulierung und praktischer Vermittlung anzusiedeln ist. Forsythe hat eine CD-Rom anfertigen lassen, in der das System seiner entwickelten Improvisationstechniken veranschaulicht wird. Mit dem Untertitel *A tool for the analytical dance eye* spricht er auf seine Tänzer und Tänzerinnen (vor allem neu engagierte Tänzer, die noch nicht in seine Arbeit mit Improvisation eingeweiht sind) an, die diese CD-Rom selbstständig als Werkzeug benutzen sollen, um die Improvisationspraxis Forsythes nachzuvollziehen. Ähnlich der Situation im Ballettstudio, sieht man William Forsythe, wie er einzelne Improvisationsaufgaben erklärt und durchführt. Durch die digitale Technik sind Bewegungslinien fixiert, die in Realität nur imaginiert werden können. So bekommen die Tänzer eine genaue Vorstellung von den möglichen Raumwegen einer Bewegung. Das, was Rudolf von Laban in seiner Zeit versucht hat, nämlich Bewegung analytisch zu veranschaulichen und zu notieren, ist durch digitale Technik in der CD-Rom möglich gemacht.

Tanzimprovisation kann unterschiedliche Ziele und Formen haben. Je nach Intention kann Improvisation für Laientanz, Kindertanz, Therapie, Selbsterfahrung oder im gruppendynamischen Prozess, wie auch für den künstlerischen Tanz eingesetzt werden. Und auch im künstlerischen Tanz splittert sich der Umgang mit Improvisation in unterschiedliche Weisen auf: als Mittel zur Bewegungsfindung, als Wahrnehmungstraining, im Prozess des Choreographierens oder als Live-Performance. Die sich realisierenden Formen einer Improvisation sind zurückzuführen auf Absicht und Verständnis von Improvisation, dem tänzerischen Habitus und der jeweiligen Improvisationstechnik der Improvisierenden. So unterscheidet sich beispielsweise die Ästhetik und das künstlerische Resultat einer Contakt Improvisation von dem Resultat bei dem die Improvisierenden sich nach den Improvisation Technologies von William Forsythe orientieren.

Im nächsten Kapitel liegt der Fokus auf der Improvisation als Performance, als Live-Kunst. Es sollen die geforderten Fähigkeiten betrachtet werden, die für das spontane Komponieren nach entsprechen-

19 W. Forsythe/A. Sommer: Improvisation Technologies.

der künstlerischer Absicht von Belang sind, um vor Zuschauern spontan ein stimmiges Tanzstück als Solo, Duett oder als Gruppe zu zeigen. Dabei ist die Beherrschung von Tanztechniken wichtig, jedoch werden beim Erlernen von Tanzimprovisation Fähigkeiten trainiert, die jenseits von der Beherrschung von Tanztechniken liegen. Improvisatoren werden trainiert spontan komponieren zu können. Dazu müssen sie mit den Grundprinzipien der Choreographie, dem Umgang mit Raum, Zeit und Formation, wie auch der tänzerischen Umsetzung bestimmter Themen und deren Wirkungsweisen vertraut sein. Es geht um die ‚Kunst der Kombinatorik' – dem spontanen Kombinieren der verschiedenen Parametern, die den Tanz ausmachen.

4.1. Die Kunst der Kombinatorik

Im Folgenden möchte ich nun die Kunst der Improvisation als Kunst der Kombinatorik[20] verdeutlichen. Dies betrifft die Sensibilisierung von folgenden Fähigkeiten:

- als Tanzender ein responsive body zu sein (The responsive body)
- kombinatorische Probleme zu lösen (Problemlösung)
- schnell zu denken und zu antizipieren (Schnelles Denken)
- schnell zu tanzen und Risiko einzugehen (Schnelles Tanzen)
- Einsatz von Imagination (Imagination)

Diese Aspekte, die immer begleitet sind von der aufmerksamen Wahrnehmung des Innen- und Außengeschehen des Tanzenden, gelten sowohl für den Solotanz, das Duett oder dem Improvisieren in der Gruppe. Bei der Solo-Improvisation hat der Tanzende mehr Kontrolle über die tänzerische Gesamtwirkung, da er nur sich selbst im Verhältnis zum Raum beobachten muss. Im Duett wird die Beobachtung und Wahrnehmung des tänzerischen Geschehens komplexer. Der Tanzende muss immer im Verhältnis zum Anderen agieren und kooperieren –

20 Der Begriff der Kombinatorik kommt aus der Mathematik und bedeutet die Lehre von den verschiedenen Möglichkeiten gegebene Dinge oder Elemente anzuordnen. Nach der Art der Anordnung sind zu unterscheiden: 1. Permutationen (Vertauschungen) 2. Kombinationen (Zusammenstellungen einer bestimmten Anzahl von Elementen ohne Beachtung ihrer Reihenfolge) und 3. Variationen (bestehend aus Kombinationen und deren Permutationen). Vgl.: Bibliographisches Institut Mannheim (Hg.): Dudenlexikon, Reinbek bei Hamburg: Rowohlt 1988.

dies bedarf einer hohen Sensibilisierung des kommunikativen Sinns. Für eine Gruppenimprovisation sollte die Wahrnehmungsfähigkeit der Tanzenden zugunsten eines ästhetisch-stimmigen Gesamtbildes gut trainiert werden. Wiebke Dröge spricht in ihrer Studie zur Performance der Gruppenimprovisation von der ‚Kunst der Verschaltung', bei der die Konzentration auf der multisensorischen Wahrnehmung und der kommunikativen Fähigkeiten der Tanzenden liegt.[21]

Die Wechselwirkung zwischen Innen- und Außengeschehen und die notwendige Sensibilisierung der Wahrnehmungsfähigkeit während der Improvisation betrifft alle Formate (Solo, Duett, Gruppe) in unterschiedlicher Gewichtung. Dabei geht es immer um die Wahrnehmung von Informationen, die sogleich tänzerisch übersetzt und kombiniert werden. Für eine Kunst der Kombinatorik - sich der unterschiedlichen Möglichkeiten der Anordnung der Dinge bewusst zu sein und sich für die beste Möglichkeit entsprechend der Absicht zu entscheiden - sind die nun folgenden Aspekte förderlich.

The responsive body

Ronald Blum spricht mit der Betonung auf den reagierenden, sich fügenden Tänzer ein wesentliches Charakteristikum für die Kunst der Improvisation an, das schon Cynthia J. Novack für die Prinzipien der Kontaktimprovisation betont: dem *responsive body*[22] dem erwidernden, empfänglichen Körper. Bei der Kontaktimprovisation, deren Verfahren und wesentliche Merkmale ich im dritten Teil dieser Arbeit bereits erläutert habe, erschließt sich die Notwendigkeit eines *responsive body*, der sich stets in Abhängigkeit des Partners befindet, aus der Technik, das Gewicht der Körper immer zwischen zwei Körpern zu balancieren. Diese abhängige Situation des Improvisierenden findet sich auch im Solo oder in der Gruppe, wobei es weniger um die Balance zwischen zwei konkreten Körpern geht, sondern vielmehr imaginär eine Balance zwischen der Außenwelt und der Innenwelt gehalten werden muss. Ebenso bedarf es einer Balance zwischen bewusster Gestaltung des Tanzens und ‚gestalten lassen'. Hierbei sollte der Anteil des Sich-Fügens größer sein, da dadurch eine Eigendynamik entstehen kann, die die Gestaltung des Tanzes aufs Günstigste ordnet. Es gilt das Motto: Weniger ist mehr. Nur durch Zurückhaltung kann die improvisierende

21 Vgl. W. Dröge: Tanzimprovisation als Performance.

22 Vgl. C.J. Novack: Sharing the Dance, S. 186ff.

Person empfangen – ist sie selbst zu beschäftigt mit der Lenkung des eigenen Tanzes verschließt sie sich neuer Eingebungen aus Innenwelt und Umwelt, auf die sie wiederum reagieren kann. Damit ist Selbstständigkeit und Eigenverantwortlichkeit des Improvisierenden nicht ausgeschlossen. Im Gegenteil – die tanzende Person lernt eigenverantwortlich Entscheidungen zu treffen, die dem beabsichtigten ästhetischen Gesamtbild dienen.

Problemlösung

Improvisieren bedeutet auch Probleme lösen. Problem wird hierbei nicht negativ bewertet, sondern durchaus positiv, da Probleme die Kreativität der tanzenden Person antreiben. Sie sollte geübt sein in unerwarteten Situationen Bewegungen der Ästhetik entsprechend spontan zu kombinieren. Sie kann sich zwischen drei Möglichkeiten der Weiterführung eines Bewegungsmusters entscheiden. Der Begriff ‚Bewegungsmuster' bezieht sich sowohl auf die Bewegungsmuster, die der Körper im Bewegungsumraum vollzieht, wie auch auf das Bewegungsmuster, das im gesamten Tanzraum, z.B. im Duett oder in der Gruppenimprovisation, vollzogen wird:

1. Bewegungsmuster weiterführen
2. Bewegungsmuster variieren
3. Bewegungsmuster brechen

Um das Bewegungsmuster weiterzuführen bedarf es einen gewissen Sinn für das Timing. Wie lange soll ich mich noch in dem Muster weiter bewegen? Wann ist es Zeit das Muster zu brechen oder zu variieren? Das sind Erfahrungs- und Übungswerte, die sich entsprechend der Absicht einer tänzerischen Komposition einstellen.

Für die Variation gibt es unendlich viele Möglichkeiten, die durch Variationsaufgaben geübt werden. Das Bewegungsmaterial kann beispielsweise variiert werden durch Veränderungen der Größe, der Geschwindigkeit, des Rhythmus, der Dynamik, der Raumrichtungen, der Raumebenen oder der ausführenden Körperteile. Der Sinn der Variation ist es, zu einer neuen Erscheinung des Bewegungsmaterials zu kommen. Somit ist Variation unverzichtbare Technik für die Improvisation. Ob dabei die Quelle der Variation noch erkennbar ist, ist weniger von Belang, geht es doch in der Improvisation um die Generierung neuer Bewegungskombinationen.

Das Brechen eines Bewegungsmusters trägt ebenso zum kreativen Prozess der Improvisation bei. Dafür bedarf es Entschiedenheit des Tanzenden. Klare Entscheidungen zu treffen wird vor allem durch Aufgaben mit dem Fokus auf Oppositionen geübt. Ein Bewegungsmuster zu brechen bedeutet der momentanen Bewegungsqualität oder -form etwas entgegenzusetzen. Beispiel: bewegt der Tanzende sich schnell, bricht er diesen Fluß mit Langsamkeit; bewegt sich ein Duett-Partner auf Bodenebene, bricht der andere dieses Muster, indem er stehend auf diese Bewegungen antworte; tanzt die Gruppe in kurvigen Bewegungen, kann ein Tänzer in Opposition dazu in eckigen Bewegungen tanzen. Bewegungsmuster zu brechen heißt also immer etwas Gegensätzliches zu tun, um damit Spannung aufbauen und dem Tanz überraschende Wenden zu setzen. Auch Innehalten und Nichtstun sind Entscheidungen zum Bewegungsbruch.

Weiterführung, Variation und Bruch sind die Möglichkeiten zu denen der Improvisierende im offenen Tanzgeschehen sich entscheiden kann. Das Problem - was soll als nächstes passieren? - wird durch die Entscheidung zu einer der Möglichkeiten gelöst. Wobei auch Fehler und Scheitern ein positives Problem darstellen und zum kreativen Umgang auffordern.

Schnelles Denken

Während dem Improvisieren sollte die improvisierende Person eine hohe Aufmerksamkeit auf das tänzerische Gesamtbild legen. Das fordert die genaue Beobachtung der eigenen Bewegungen und die der anderen. Das choreographische Gesamtbild, wie der Tanz weitergeführt werden könnte, muss entsprechend der ästhetischen Absicht, imaginär antizipiert werden, um eine Entscheidung für die Kombinatorik zu fällen. Um das Gesamtbild zu antizipieren (wie könnte der Tanz im nächsten Moment aussehen?) muss gleichzeitig zurückgeschaut werden (wie sah der Tanz bisher aus?) um dementsprechend gestalterisch im Jetzt den Tanz zu lenken. Das verlangt schnelles Denken, wie es beispielsweise der Organist Jean Langlais aus der Erfahrung der Musikimprovisation ausdrückt: „The most important thing for improvisation is to be able to think very quickly." Relevant für die Fähigkeit für schnelle Entscheidungen sind hohe Konzentration und Wachheit (Präsenz) der Tanzenden.

Schnelles Tanzen

Im Gegensatz zu der Entwicklung der Fähigkeit in der Improvisation schnell zu denken und durch bewusste Entscheidungen den Tanz zu kontrollieren, sollte der Tänzer auch die Fähigkeit entwickeln sich dem Kontrollverlust hinzugeben. Dies funktioniert vor allem durch die Geschwindigkeit der Bewegung und dem spielerischen Umgang mit dem Risiko. Beim schnellen Tanzen eilen die Bewegungen dahin, „wie ein Zug, der seine eigenen Schienen mitführt".[23] Dann tanzt der Körper schneller als das Gehirn arbeiten kann und der Improvisierende kann den Verlauf des Tanzes nicht mehr bewusst kontrollieren. Die Grenzen des Koordinierbaren werden überschritten, so wie es beispielsweise William Forsythe in einem improvisiertem Solo versucht, dass sich vor allem durch eine hohe Geschwindigkeit des Tanzes auszeichnet.[24] Hier übernimmt der Körper die Elemente des Tanzes zu kombinieren.[25]

Auch das Eingehen von Risiko bringt den Improvisierenden in Situationen des momentanen Kontrollverlusts. Das Kippen von der Balance, die Überwindung des eigenen Bewegungsradius oder sich Fallen lassen sollten trainiert werden, um den Körper für kurze Momente mit ‚Gefahr' zu konfrontieren.

Geschwindigkeit und riskante Spiele geben die Möglichkeit von Überraschungen und sind vor allem für die Aufweichung von festgefahrenen Mustern in der Improvisation von Vorteil.

Imagination

Für gutes spontanes Komponieren bedarf es viel Fantasie und eines ausgeprägten Vorstellungsvermögens. Neben den im hier und jetzt vorhandenen sinnlich wahrnehmbaren (sichtbaren, fühlbaren, hörbaren) Bewegungsauslösern wie etwa die Bewegungen der anderen Personen, Musik, Berührung oder Material (wie z.B. Requisiten: Stuhl,

---

23 R. Ruyer zit.n. P. Bourdieu: Sozialer Sinn, S. 106.

24 Dieses Solo wird gezeigt auf der CD-ROM William Forsythe/Astrid Sommer: Improvisation Technologies.

25 Vgl. Erläuterung zu Bourdieus Begriff des Spielsinns in dieser Arbeit: „Der praktische Sinn, den er auch als Spielsinn bezeichnet, befähigt den Menschen ohne bewußt nachzudenken zu handeln. Man könnte Bourdieus Überlegungen über den Spielsinn auch so interpretieren, dass der Körper die Fähigkeit besitzt sich selbst zu formen und aufgrund der einverleibten Erfahrungen eigenständig zu agieren.", S. 102.

Tisch, Kostüme etc.) gibt es die imaginierten Bewegungsauslöser. Diese sind Vorstellungsbilder, Erinnerungen oder strukturelle Vorgaben (formal oder inhaltlich-emotional), die sogleich in Bewegung übersetzt werden. Imagination ist sowohl bei der Vorstellung der Auslöser gefragt, wie auch bei der Art der Übersetzung: Was stelle ich mir vor? Und wie setze ich diese Vorstellung in Bewegung um? Durch mentales Training kann das Vorstellungsvermögen im Tanz erweitert und sensibilisiert werden.[26] Aktives Imaginieren[27] reichert die Form des Tanzes an und intensiviert das Tanzgeschehen.

Zusammenfassend lässt sich sagen, dass eine tänzerische Improvisation mit der Absicht der Live-Performance durch die Kunst der Kombinatorik optimiert werden kann. Im Akt der Improvisation tänzerische Elemente durch Responsivität, Problemlösung, Schnelligkeit im Denken und Bewegen und dem aktiven Einsatz von Imagination zu kombinieren, verhilft der tänzerischen Performance zum Gelingen.

4.2. Improvisationsgrade

Im Folgenden soll Tanzimprovisation anhand der Betrachtung von Improvisationsgraden ausdifferenziert werden.

---

26 Vgl. hierzu die Erläuterungen zum Improvisationskonzept von Robert Ellis Dunn in Kapitel 1.2. dieser Arbeit.

27 Die ‚aktive Imagination' ist auch eine psycho-therapeutische Methode. Im Rahmen der Tanz-Pädagogik verbindet Martina Peter-Bolaender die aktive Imagination für die Improvisation: „Wenn in der aktiven Imagination Körpersensationen, Bilder oder Gefühle aufsteigen und die Bewegung initiieren, entwickelt sich ein *authentischer Tanz* als Ausdruck der von innen nach aussen drängenden Impulse und Assoziationen." Peter-Bolaender verfolgt hierbei einen Ansatz der Improvisation, der über formale äußere Gestaltungskriterien hinausgeht und durch inneres Erleben ‚eigene', ‚authentische' Bewegung hervorruft.
Die Praxis der aktiven Imagination in der Improvisation muss aber nicht nur mit einem essentiellem Körper- und Bewegungskonzept konform gehen. In dem in dieser Arbeit verfolgten Bewegungskonzept verstehe ich Improvisation als Bewegung, die sich durch den Wechsel von Innen und Außen und aktiver Imagination durch die Kunst der Kombinatorik als kombinierte Bewegungselemente erscheint und nicht als authentische Bewegung im Sinne von eigener echter Bewegung. Vielmehr zeigt die Improvisation durch die Kunst der Kombinatorik Bewegungen, die Authentizität repräsentiert.

Improvisation kann in unterschiedlichen Graden ausgeführt werden. Der Improvisationsgrad hängt vom Planungsgrad des improvisierten Tanzes ab. Pläne werden angefertigt, innerhalb deren Strukturen dann improvisiert wird. Die Pläne können sehr dicht, also mehr geschlossen, oder sehr offen strukturiert sein. Anna Halprin, eine der wichtigsten Forscherinnen der Tanzimprovisation, experimentierte mit verschiedenen Plänen und stellte sich eine Skala von 1-10 vor, um den Grad der Offenheit oder Geschlossenheit einer Improvisation zu verdeutlichen.[28] Grad 1 auf der Skala bedeutet, dass es so gut wie keinen Spielraum für Improvisation gibt, wie zum Beispiel beim Ausführen einer festgelegten Choreographie. Der Improvisationsgrad ist entsprechend niedrig. Entsprechend stellt Grad 10 den höchsten Grad von Improvisation dar - Planung ist dafür so gut wie nicht vorhanden (der Planungsgrad liegt dann entsprechend niedrig bei 1 auf der Skala).

Gibt eine Choreographie etwas mehr Raum zur Improvisation, dann bewegen wir uns in dem Bereich der Interpretation. Dies zeigt beispielsweise das improvisatorisches Verfahren, das Amanda Miller in ihren Choreographien nutzt.[29] Die Tänzer tanzen eine festgelegte Reihenfolge von Bewegungen, füllen dabei aber einen großen Spielraum mit individueller Interpretation aus. Die Improvisation - hier verstanden als Interpretation - ist ganz klar eingebunden in dem geschlossenen Plan der Choreographie. Der Improvisationsgrad wäre hier bei etwa 2 auf der Skala einzuschätzen. Und der Planungsgrad entsprechend bei 9.

Ein anderes Beispiel geben die Real Time Choreographies von William Forsythe ab.[30] Improvisationen werden dabei nach beweglichen Strukturen, während des Aufführungsprozesses ausgelöst. Das heißt, die Bewegungskonstellationen können sich spontan in ungeahnte Richtungen entfalten - diese sind zwar durch einen festgelegten Kodex kontrolliert, jedoch nicht vorhersehbar. Dies stellt ebenso einen geschlosse-

28 Vgl. dazu: Interviews mit Anna Halprin von Nancy Stark-Smith: After Improv, Contact Quarterly 12/3, Northampton (1987), S. 9-19. Und: Three Decades of Transformative Dance, Contact Quarterly 15/1, Northampton (1990), S. 20-31.

29 Zum improvisatorischen Verfahren der Interpretation von Amanda Miller vgl. Kapitel 3.4. dieser Arbeit. Sie bedient sich aber auch anderer improvisatorischer Verfahren mit höheren Improvisationsgraden, wie beispielsweise der Neun-Punkte-Technik. Vgl. dazu Kapitel 4.3. dieser Arbeit.

30 Zum Verfahren der Real Time Choreographies von William Forsythe vgl. Kapitel 3.3. dieser Arbeit.

nen Plan für Improvisation dar, der aber so komplex und spontan veränderbar ist, das dieser immer wieder größeren Raum zur Improvisation bietet. Die Improvisationsgrade dieser Inszenierungen bewegen sich zwischen 1 und 6 auf der Skala. Entsprechend variieren die Planungsgrade zwischen 5 und 10.

Einem offeneren Plan folgen die Tänzer beim Vollzug der Contact Improvisation.[31] Dabei wird nach demokratischen Prinzipien und Regeln der Schwerkraft durchweg improvisiert. Zwar gibt es konkrete Vereinbarungen, aber der Verlauf des Tanzes ist offen. Diese Balance zwischen Offenheit und Geschlossenheit, die hier auf der Skala von 5-6 einzuordnen ist, fordert Überraschungsmomente geradezu ständig heraus und lässt die Tänzer emergente Bewegungskonstellationen entdecken.

Die Improvisationsgrade werden also daran gemessen, wie stark oder weniger stark die Improvisation im Voraus geplant oder verplant ist. Es zeigt, wie intensiv die Struktur eines Plans durchlöchert ist, um der Improvisation und Unvorhersehbarem Raum zu geben.

In Kapitel 2.4. wurde bereits die improvisatorische Bewegung mit der Form einer Welle, deren Umbrüche, je nach Gewicht zwischen Ordnung und Chaos, an unterschiedlichen Stellen erfolgt, assoziiert und eingehend erläutert. Anhand dieser Wellenformen lassen sich die Improvisationsgrade verdeutlichen und vor allem auch der Veränderungsgrad - die Hervorbringung von emergenten Bewegungsabläufen in einer Improvisation - ablesen. Je häufiger und je tiefer das Fallen ins Chaos und in die wiederstabilisierende Ordnung ist, desto größer ist der Veränderungsgrad der Bewegung.

Die folgende Graphik zeigt das Verhältnis von Planung, Improvisation und Veränderung zwischen offener und geschlossener Form einer Improvisation.

31 Zum improvisatorischen Verfahren der Contact Improvisation vgl. Kapitel 3.2. dieser Arbeit.

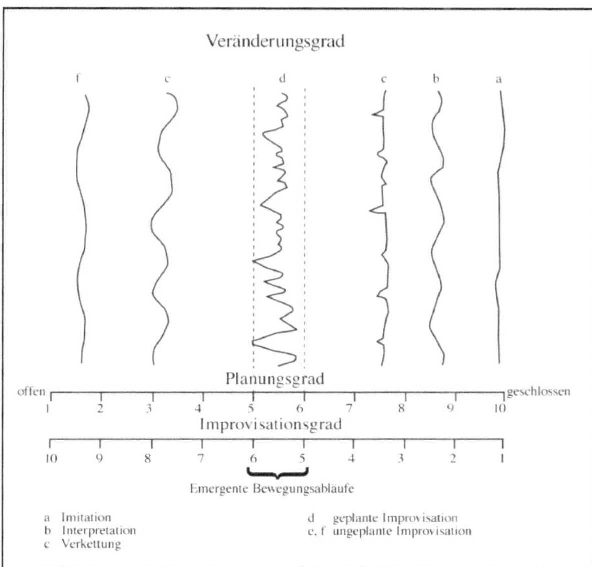

Abb. 8: Improvisationsgrade

In dieser Graphik werden drei variable Grade in Verbindung gebracht: der Veränderungsgrad (Wellenform), der Planungsgrad (Skala 1-10) und der daraus resultierende Improvisationsgrad (umgekehrte Skala 10-1). Die Wellenformen zeigen die Veränderungsgrade und somit das Potenzial der Hervorbringung von neuartiger Bewegung. Die Improvisationsgrade messen sich an der Skala der Planungsgrade in umgekehrter Zahlenfolge. Der Planungsgrad 1, eine planlose Improvisation, entspricht dem Improvisationsgrad 10, dem sehr hohem Grad an Unvorhersehbarkeit.

Wie ich im Folgenden darstellen werde, kann man mit der Untersuchung dieser Verbindung (Veränderung, Planung, Improvisation) das Potenzial von Veränderung feststellen und entsprechende Aufgaben (*Spiegelung, Variation, Improvisation mit festgelegtem Material, Improvisation durch komplexe Strukturvorgaben, passives Geschehenlassen*) zur Übung des jeweiligen Improvisationsgrades anstellen.

Imitation

Der Improvisationsgrad, der am wenigsten Improvisation vom Tänzer fordert, ist die Imitation (a). Die Imitation bedeutet in diesem Zusammenhang entweder die direkte Angleichung von äußeren Vorgaben oder die innere Angleichung an einen gelernten, bekannten Bewegungsablauf (Choreographiertes) und hat den Planungsgrad 10 und den Improvisationsgrad 1. Die Wellenform der Imitation verläuft beinahe geradlinig, da kaum, und wenn nur in geringem Maße, Fälle in die Desorientierung stattfinden. Der Veränderungsgrad ist sehr gering. Für die Imitation empfehlen sich Aufgaben der *Spiegelung*:

Beispiel: Ein Paar steht sich gegenüber. Einer führt, der andere folgt (im Wechsel). Der Führende improvisiert sehr langsame fließende Bewegungen. Der andere versucht gleichzeitig diese Bewegungen quasi als Spiegelbild zu imitieren.

Interpretation

Der Improvisationsgrad (zwischen 2 und 3), der etwas mehr Improvisation vom Tänzer fordert, ist die Interpretation (b). Der Spielraum um die Choreographie ist größer, deswegen verläuft die Linie wellenförmiger, da Fälle in das Unbekannte geschehen. Der Tänzer orientiert sich jedoch immer wieder an der Ordnung und der festgelegten Reihenfolge des Bewegungsablaufes. Die Interpretation bewegt sich zwischen Planungsgrad 8 und 9. Der Veränderungsgrad ist etwas höher als der der Imitation. Für die Interpretation empfehlen sich Aufgaben der *Variation*:

Beispiel: Eine kurze Tanzabfolge wird festgesetzt. Unter beibehalten der Reihenfolge der tänzerischen Elemente, sollen die Tanzenden anhand einer bestimmten Kategorie (wie etwa der Größe, der Geschwindigkeit, des Rhythmus', der Dynamik, der Raumrichtungen, der Raumebenen oder der ausführenden Körperteile) die Tanzabfolge verändern.

Verkettung

Die Verkettung (c), fordert vom Tänzer das Improvisieren mit festgelegtem Material. Das Tanzmaterial steht fest, es wird also nur die Anordnung der Bewegungen neu kombiniert - der Verlauf des Tanzes ist aber offen. Dieser Improvisationsgrad gilt beispielsweise für Gesellschaftstänze, den Steptanz oder für das Improvisieren des Flamenco. Die Wellenform ist insgesamt etwas unruhiger, wird in den Momenten der Umorientierung, der Entscheidung zu einer neuen Bewegungsphase, immer wieder gebrochen. Da mit festgelegtem Tanzmaterial improvisiert wird, beinhaltet die Welle geradlinige Phasen, wie die der Imitation. Durch den unvorhersehbaren Ablauf aber ist der Planungsgrad offener und steht bei 7-8 und der Improvisationsgrad bei 3-4. Zu diesem Grad der Improvisation wird meist das Improvisieren als Interpretation hinzugefügt.[32] Für die Verkettung empfehlen sich Aufgaben der *Improvisation mit festgelegten Material*:

Beispiel: Kurze Tanzphrasen und -figuren werden als Material festgelegt und eingeübt. Aufgabe ist es die Reihenfolge des Materials spontan neu anzuordnen. Teilweise müssen dabei neue Übergangsbewegungen eingebracht werden, darüber hinaus sollten jedoch keine neuen Bewegungen hinzukommen und nur das Basismaterial verkettet werden.

Geplante Improvisation

Die Improvisation, bei der sich Planungsgrad und Improvisationsgrad überschneiden, sich also zwischen 5 und 6 bewegen, hat die unruhigste Wellenform (d). Die Fälle ins Chaotische (und zurück) geschehen öfter. Der Veränderungsgrad ist hier am höchsten. Offenheit und Geschlossenheit sind hierbei gleichermaßen vorhanden. Die Konzentration liegt auf ständiges Fallen ins Chaos und Wiederstabilisieren in die Ordnung. Ordnende Strukturen für eine geplante Improvisation können zum Beispiel räumlich, emotional, narrativ, sinnlich, zeitlich, musikalisch, an Objekten oder auch bildlich angelegt sein. Die meisten strukturgeleiteten Improvisationen werden mit dem Improvisationsgrad von 5-6 getanzt. In geplanten Improvisationen werden die Grade der Imitation, der Interpretation, der Verkettung mit eingebunden. Für die geplante Improvisation empfehlen sich Aufgaben, die *komplexe Strukturvorgaben* beinhalten:

Beispiel: Text als strukturierende Quelle.
Drei Personen üben sechs Bewegungselemente ein. Ein beliebiger Text wird vorgelesen. Jede Person ordnet sich einem häufig vorkommenden Wort zu (wie z.B. und, oder, aber). Die drei Personen beginnen mit dem festgelegten Material in Zeitlupentempo zu improvisieren. Hört eine Person ihr Wort beginnt sie beliebig den Platz zu wechseln und improvisiert das Material in schnellem Tempo bis sie ihr Wort nochmals

32 Im Tango geht es beispielsweise bei der Improvisation nicht nur um die Verkettung der Figuren, sondern vor allem auch wie diese interpretiert werden. Vgl.: Nicole Nau-Klapwijk: Tango-Dimensionen, München: Kastell 1999, S. 237.

hört stoppt sie und verfällt wieder in langsames Improvisieren. Nach gleichen Vorgaben bewegen sich die anderen Tanzenden. Ein komplexes Bewegungsbild wird entstehen. Diese Aufgabe ist ein Beispiel für das Verfahren des systematisierten Zufalls.[33]

Ungeplante Improvisation

Die ungeplante Improvisation (e,f) entspricht der eigentlichen Definition des Begriffes der Improvisation - etwas ohne Vorbereitung tun - am meisten. Deswegen ist ihr Improvisationsgrad sehr hoch (10), und der Planungsgrad sehr tief (1) einzuschätzen. Die entsprechende Wellenform aber stellt sich wieder ruhiger dar, der Veränderungsgrad ist der Wellenform der Imitation zum Verwechseln ähnlich. Das erklärt sich daraus, dass die improvisierende Person wieder mehr Bewegungsgewohnheiten ungebrochen hervorbringt und wiederholt bzw. imitiert, was sie schon kennt. Wie eine determinierte Choreographie zeigt sich darin der habitualisierte Körper.[34] Überraschende künstliche Erneuerungen (durch spontanen kompositorischen Umgang mit Ordnung und Chaos) sind in einer ungeplanten Improvisation weniger zu erwarten. Deswegen wird dieser hohe Improvisationsgrad weniger für den künstlerischen Tanz eingesetzt, sondern vielmehr in der Therapie, Trancetanz, Authentic Movement, Meditation, bei dem andere Absichten verfolgt werden. Für die ungeplante Improvisation empfehlen sich Aufgaben des *passiven Geschehenlassens*:

Beispiel: Die Tanzenden stehen still im Raum. Sie horchen in sich hinein und warten auf einen Impuls zur Bewegung. Wenn sie wahrnehmen, dass der Körper sich bewegen möchte lassen sie ihm freien Lauf.

Diese Aufgaben-Beispiele[35] geben ein Bild davon ab mit welchem Grad wieviel Veränderung in der Improvisation hervorgebracht werden

33 Zum Verfahren des systematisierten Zufalls vgl. Kapitel 3.1. dieser Arbeit.

34 Zum habitualisierten Körper vgl. Kapitel 2.3. dieser Arbeit.

35 In dieser Arbeit werden nur beispielhafte Improvisations-Aufgaben aufgezeigt. Systematisch angelegte Aufgabenstellungen für Tanzimprovisation sind u.a. zu finden in den bereits in der Einleitung erwähnten Literaturen: Vgl.: W. Dröge: Tanzimprovisation als Performance, S. 17-22; W. Forsythe/A. Sommer (Hg.): Improvisation Technologies; B. Haselbach:

kann. Jeder Grad der Improvisation hat seine Qualität und sollte im Improvisationsunterricht geübt werden.

Es liegt an der Absicht des Tanzenden sowie am Verlauf des Tanzes, mit welchem Improvisationsgrad der Tänzer sich gerade bewegt oder auch in welchen Grad er gerade ‚fällt'. Bei der geplanten Improvisation, die eine Balance hält zwischen Struktur und Zufall ist die Möglichkeit für emergente Bewegungsabläufe am größten. Um das Ziel der geplanten Improvisation - Neues zu erobern und eine kompositorisch abgestimmte Choreographie live zu produzieren - zu erreichen, bedarf es Übung. Die Sensibilisierung der Fähigkeiten durch die Kunst der Kombinatorik (responsive body, Problemlösung, Schnelles Denken, Schnelles Tanzen, Einsatz von Imagination) in Verbindung mit dem Trainieren von Aufgabenstellungen, die unterschiedliche Improvisationsgrade ansprechen, werden die Tanzenden an ein Handwerk der Tanzimprovisation herangeführt.

Wie die Improvisationsgrade und verschiedenen Verfahren im Unterricht angewandt und umgesetzt werden können, wird im nächsten Kapitel aufgezeigt.

4.3. Unterrichtskonzept

Im Folgenden wird ein Konzept für den Unterricht vorgeschlagen, dass aus der Anwendung der ausgearbeiteten theoretischen Erkenntnissen, der Kunst der Kombinatorik, der Improvisationsgrade sowie der improvisatorischen Verfahren besteht. Als Bewegungsbasis hierfür dient die Neun-Punkte-Technik, die auf der Grundlage von Rudolf von Laban in die künstlerische Arbeit von William Forsythe und Amanda Miller entwickelt wurde. Die Neun-Punkte-Technik wurde für professionelle Tänzer konzipiert, eignet sich aber, wie sich durch die Erfahrung meiner Vermittlungstätigkeit bestätigt hat, insbesondere auch für den Laien-Unterricht.

Improvisation Tanz Bewegung; M. Tufnell/C. Crickmay: Body Space Image; D. Nagrin: Dance and the Specific Image; J. Morgenroth: Dance Improvisations; Th. Kaltenbrunner: Contact Improvisation; L.A. Blom/L. T. Chaplin: The Moment of Movement.

Die Neun-Punkte-Technik

Die Neun-Punkte-Technik basiert auf den Erkenntnissen von Rudolf von Laban über die Orientierung im Raum. Herzstück der Neun-Punkte-Technik ist das 27-punktige Raummodell, das Laban für die fortgeschrittenen Bewegungsthemen des Improvisationsunterrichts bearbeitet hat.[36] Viele Choreographen wie beispielsweise Trisha Brown, William Forsythe und Amanda Miller greifen immer wieder auf dieses Raummodell zurück. Sie schärfen damit das Raum-Bewusstsein ihrer Tänzer und entwickeln auf diese Weise raum-orientierte Choreographien. Amanda Miller beschäftigte sich, nachdem sie acht Jahre mit dem Ballett Frankfurt und William Forsythes improvisatorischen Verfahren gearbeitet hatte, mit diesem Raummodell intensiver und entwickelte eine Tanz- und Improvisationstechnik, die sie schlicht *Nine-Points*[37] nannte. Sie nutzt sie seitdem sowohl für das Training ihrer Company als auch für improvisatorische Spielräume in ihren Choreographien. Außerdem wird die Neun-Punkte-Technik von Forsythe-Tänzern und Miller-Tänzern, die sich der Tanzpädagogik widmen, ganz individuell in deren Unterricht einbezogen.

Die Neun-Punkte-Technik ist eine Art bewegter Anatomie- und Raum-Unterricht. Die Tänzer lernen auf welch vielseitige Weise sie ihren Körper im Raum positionieren und bewegen können. Somit erfahren sie demokratisches Bewusstsein für alle Körperteile im Raum und die Möglichkeiten verschiedener Initiationspunkte am Körper. Ein imaginärer Würfel gibt die Struktur an, in der der Tanz entsteht. Der Körper orientiert sich an 27 Punkten, die auf verschiedene Weisen angetanzt werden können. Der Tänzer stellt sich zunächst das Gerüst von 26 Punkte um sich herum vor (der 27. Punkt ist in der Mitte des Körpers) und trägt dieses Modell wie eine Aura, Rudolf von Laban würde ‚Kinesphäre' dazu sagen, stets mit sich herum.

36 Vgl. R. von Laban: Der moderne Ausdruckstanz, S. 48-62.

37 Eine Ebene von Labans Raummodell zählt neun Punkte.

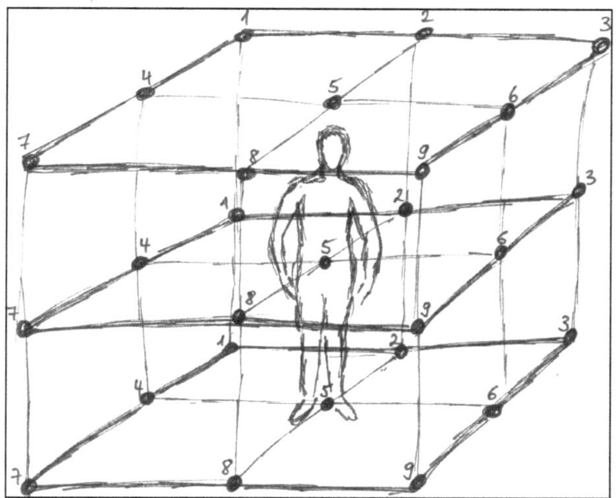

Abb. 9: Diese Abbildung zeigt das Gerüst der drei Ebenen mit jeweils neun Punkten auf einer Ebene. Die Anordnung der Zahlen ist nicht wesentlich. Wichtig ist nur die Anzahl der Punkte.

Da es eine Schwierigkeit darstellt, in 27 Punkten zu denken, ist es einfacher, sich immer eine Ebene von neun Punkten vorzustellen, die sich ständig mit der Bewegung in alle Richtungen verschieben kann. Die Vorstellung des Würfels jedoch bleibt, und das in allen erdenklichen Variationen: Der Würfel kann sich verkleinern und vergrößern, kann sich um verschiedene Körperteile positionieren (so wird auch der Mittelpunkt ständig verschoben) und der Würfel kann auch außerhalb des Körpers stehen und beispielsweise vom Tänzer gejagt werden.

Das Antanzen der einzelnen Punkte erfolgt durch die Extremitäten und den Kopf, wobei der Rumpf eine reagierende Rolle hat und immer nur die notwendige Stellung einnimmt, die die Initiation der äußeren Extremitäten hervorruft. Der Tänzer wählt einen der 26 Punkte aus und tanzt diesen mit einem ebenso frei gewählten Körperteil an. Durch die Erfahrung in der Vermittlung der Neun-Punkte-Technik stellten sich eine Anzahl von festgesetzten Körperteilen/Körperstellen als günstig heraus.

Die von mir im Unterricht festgesetzten Körperteile sind: Zehen, Ballen, Fersen, Knöchel (innen/außen), Kniescheibe, Mittelfinger, Handgelenk (innen/außen), Hüftbeine, Gesäß, Bauchnabel, Solar Plexus, Ellbogen, Schultern, Kinn, Nase, Ohren, Oberkopf, Hinterkopf.

Zudem können die Punkte mit Körperteilen linear verbunden werden durch folgende Körperteile: Fuß, Unterschenkel, Oberschenkel, Finger, Hand, Unterarm, Oberarm.

Die Wahl der anzutanzenden Punkte und Körperteile erfolgt zeitlich nacheinander, sodass eine Kettenbewegung entsteht, die die Isolierung der einzelnen Glieder und Körperstellen umso mehr verdeutlicht. Dass dabei unbewusst mehrere Punkte gleichzeitig angetanzt werden und der Rest des Körpers unweigerlich sich in unerwartete Positionen bringt, ist beabsichtigter Nebeneffekt der Neun-Punkte-Technik. Auch gelingt es dem Tanzenden nicht mit dem Tempo der Improvisation, jeden einzelnen Punkt bewusst zu wählen und zu lenken. Die Orientierung an den imaginären Punkten im Raum soll lediglich den Tänzer zur Auslösung von Bewegung verhelfen. Wie ich im theoretischen Kapitel bereits ausgearbeitet habe, bewegt sich der Tänzer in der Improvisation wie in einer Welle zwischen bewusster Lenkung und dem *Fallen* ins Unerwartete. In der Neun-Punkte-Technik wird genau diese ‚Welle' erfahrbar, wenn die Tänzer sich immer wieder an neuen Punkten mit verschiedenen Körperteilen orientieren und sich dazwischen unkontrollierten Bewegungen hingeben.

Die Neun-Punkte-Technik fordert die Tänzer heraus, über die eigenen räumlichen Grenzen hinauszugehen und den Körper so weit wie möglich in den Raum auszubreiten. Zudem werden die geometrischen Verhältnisse zwischen den Körpergliedern im Unterricht erprobt, um zu lernen, tänzerische Bewegungen deutlich und klar lesbar zu tanzen. Die Neun-Punkte-Technik bringt durch ihre Regeln auch unweigerlich einen gewissen Tanzstil hervor, der sich ‚multizentrisch' nennt. Ästhetisch unterscheidet dieser sich von der Bewegungslehre Labans, da die Neun-Punkte-Technik mehr punktuell als schwunghaft funktioniert. Durch den Schwerpunkt auf die Isolierung der Körperteile und das punktuelle Antanzen als Kettenbewegung verlagert sich das Zentrum (der Ort der Bewegungsinitiierung) ständig und lässt den Körper die Bewegungen weniger als Ganzheit ausführen, sondern vielmehr als Vielheit. Dadurch entstehen zum Teil verzerrte Bewegungen, die das Innovative der Erscheinung der Neun-Punkte-Technik ausmachen.

Im Unterschied zu Laban, für den ‚verzerrte Stellungen' als unharmonisch galten[38], sind neben günstigen auch ungünstige ‚verzerrte' Be-

38 R. von Laban dazu: „Wenn manche Antriebsaktionen in bestimmten Richtungen oder auf bestimmten Wegstrecken einer freien Raumform oder eines regulären Musters mit Leichtigkeit ausgeführt werden können, dann wird die Bewegung harmonisch sein. Wenn man aber mit ungeeig-

wegungszusammenhänge, die in anderer Weise den Raum ausfüllen (quasi den Zwischenraum der bekannten Bewegungen ausfüllen) in der Neun-Punkte-Technik beabsichtigt.

Über die Wirkung der Neun-Punkte-Technik lässt sich sagen, dass sie das imaginierte Punkte-Modell eine Art Auffangnetz für die improvisierenden Tänzer bietet. Die Orientierung an ihr führt die Tänzer immer zur nächsten Bewegungen. Sie eignet sich als Basis für den Improvisationsunterricht, da sie sowohl von Laien als auch von professionellen Tänzern, in unterschiedlichen Niveaus als einfach zu erlernende Technik zur Produktion von spontaner tänzerischer Komposition eingesetzt werden kann.

Der Unterricht

Im Folgenden schlage ich ein Unterrichtskonzept vor, das auf die Neun-Punkte-Technik als Bewegungsbasis aufbaut und die Sensibilisierung eines Improvisationshandwerks durch Übungen zur Kombinatorik, der Improvisationsgrade und Rekonstruktionen improvisatorischer Verfahren mit einbindet. Der Unterricht ist in drei Phasen unterteilt:

1. Aufwärmtraining
2. Aufgaben
3. Lernen und Verstehen durch Rekonstruktionen

Die erste Phase ist ein Aufwärmtraining durch die Neun-Punkte-Technik, bei dem verschiedene Möglichkeiten des Antanzens durch die oben erwähnten Körperteile nacheinander durchgespielt werden.

Dann werden in der zweiten Phase Aufgaben gestellt, bei denen mit unterschiedlichen Antrieben verschiedene Körperteile kombiniert werden (z.B. Ohr, Knie, Fuß). Dadurch werden die Isolation der Körperteile und die vielseitigen Variationsmöglichkeiten trainiert. Dabei konzentriert sich diese Phase des Unterrichts auf das ‚klare Tanzen' einerseits und auf die Kunst der Kombinatorik andererseits. Für die genaue Artikulation der Bewegung im Raum werden verschiedene raum-orientier-

neten Energiequalitäten in eine ungünstig gelegene Richtung gelangen will, dann wird der Körper durch groteske Bewegungen in eine verzerrte Stellung gebracht." In: Ders: Der moderne Ausdruckstanz, S. 54.

te Aufgaben gestellt.[39] Für das Üben der Kombinatorik wird das Gelernte der Neun-Punkte-Technik angewendet, und gleichzeitig der Raum für individuelle Komposition stärker geöffnet. Eine Verbindung von Neun-Punkte-Technik und persönlichem Tanzvokabular stellt sich her. Dabei soll die Konzentration der Tänzer auf den Fähigkeiten liegen, die es für die spontane Komposition zu erlernen gilt: als Tanzender ein responsive body zu sein; kombinatorische Probleme zu lösen; schnell zu denken und zu antizipieren; schnell zu tanzen und Risiken einzugehen; Imagination einzusetzen.[40] Je nach Ziel der jeweiligen Unterrichtsstunde können in dieser Phase auch Improvisationen zu den verschiedenen Improvisationsgraden (Imitation, Interpretation, Verkettung, geplante Improvisation, ungeplante Improvisation) durchgeführt werden.

In der dritten Phase wird die Rekonstruktion als Lehrmethode angewandt. „Die wirklichen Lehrer der Kunst sollen stets die Werke der Meister sein"[41], sagen Pädagogen der Musik, und dies trifft auch auf die Kunst der Tanzimprovisation zu, denn auch sie hat ihre ‚Meister'. Durch das Nachvollziehen improvisatorischer Verfahren, die bedeutende Improvisations-Choreographen im 20. Jahrhundert entwickelt haben, wird den Tanzenden durch das ‚selber erleben' das jeweilige Improvisationskonzept nahegebracht. Tanzimprovisationsgeschichte wird quasi ertanzt. Dabei geht es nicht um den Versuch originalgetreu zu arbeiten, sondern die vorgegebenen Strukturen sollen Anregungen geben, mit welcher Vorstellung von Improvisation und Verfahren die Choreographen gearbeitet haben. Die Konzepte und Verfahren von Improvisation, die in dieser Arbeit betrachtet werden können hierfür als Vorlage dienen. Die vorliegende theoretische Ausarbeitung zur Improvisation sollte gleichzeitig vermittelt werden.[42] So sollen der jeweilige tänzerische Habitus und die damit einhergehenden mimetischen Prozesse den Tänzern bewusst gemacht werden. Hierzu eignen sich beispielsweise Rekonstruktionen der Verfahren von Steve Paxton (Contact Improvisation) oder Jonathan Burrows. Beide, Paxton und Burrows, betonen die Vermeidung von Bewegungsgewohnheiten, welche jedoch

39 Hierfür eignen sich insbesondere Aufgaben aus William Forsythes CD-Rom: Improvisation Technologies sowie aus Joyce Morgenroths Aufgabenkatalog: Dance Improvisations.

40 Vgl. hierzu Kapitel 4.1. Die Kunst der Kombinatorik.

41 Heinrich Lemacher/Hermann Schroeder: Lehrbuch des Kontrapunktes, Mainz/u.a.: Schott 1978, S. 8.

42 Vgl. hierzu Teil II: Theorie, Kapitel 2.1.-2.5.

nicht zu brechen sind, sondern vielmehr durch Erneuerung verblassen können. Der Gedanke der Destabilisierung durch den Zufall und dem damit einhergehenden Auftreten von Emergenz kann durch das Rekonstruieren der improvisatorischen Verfahren von Trisha Brown, William Forsythe oder Amanda Miller deutlich gemacht werden.

Vor allem die herausgefilterten Merkmale der verschiedenen Verfahren eignen sich als Schablone für strukturelle Vorgaben einer Improvisation.[43] Werden diese Merkmale im Improvisationsunterricht angewendet, so können die Tänzer ihre Improvisationsfähigkeiten sensibilisieren, die jeweiligen Verfahren reflektieren und durch die Praxis erfahren/gegebenenfalls bestätigen.

Das Lernen und Verstehen durch die Rekonstruktion improvisatorischer Verfahren soll ein Handwerk und Wissen der Improvisation vermitteln. Zudem dient es als Inspiration, um eigene Verfahren und Strukturen für Improvisation entwickeln zu können.

43 Vgl. Teil III: Verfahren, Kapitel 3.1.-3.5. dieser Arbeit.

Schluss

Mit dieser Arbeit habe ich durch die Betrachtung unterschiedlicher Konzeptionen, die theoretische Auseinandersetzung mit dem tänzerischen Habitus und dem Prozess der Erneuerung sowie durch die Analyse von verschiedenen Verfahren und der Art der Vermittlung unterschiedliche Formen der Tanzimprovisation im künstlerischen Tanz ausdifferenziert.

Anhand der Geschichten, die unterschiedliche Konzepte von Improvisation schildern, lassen sich künstlerische, gesellschaftliche Entwicklungen, wie auch theoretische Konzepte des Körpers ablesen. Die Geschichten zeigen, dass die Praxis der Tanzimprovisation verschiedene Entwicklungsstadien durchlaufen ist, bis hin zu einer pluralen Anwendung, die in der Tanzszene des 21. Jahrhunderts zu beobachten ist.

Die theoretischen Überlegungen zielen auf die Frage, wie diese unterschiedlichen Erscheinungsformen und Erneuerungen entstehen. Mit der Übertragung von Pierre Bourdieus Habitus-Konzept auf das Feld des Tanzes zeigt sich, dass für die Form der Bewegung der Körper verantwortlich ist, welcher tanztechnisch geformt und entsprechend des Tanzfeldes einen tänzerischen Habitus ausgebildet hat. Im Vollzug der Improvisation kombiniert die tanzende Person spontan Bewegungsmaterial, das dem tänzerischen Habitus zugrunde liegt, und aktualisiert ihn dabei gleichzeitig. Diese Aktualisierung vollzieht sich in mimetischen Prozessen, die damit keine reine Nachahmung, sondern immer auch eine Veränderung ist. Der offene Umgang mit dem Zufall bringt die tanzende Person oft in instabile Situationen, in denen gewohntes Bewegungsvokabular destabilisiert wird. Diese Destabilisierungen führen zu unerwarteten Richtungen im Tanz, die auch neuartige Bewegungsformen hervorbringen können. ‚Neuartige' Bewegungen werden hierbei als emergente Vorgänge begriffen, die etwas Nicht-voraussehbares durch die Neu-Kombination bekannter Elemente erzeugen. Improvisation wird als ständiges Fallen zwischen Ordnung und Chaos begriffen, wobei das *Fallen* notwendiges Element für die emergenten Vorgänge in der Tanzimprovisation ist. Dem ästhetischen Körper in der Kunstproduktion eröffnet sich hierbei mehr Emergenz als dem Körper der ‚geregelten Improvisation' des Alltags. Mit riskanten Spielen und provoziertem Zufall der improvisatorischen Verfahren im künstlerischen Tanz geben sich die Tänzer beabsichtigten Kontrollverlusten hin, die den festgefahrenen tänzerischen Habitus zwar nicht vergessen, aber verblassen lassen.

Durch die exemplarische Analyse der improvisatorischen Verfahren wird die theoretische Ausarbeitung durch die Praxis untermauert: Trisha Browns Verfahren zeigt wie durch systematischen Umgang mit dem Zufall emergente Abläufe entstehen; das Verfahren der Contact Improvisation veranschaulicht den demokratischen Gedanken, der durch dieses Verfahren in Tanz transformiert wird; die Real Time Choreographies von William Forsythe geben ein Beispiel ab, wie ‚Unchoreographierbares' entdeckt werden kann; Amanda Millers Art der Improvisation bewegt sich stets am Rande der Balance; und Jonathan Burrows fokussiert das Erforschen von neuen Verbindungen innerhalb des tänzerischen Habitus.

Für die Vermittlung von Tanzimprovisation wird auf der Basis der Neun-Punkte-Technik ein Unterrichtskonzept vorgeschlagen, das aus der Anwendung der ausgearbeiteten theoretischen Erkenntnisse, der Kunst der Kombinatorik, der Improvisationsgrade sowie der improvisatorischen Verfahren besteht.

Als wichtiges Handwerkszeug von Improvisation wurde die ‚Kunst der Kombinatorik' entwickelt, die die wesentlichen Fähigkeiten für das Ausführen spontanen Komponierens zusammenfasst. Zudem folgt eine Ausdifferenzierung von verschiedenen Improvisationsgraden mit exemplarischen Anweisungen. Zuletzt folgt eine Beschreibung des Unterrichtaufbaus, in dem die Idee des Lernens und Verstehens durch Rekonstruktionen von improvisatorischen Verfahren wichtiger Improvisations-Choreographen im Vordergrund steht.

Diese Arbeit leistet einen Überblick und eine theoretische Auseinandersetzung von Improvisation im künstlerischen Tanz. Durch die Analyse der Improvisation und das Aufzeigen der zeitgenössischen Verfahren habe ich eine enge Verbindung zwischen Theorie und Praxis aufgezeigt und den Choreographie-Begriff erweitert. Darüber hinaus wurde der Ansatz verfolgt, dass improvisatorische Bewegung nie essentiellen Ursprungs, sondern immer vorstrukturiert ist – sei es in der ‚geregelten Improvisation' des Alltags oder in der künstlerischen Tanzimprovisation. Und die Frage nach der Form einer Improvisation – dass die realisierte Form des Tanzes so und nicht anders aussieht – lässt sich anhand der Gliederung dieser Arbeit in vier Teile – Geschichten, Theorie, Verfahren, Vermittlung – ergründen.

Es wird deutlich, wie weit das Thema der Improvisation reicht. Wichtig wäre es, auf der Rezeptionsebene weiterzudenken und sich mit dem dialogischen Verhältnis von Akteur und Zuschauer in Bezug auf Improvisation und Entstehung von Emergenz auseinanderzusetzen. Auch die Ergründung der Improvisation im Feld der Gedächtnisforschung müsste genauer untersucht werden, um weiter der Frage der ‚anderen Form der Gedächtnisarbeit'[1] während der Improvisation und dem oft gehörten Tanz-Phänomen ‚wenn der Körper den Tanz übernimmt' neurowissenschaftlich auf den Grund zu gehen. Und ließen sich diese Erkenntnisse dann pädagogisch oder künstlerisch umsetzen?

Der künstlerische Tanz am Anfang des 21. Jahrhunderts wirft viele ästhetische Fragen auf. Die Improvisation in die Live-Aufführung einzubinden, ist eine Antwort von vielen. Aber das, was die Beschäftigung mit Improvisation offen legt, ist die unausweichliche Begegnung mit dem Zufälligen. Und dies weist insbesondere darauf hin, was das Tanzen und seine Faszination ausmacht: die Paradoxie im Tanz – nämlich die Vereinigung von Beherrschung und Genuss, von Disziplin und Hingabe, von Kontrolle und Zufall. Das Leben besteht aus einem „Handlungs-Widerfahrnis-Gemisch"[2], wie es der Philosoph Odo Marquard beschreibt. Somit kann die Tanzimprovisation, wie ich sie als eine wellenartige Bewegung zwischen Ordnung und Zu-Fällen beschreibe, auch als Schablone für die Frage nach Veränderung und Wan-

1 Zur Begriffsbestimmung von Choreographie und Improvisation deute ich eine Differenzierung über Henri Bergsons Abhandlung der zwei Formen von Gedächtnis an. Zu diesem Thema müsste eine Untersuchung auf neurowissenschaftlicher Basis erfolgen. Vgl. Choreographie und Improvisation: Begriffsbestimmung, in der Einleitung dieser Arbeit.

2 Odo Marquard: Zukunft braucht Herkunft. Philosophische Essays, Stuttgart: Reclam 2003, S. 158.

del in der Gesellschaft dienen. Das Zufällige ist auch eine Chance für die Vielgestaltigkeit in der Wirklichkeit, so Odo Marquard:

Zufällig ist das, was auch anders sein kann. Aber, wenn es anders sein *kann*, dann - wenn auch zufälligerweise - *ist* es häufig auch anders: die zufällige Wirklichkeit - zufällig - ist vielfach so und auch anders; sie umfasst Verschiedenes: sie ist vielgestaltig, bunt. Diese Buntheit - gerade sie - ist die menschliche Freiheitschance.[3]

Somit ist, in übertragendem Sinne, die Improvisation eine Chance für den Tanz - sie verleiht ihm Vielgestaltigkeit und Buntheit.

Während es Zeiten gab, in der künstlerischer Tanz nur mit Virtuosität und Brillanz verbunden und Improvisation im Tanz als Nicht-Können und Dilettantismus abgewertet wurde, hat die Improvisation bis heute eine Aufwertung erfahren, die ich in dieser Arbeit dokumentiert habe. Im Gegensatz zum Aufruf: Schluss mit den Improvisationen!,[4] die einst Missgünstige der Improvisation äußerten, können wir heute, im Tanz wie im Leben, sagen: Improvisiert!

3 O. Marquard: Ebd., S. 161.

4 Vgl. Konrad Hirsch/Ralf Stabel: Ich will nicht hübsch und lieblich tanzen. Die Tänzerin und Tanzpädagogin Gret Palucca (1902-1993), Dokumentarfilm, Dresden 2002.

Literatur

Adshead, Janet: Dance Analysis: Theory and practice, London: Dance Books 1988.

Aeschliemann, Roland/u.a.: Trisha Brown: Dance and Art in Dialogue, 1961-2001, Andover: Addison Gallery of American Art 2002.

Albright, Ann Cooper/Gere, Richard (Hg.): Taken by Surprise. A Dance Improvisation Reader, Connecticut: Wesleyan University Press 2003.

Angerer, Marie-Luise: Body options: körper.spuren.medien.bilder, Wien: Turia und Kant 1999.

Apfelthaler, Vera: Die Performance des Körpers - Der Körper der Performance, St. Augustin: Gardez! 2001.

Bailey, Derek: Improvisation. Its Nature and Practice in Music, New York: Da Capo Press 1992.

Balke, Friedrich: Den Zufall denken. Das Problem der Aleatorik in der zeitgenössischen französischen Philosophie, in: Gendolla, Peter/ Kamphusmann, Thomas (Hg.), Die Künste des Zufalls, Frankfurt/ M.: Suhrkamp 1999, S. 48-76.

Bamberg, Ruth/Micol, Philippe: Vom Umgang mit dem Zufall. Acht Gespräche mit Musikern über Improvisation und Kultur, Duisburg: Matern 2000.

Banes, Sally: Spontaneous Combustion. Notes on Dance Improvisation from the Sixties to the Nineties, Ann Cooper Albright/David Gere (Hg.), Taken by Surprise: A Dance Improvisation Reader, Connecticut: Wesleyan University Press 2003, S. 77-88.

Banes, Sally: Terpsichores in Sneakers. Post-Modern Dance. Hanover: Wesleyan University Press 1987.

Barlow, Wilfred: Die Alexander-Technik, München: Goldmann 2000.

Barthes, Roland: Der Tod des Autors, in: Jannidis, Fotis/u.a. (Hg.), Texte zur Theorie der Autorschaft, Stuttgart: Reclam, S. 185-193.

Baxmann, Inge: Mythos: Gemeinschaft: Körper- und Tanzkulturen in der Moderne, München: Fink 2000.

Beaumont, Cyril W.: Complete Book of Ballets, London: Putnam 1949.

Beck-Friis, Regina: Tanz und Choreographie auf der Bühne des Schlosstheaters Drottningholm, in: Sybille Dahms/Stefanie Schroedter, Tanz und Bewegung in der Barocken Oper. Kongressbericht. Salzburg 1994. Innsbruck/u.a.: Studien-Verlag 1996.

Bel, Jerome: Ich bin dieses Loch zwischen ihren beiden Wohnungen, in: körper.kon.text. Das Jahrbuch der Zeitschrift Ballett international/ Tanz aktuell, Berlin: Friedrich Berlin 1999.

Bélec, Danielle: Improvisation and Choreography. The Teachings of Robert Ellis Dunn, in: Contact Quarterly 22/1, Northampton (1997), S. 42-51.

Benjamin, Walter: Metaphysisch-geschichtsphilosophische Studien, 2. Über das mimetische Vermögen, in: Ders.: Gesammelte Schriften II.1, Frankfurt/M.: Suhrkamp 1980.

Benois, Agnes: Nouvelles de Danse 32/33. On the Edge. Dialogues on dance improvisation in performance, Brüssel: Nouvelles de Danse 1995.

Bergson, Henri: Materie und Gedächtnis. Eine Abhandlung über die Beziehung zwischen Körper und Geist, Hamburg: Meiner 1991.

Bie, Oskar: Das Ballett, Berlin: Bard & Marquardt 1905.

Blasis, Carlo: The Code of Terpsichore, New York: Dance Horizons 1977 (1825).

Blom, Lynne Anne/Chaplin, L. Tarin: The Moment of Movement. Dance Improvisation, Pittsburgh: University of Pittsburgh Press 1988.

Blum, Ronald: Die Kunst des Fügens. Tanztheaterimprovisation, Oberhausen: Athena 2004.

Boehn, Max von: Der Tanz, Berlin: Wegweiser 1925.

Boenisch, Peter M.: körPerformance 1.0. Theorie und Analyse von Körper- und Bewegungsdarstellungen im zeitgenössischen Theater, München: epodium 2002.

Böhme, Fritz: Der Tanz der Zukunft, München: Delphin 1926.

Ders.: Tanzkunst, Dessau: Dünnhaupt 1926.

Bourdieu, Pierre: Die Regeln der Kunst. Genese und Struktur des literarischen Feldes, Frankfurt/M.: Suhrkamp 1999.

Ders.: Antworten auf einige Einwände, in: Eder, Klaus (Hg.), Klassenlage, Lebensstil und kulturelle Praxis. Beiträge zur Auseinandersetzung mit Pierre Bourdieus Klassentheorie, Frankfurt/M.: Suhrkamp 1989, S. 395-410.

Ders.: Sozialer Sinn. Kritik der theoretischen Vernunft, Frankfurt: Suhrkamp 1987.

Ders.: Sozialer Raum und Klassen, Frankfurt/M: Suhrkamp 1985.

Boxberger, Edith: Der Körper ist nicht nur Objektivität. Trisha Brown über die Arbeitsweise, die sie mit ihrem Musik-Zyklus begonnen hat, in: Ballettanz 2/97, Berlin (1997), S. 24-25.

Dies.: Ein Freiraum für die Imagination, in: Ballettanz 12/96, Berlin (1996), S. 46-49.

Dies.: Zurück zum Tanz, in: Ballettanz 6/96, Berlin (1996), S. 25.

Dies.: I am not where you think I am, in: TAKT 5. Magazin der bayrischen Staatsoper Januar/Februar, München (1996).

Brandstetter, Gabriele: Choreographie als Grabmal. Das Gedächtnis von Bewegung, in: Brandstetter, Gabriele/Völckers, Hortensia (Hg.), ReMembering the Body, Ostfildern-Ruit: Hatje Cantz 2000.

Dies.: Still/Motion. Zur Postmoderne im Tanztheater, in: Jeschke, Claudia/Bayerdörfer, Hans-Peter (Hg.), Bewegung im Blick. Beiträge zu einer theaterwissenschaftlichen Bewegungsforschung, Berlin: Vorwerk 8 2000 S. 122-136.

Dies.: Tanz-Lektüren. Körperbilder und Raumfiguren der Avantgarde, Frankfurt/M.: Fischer 1995.

Dies.: Intervalle. Raum, Zeit und Körper im Tanz des 20. Jahrhunderts, in: Völckers, Hortensia/Bergelt, Martin, Zeit-Räume. Zeiträume, Raumzeiten, Zeitträume, München/u.a.: Hanser 1991.

Brauneck, Manfred: Theater im 20. Jahrhundert, Reinbek bei Hamburg: Rowohlt 1986.

Brinkmann, Ulla: Kontaktimprovisation. Neue Bewegung im Tanz, Frankfurt/M./Griedel: Afra 1999.

Brown, Ismene: Doing a jig of funny walks, in: The Daily Telegraph, London 29.5.1996.

Brown, Trisha: Dance and Art in Dialogue, 1961 - 2001, Addison Gallery of American Art, Phillips Academy Essays, Massachusetts 2002.

Brown, Trisha: A Profile (1975), in: Bergelt, Martin/Völckers, Hortensia (Hg.), Zeiträume. Zeiträume - Raumzeiten - Zeitträume. München/ u.a.: Hanser 1991, S. 310-312.

Burrows, Jonathan: Conversations with Choreographers, London Royal Festival Hall 1998.

Butler, Judith: Performative Akte und Geschlechterkonstitution. Phänomenologie und feministische Theorie, in: Uwe Wirth (Hg.), Performanz. Zwischen Sprachphilosophie und Kulturwissenschaften, Frankfurt: Suhrkamp 2002.

Calendoli, Giovanni: Tanz. Kult-Rhythmus-Kunst, Braunschweig: Westermann 1986.

Clark, Mary/Crisp, Clement: Ballet: An Illustrated History, London: Hamish Hamilton 1992.

Clark-Rapley, Elaine: Dancing bodies: Moving beyond Marxian views of human activity, relations and consciousness, in: Journal for the Theory of Social Behaviour, Oxford: Blackwell 1999, S. 89-108.

Cohen, Bonnie Bainbridge: Sensing, Feeling and Action. The Experimential Anatomy of Body-Mind-Centering, Northampton: Contact Collaborations 1993.

Cohen, Selma Jeanne: Nächste Woche, Schwanensee, Wiesbaden: Fourier 1988.

Coy, Wolfgang: Berechenbares Chaos, in: Gendolla, Peter/Kamphusmann, Thomas (Hg.), Die Künste des Zufalls, Frankfurt/M.: Suhrkamp 1999, S. 43-47.

Cunningham, Merce: Der Tänzer und der Tanz. Gespräche mit Jacqueline Lesschaeve, Frankfurt/M.: Fricke 1986.

Dahlhaus, Carl: Komposition und Improvisation, in: Musik und Bildung IV (1973), S. 225-228.

De Mille, Agnes: Martha: The life and work of Martha Graham, New York: Vintage Books 1991.

Deharde, Tai F.: Tanz-Improvisation in der ästhetischen Erziehung unter dem Aspekt ihrer Sinn-haftigkeit, Bern, Stuttgart: Haupt 1978.

Deleuze, Gilles: Henri Bergson. Zur Einführung, Hamburg: Junius 1997.

Drewes, Henner: Transformationen - Bewegung in Notationen und digitaler Verarbeitung, Essen: Die blaue Eule 2003.

Dröge, Wiebke: Tanzimprovisation als Performance. Eine Einführung in spontanes Komponieren, in: SportPraxis 5, (2003), S. 17-22.

Duden, Barbara: Die Frau ohne Unterleib. Zu Judith Butlers Entkörperung, in: Feministische Studien e.V. (Hg.), Feministische Studien 11, Stuttgart: Lucius&Lucius 1993, S. 24-33.

Duncan, Isadora: My Life, London: Victor Gollancz LTD 1966.

Dunn, Robert Ellis: Tradition and Innovation in Dance, in: Contact Quarterly 13/3, Northampton (1988), S. 14-17.

Eco, Umberto: Das offene Kunstwerk, Frankfurt/M.: Suhrkamp 1998.

Eilert, Heide: Improvisation, in: Harald Fricke/u.a. (Hg.): Reallexikon der deutschen Literaturwissenschaft, Bd. II. Berlin/u.a.: de Gruyter 2000, S. 140-142.

Elsner, Monika: Das vierbeinige Tier. Bewegungsdialog und Diskurse des tango argentino, Frankfurt/M.: Peter Lang 2000.

Erdmann-Rajski, Katja: Gret Palucca: Tanz und Zeiterfahrung in Deutschland im 20. Jahrhundert: Weimarer Republik, Nationalsozialismus, Deutsche Demokratische Republik, Hildesheim/u.a.: Olms 2000.

Evert, Kerstin: DanceLab. Zeitgenössischer Tanz und Neue Technologien, Würzburg: Königshausen & Neumann 2003.

Dies.: Ständiges Update. Merce Cunninghams Arbeit mit neuen Technologien und Medien, in: Klein, Gabriele (Hg.): Tanz Bild Medien. Tanzforschung 10, Hamburg/u.a.: Lit 2000.

Dies.: William Forsythes Poetry of Disappearance, in: Gesellschaft für Tanzforschung (Hg.), Jahrbuch Tanzforschung 9, Wilhelmshaven: Noetzel 1998, S. 140-173

Feest, Claudia (Hg) : Tanzfabrik Berlin. Ein Berliner Modell im zeitgenössischen Tanz 1978-1998, Berlin: Hentrich & Hentrich 1998.

Feist, Sabine: Der Begriff ‚Improvisation' in der neuen Musik, Sinzig: Schewe 1997.

Fikus, Monika/Müller, Lutz (Hg.): Sich-Bewegen – Wie Neues entsteht. Emergenztheorien und Bewegungslernen. Bericht zum Workshop im Studiengang Sportwissenschaft der Universität Bremen vom 12. - 14. September 1996, Hamburg: Czwalina 1998.

Fischer-Lichte, Erika: Semiotik des Theaters, Band 3: Die Aufführung als Text, Tübingen: Narr 1983.

Dies./u.a.: Theater seit den 60er Jahren, Stuttgart: Francke 1998.

Dies./Kolesch, Doris/u.a.: Metzler Lexikon. Theatertheorie. Stuttgart/Weimar: J.B. Metzler 2005.

Fleischle-Braun, Claudia: Der moderne Tanz. Geschichte und Vermittlungskonzepte, Butzbach-Griedel: Afra 2002.

Forsythe, William/Sommer, Astrid (Hg.): Improvisation Technologies. A Tool for the Analytical Dance Eye, CD-Rom/Booklet, Ostfildern: Hatje Cantz 1999.

Forsythe,William/Haffner, Nik: Bewegung beobachten. Ein Interview mit William Forsythe, Forsythe, William/Sommer, Astrid (Hg.), Improvisation Technologies. A Tool for the Analytical Dance Eye. CD-Rom/Booklet, Ostfildern: Hatje Cantz 1999, S. 23-28.

Foster, Susan Leigh: Taken by Surprise. Improvisation in Dance and Mind, in: Albright, Ann Cooper/Gere, David (Hg.), Taken by Surprise. A Dance Improvisation Reader, Connecticut: Wesleyan University Press 2003, S. 3-12.

Dies.: Dances That Describe Themselves. The Improvised Choreography of Richard Bull, Connecticut: Wesleyan University Press 2002.

Dies.: Dancing Bodies, in: Desmond, Jane (Hg.), Meaning in Motion. New Cultural Studies of Dance, London/Durham: Duke University Press 1999, S. 235-257.

Dies. (Hg.): Corporealities, London: Taylor and Francis Books 1995.

Dies.: Reading Dancing: Bodies and Subjects in Contemporary American Dance, Berkeley: University of California Press 1986.

Franklin, Eric N.: Befreite Körper. Das Handbuch zur imaginativen Bewegungspädagogik, Kirchzarten: VAK 1999.

Gebauer, Gunter/Wulf, Christoph: Mimesis: Kultur - Kunst - Gesellschaft, Reinbek bei Hamburg: Rowohlt 1998.

Gendolla, Peter/Kamphusmann, Thomas (Hg.): Die Künste des Zufalls, Frankfurt/M.: Suhrkamp 1999.

Gleisner, Martin: Tanz für alle. Von der Gymnastik zum Gemeinschaftstanz, Leipzig: Hesse & Becker 1928.

Goellner, Ellen W./Murphy, Jacqueline Shea: Bodies of the Text. Dance as Theory, Literature as Dance, New Brunswick/New Jersey: Rutgers University Press 1994.

Goldberg, Rose Lee: Performance Art: From Futurism to the Present, New York: H.N. Abrams 1988, S. 122

Goleman, Daniel: Kreativität entdecken, München: Dtv 1999.

Grange, D.Le/Tibbs, J./Noakes, T.D.: Implikations of a Diagnosis of Anorexia Nervosa in a Ballet School, The International Journal of Eating Disorders. Bd. 15, 4, New York (1994), S. 369-376.

Groys, Boris: Über das Neue. Versuch einer Kulturökonomie, Frankfurt/M: Fischer 1999.

Günther, Helmut: Jazz dance: Geschichte, Theorie, Praxis, Wilhelmshaven: Heinrichshofen ^{3}1984.

Gugutzer, Robert: Soziologie des Körpers, Bielefeld: transcript 2004.

Haffner, Nik: Forsythe und die Medien. Ein Bericht, in: Tanzdrama 51, München (2000), S. 31-32.

Halprin, Anna: Tanz, Ausdruck und Heilung, Essen: Synthesis 2000.

Dies.: Bewegungsritual. Tänzerische Meditationsübungen, München: Irisiana 1997.

Dies./Kaplan, Rachel: Moving Towards Life. Five Decades of Transformational Dance, Wesleyan: Wesleyan University Press 1995.

Haselbach, Barbara: Improvisation Tanz Bewegung, Stuttgart: Klett ^{6}1993.

Heil, Helga (Hg.): Frankfurter Ballett, Stuttgart: Theiss 1986.

Heitkamp, Dieter: 25 Jahre Contact Improvisation ... und sie ist nicht tot zu kriegen, in: Ballettanz 10/97, Berlin (1997), S. 68.

Ders.: Assistierte Schwebezustände oder der Zerfall der Schwerkraft, unveröffentl. Vortrag, gehalten in Köln, September 1998.

Hinzmann, Jens: Tanztheater heute. Dreisig Jahre deutsche Tanzgeschichte. Das Buch zur Ausstellung, Hannover/Seelze: Kallmeyer 1998.

Hiß, Guido: Der theatralische Blick: Einführung in die Aufführungsanalyse, Berlin: Reimer 1993.

Hirsch, Konrad/Stabel, Ralf: Ich will nicht hübsch und lieblich tanzen. Die Tänzerin und Tanzpädagogin Gret Palucca (1902 - 1993), Dokumentarfilm, Dresden 2002.

Hoghe, Raimund: Pina Bausch. Tanztheatergeschichten, Frankfurt/M.: Suhrkamp 1986.

Humphrey, Doris: Die Kunst Tänze zu machen. Zur Choreographie des Modernen Tanzes, Wilhelmshaven: Noetzel 1998.

Huschka, Sabine: Moderner Tanz. Konzepte Stile Utopien, Reinbek bei Hamburg: Rowohlt 2002.

Dies.: Merce Cunningham und der Moderne Tanz. Körperkonzepte, Choreographie und Tanzästhetik, Würzburg: Königshausen und Neumann 2000.

Huyssen, Andreas: Postmoderne. Zeichen eines kulturellen Wandels, Reinbek bei Hamburg: Rowohlt 1986.

Irigaray, Luce: Speculum. Spiegel des anderen Geschlechts, Frankfurt: Suhrkamp 1996.

Jarchow, Peter/Stabel, Ralf: Palucca. Aus ihrem Leben - Über ihre Kunst, Berlin: Henschel 1997.

Jeschke, Claudia/Bayerdörfer, Hans-Peter (Hg.): Bewegung im Blick. Beiträge zu einer theaterwissenschaftlichen Bewegungsforschung, Berlin: Vorwerk 8 2000.

Dies.: Tanz als BewegungsText, in: Claudia Jeschke/Hans-Peter Bayerdörfer, Bewegung im Blick, Berlin: Vorwerk8 2000, S. 47-58.

Dies.: Der bewegliche Blick, in: Renate Möhrmann (Hg.), Theaterwissenschaft heute, Berlin: Reimer 1990, S. 149-164.

Dies.: Tanzschriften: ihre Geschichte und Methode, Bad Reichenhall: Comes 1983.

Johnstone, Keith: Improvisation und Theater, Berlin: Alexander 1993.

Jordan, Stefanie: Moving Music. Dialogues with Music in Twentieth-Century Ballet, London: Dance Books 2000.

Kaltenbrunner, Thomas: Contact Improvisation. Mit einer Einführung in New Dance, Aachen: Meyer und Meyer 1998.

Keogh, Martin: Contact Teaching, in: Contact Quarterly 22/2, Northampton (1997), S. 63-64.

Koren, Leonard: Wabi-Sabi. For Artists, Designers, Poets & Philosophers, Berkeley: Stone Bridge Press 1994.

Klein, Gabriele/Sting, Wolfgang (Hg.): Performance. Positionen zur zeitgenössischen szenischen Kunst, Bielefeld: transcript 2005.

Klein, Gabriele: Medienphilosophie des Tanzes, in: Sandbote, Mike/ Nagl, Ludwig: Systematische Medienphilosophie, Berlin: Akademie 2005, S. 181-198.

Dies.: Mimesis, Medialität und Tanz, in: Claudia Jeschke/Hans-Peter Bayerdörfer (Hg.), Bewegung im Blick. Beiträge zu einer theaterwissenschaftlichen Bewegungsforschung, Berlin: Vorwerk 8 2000, S. 86-99.

Dies./Friedrich, Malte: Is this real? Die Kultur des Hip Hop, Frankfurt/ M.: Suhrkamp 2003.

Dies.: electronic vibration. Pop Kultur Theorie, Hamburg: Rogner & Bernhard 1999.

Dies.: Was ist modern am modernen Tanz? Zur Dekonstruktion dualistischer Tanzverständnisse, in: Gesellschaft für Tanzforschung (Hg.): Jahrbuch Tanzforschung 4, Münster: Lit 1993, S. 61-72.

Dies.: Frauen Körper Tanz, Weinheim: Beltz Quadriga 1992.

Laban, Rudolf von: Der Moderne Ausdruckstanz in der Erziehung, Wilhelmshaven: Noetzel [4]1998.

Ders.: Choreutik. Grundlagen der Raum-Harmonielehre des Tanzes, Wilhelmshaven: Noetzel 1991.

Ders.: Kunst der Bewegung, Wilhelmshaven: Noetzel 1988.

Ders./Lawrence, F.C: Effort Economy of Human Movement, London: Macd. & E. 1974.

Lampert, Friederike: Tanzimprovisation auf der Bühne: Entdeckung von Nicht-Choreografierbarem, in: Klein, Gabriele/Zipprich, Christa (Hg.), Tanz Theorie Text, Münster: Lit 2002, S. 445-456.

Dies.: Kommunikation in der Gruppenimprovisation. Zur verschlüsselten Verständigung beim Ballett Freiburg Pretty Ugly, in: Klinge, Antje/Leeker, Martina (Hg.), Tanz Kommunikation Praxis, Münster: Lit 2003, S. 77-90.

Lazarus, Heide: Tanzen und Würfeln – Improvisation und Imagination im Tanz. Abschlußdiskussion der Arbeitskreis-Jahrestagung, in: Gesellschaft für Tanzforschung: Newsletter, aktuell.sommer 05, (2004), S. 20-22.

Le Roy, Xavier: Selbstinterview am 27.11.2000, in: Janine Schulze/Susanne Traub (Hg.): Moving Thoughts. Tanzen ist Denken, Berlin: Vorwerk 8 2003.

Leeker, Martina (Hg.): Maschinen, Medien, Performances. Theater an der Schnittstelle zu digitalen Welten, Berlin: Alexander 2001.

Lemacher, Heinrich/Schroeder, Hermann: Lehrbuch des Kontrapunktes, Mainz/u.a.: Schott 1978.

Leonhardt, Nic: Sehnsucht und Dansomanie. Überlegungen zu einer Verknüpfung von Bildforschung und Tanzgeschichtsschreibung am Beispiel ikonographischer Quellen des 19. Jahrhunderts, in: Klein, Gabriele/Zipprich, Christa (Hg.), Tanz Text Theorie, Münster: Lit 2002, S. 257-272.

Leonard, Charles T.: The Neuroscience of Human Movement, Missouri/St. Louis: C.V. Mosby 1998.

Lepecki, André: Die Entfesselung des Raumes, in: Ballettanz 2/97, Berlin (1997), S. 14-19.

Lepecki, André: Manisch aufgeladene Gegenwärtigkeit, in: körper.kon.text. Das Jahrbuch, Berlin (1999), S. 82-87.

Lewin, Roger: Die Komplexitätstheorie. Wissenschaft nach der Chaosforschung, München: Droemer Knaur 1996.

Lewis, Daniel: Illustrierte Tanztechnik von José Limon, Wilhelmshaven: Noetzel 1990.

Lex, Maja/Padilla Graziela: Elementarer Tanz, 3 Bände, Wilhelmshaven: Noetzel [2]1997.

Lipp, Nele: Der Wendepunkt als Ziel. Wenn die Skulptur zu fliegen scheint begegnet sie dem Tanz, in: Klein, Gabriele/Zipprich, Christa (Hg.), Tanz Text Theorie, Münster: Lit 2002, S. 237-256.

Lorenz, Verna: Prima Ballerina: Der zerbrechliche Traum auf Spitzen, Frankfurt/M.: Athenaeum 1987.

Lotringer, Sylvère: New Yorker Gespräche, Berlin: Merve 1983.

Magriel, Paul (Hg.): Nijinsky, Pavlova, Duncan. Three Lives in Dance, New York: Da Capo 1988.

Marinelli, John: Dancing Chaos. Self-Organisation in Improvisation, in: Contact Quarterly 18/2, Northampton (1993), S. 33-41.

Marquard, Odo: Apologie des Zufälligen, Stuttgart: Reclam 1986.

Matheson, Katy: Improvisation, in: Selma Jeanne Cohen (Hg.): International Encyclopedia of Dance, Oxford: Oxford University Press 1998.

Mauss, Marcel: Soziologie und Anthropologie, Frankfurt/M.: Fischer 1989.

Mersch, Dieter: Life-Act. Die Kunst des Performativen und die Performativität der Künste, in: Klein, Gabriele/Sting, Wolfgang (Hg.): Performance. Positionen zur zeitgenössischen szenischen Kunst, Bielefeld: transcript 2005, S. 33-50.

Morgenroth, Joyce: Dance Improvisations, Pittsburg: University of Pittsburgh Press 1987.

Müller, Hedwig/Stöckemann, Patricia:...jeder Mensch ist ein Tänzer, Giessen: Anabas 1993.

Nagrin, Daniel: Dance and the Specific Image. Improvisation, Pittsburgh/London: University of Pittsburgh Press 1994.

Nau-Klapwijk, Nicole: Tango-Dimensionen, München: Kastell 1999.

Nickel, Hans-Wolfgang: Improvisation, in: Manfred Brauneck/Gerard Schneilin (Hg.): Theaterlexikon, Reinbek bei Hamburg: Rowohlt 1986, S. 411.

Novack, Cynthia J.: Some thoughts about dance improvisation, in: Contact Quarterly 22/1 Northampton (1997).

Dies.: Sharing the Dance. Contact Improvisation and American Culture, Wisconsin: University of Wisconsin Press 1990.

Noverre, Jean Georges: Briefe über die Tanzkunst, in: Max von Boehn, Der Tanz, Berlin: Wegweiser 1925, S. 223-242.

Odenthal, Johannes: Getanzter Raum. Konflikte des modernen Tanztheaters, in: Daidalos 44, Bühnen Raum/Stage Space, Gütersloh (1992).

Parsons, Annie-B./True, Sharon: Notes on Dance/IMPROVISATION/ Music: Workshop taught by Robert Ellis Dunn, in: Contact Quarterly 10/1, Northampton (1985), S. 19-23.

Paxton, Steve: Improvisation. Lisa Nelson und Steve Paxton im Gespräch, in: Ballett International/Tanz Aktuell 5/99, Berlin (1999), S. 31-33.

Ders.: Trance Script. Judson Project Interview with Steve Paxton, in: Contact Quarterly 14/1, Northampton (1989), S. 14-21.

Ders.: Improvisation is a word that can't keep a name, in: Contact Quarterly 12/2, Northampton (1987), S. 15-19.

Bolaender, Martina: Tanz und Imagination. Verwirklichung des Selbst im künstlerischen und pädagogisch-therapeutischen Prozess, Paderborn: Junfermann 1992.

Dies./Gienger, Sibylle: Frauen Körper Kunst, Kassel: Furore 2001.

Peters, Kurt/u.a.: ...Tanzgeschichte: In vier kurzgefassten Kompendien, Wilhelmshaven: Noetzel 1991.

Ploebst, Helmut: No Wind No Word. Neue Choreographie in der Gesellschaft des Spektakels, München: Kieser 2001.

Ders.: Improvisation, in: Ballett International/Tanz Aktuell 5, Berlin (1999).

Preston-Dunlop, Valerie (Hg.): Dancing and Dance Theory, Kent: Laban Centanary Publication 1979.

Prigogine, Ilya: Die Gesetze des Chaos, Frankfurt/M.: Campus 1995.

Quinten, Susanne: Vorstellungsbilder und Bewegungslernen, in: Gesellschaft für Tanzforschung (Hg.), Jahrbuch Tanzforschung10, Hamburg: Lit 2000, S. 245-256.

Rannow, Angela (Hg.): Mondscheingiraffen. 25 Jahre Winterkurs für Improvisation und 1. Symposion *Improvisation und Pädagogik* in Dresden, Dresden: Tanzwissenschaft e.V. 2004.

Rauner, Gaby von/Stäuble, Rudolf: Gespräch mit William Forsythe, in: Gaby von Rauner (Hg.), William Forsythe Tanz und Sprache. Frankfurt/M.: Brandes und Absel 1993.

Regitz, Hartmut (Hg.): Tanz in Deutschland, Berlin: Quadriga 1984.

Rick, Cary/Jeschke, Claudia: Tanztherapie. Eine Einführung in die Grundlagen. Das System der graphischen Bewegungsevaluierung, Stuttgart: Fischer 1989.

Riedl, Rupert: Wie wohl das Neue in die Welt kommt? in: Huber, Ludwig (Hg.), Wie das Neue in die Welt kommt. Phasenübergänge in Natur und Kultur, Wien: WUV 2000.

Röthig, Peter: Zur Theorie des Rhythmus, in: Eva Bannmüller/Peter Röthig (Hg.), Grundlagen und Perspektiven ästhetischer und rhythmischer Bewegungserziehung, Stuttgart: Klett 1990.

Schabert, Karin: Jazz Dance. Technik. Improvisation. Gestaltung. Choreographie, München, Wien, Zürich: BLV Verlagsgesellschaft 1983.

Scheper, Dirk: Oskar Schlemmer. Das triadische Ballett und die Bauhausbühne, Berlin: Akademie der Künste 1988.

Schlicher, Susanne: Tanztheater. Traditionen und Freiheiten, Reinbek bei Hamburg: Rowohlt 1987.

Schmidt, Jochen: Tanzgeschichte des 20. Jahrhunderts in einem Band: mit 101 Choreographenportraits, Berlin: Henschel 2002.

Schoenfeldt, Susanne: Choreographie: Tanzkomposition und Tanzbeschreibung. Zur Geschichte des choreographierten Tanzes, Frankfurt/M.: Lang 1995.

Schorn, Ursula: Anna Halprin's Life-Art-Process, in: Gesellschaft für Tanzforschung (Hg.): Jahrbuch Tanzforschung 10, Hamburg: Lit 2000, S. 257-280.

Schriftenreihe Akademie der Künste der Deutschen Demokratischen Republik (Hg.): Mary Wigman – Die Sprache des Tanzes, Berlin: Akademie der Künste der DDR 1998.

Schulze, Holger: Das aleatorische Spiel: Erkundung und Anwendung der nichtintentionalen Werkgenese im 20. Jahrhundert, München: Fink 2000.

Schulze, Janine: Dancing Bodies Dancing Gender, Dortmund: Ed. Ebersbach 1999.

Schwarz, Robert L.: Space Movement and Meaning, Contact Quarterly 18/2, Northampton (1993), S. 42-52.

Sieben, Irene : 20 Jahre Tanzfabrik – nicht nur eine Tanzgeschichte, in : Claudia Feest (Hg.) : Tanzfabrik Berlin. Ein Berliner Modell im zeitgenössischen Tanz. 1978-1998, Berlin: Hentrich & Hentrich 1998.

Siegel, E.V./Trautmann-Voigt, Sabine/Voigt, Bernd: Tanz- und Bewegungstherapie. In Theorie und Praxis, Frankfurt/M.: Brandes und Apsel 1997.

Siegmund, Gerald (Hg.): William Forsythe. Denken in Bewegung, Berlin: Henschel 2004.

Ders.: Amerika wird in Frankfurt weitergetrieben. William Forsythe, Ballett International/Tanz Aktuell 4, Berlin (1999).

Ders.: Im Dämmerlicht sehen und gesehen werden, Frankfurter Allgemeine Zeitung, 14.7.1996.

Spain, Kent de: Science and the Improvising Mind, in: Contact Quarterly 19, Northampton (1994), S. 59.

Stark-Smith, Nancy/Nelson, Lisa: Contact Quarterly. A vehicle for moving ideas. Biannual jornal of dance and improvisation, vol. 1-44, Northampton (1976-2005).

Dies./Halprin, Anna: Three Decades of Transformative Dance, Contact Quarterly 15/1, Northampton (1990), S. 20-31.

Dies./Dies.: After Improv, Contact Quarterly 12/3, Northampton (1987), S. 9-19.

Stoff, Heiko: Diskurse und Erfahrungen. Ein Rückblick auf die Körpergeschichte der neunziger Jahre, in: Hamburger Stiftung für Sozialgeschichte des 20. Jahrhunderts (Hg.), 1999. Zeitschrift für Sozialgeschichte des 20. und 21. Jahrhunderts, 14/2, Bern/u.a.: Lang 1999, S. 142-160.

Todd, Mabel: The Thinking Body, London: Princeton Book 1997.

Traguth, Fred: Modern Jazz Dance, Bonn: Verlag Dance Motion 1977.

Trautmann-Voigt, Sabine: Tanztherapie: Identitätstheoretische Überlegungen zu einem pädagogisch-therapeutischen und einem psychotherapeutischen Konzept, Oldenburg: Univ.-Diss. 1990.

Tufnell, Miranda/Crickmay, Chris: Body Space Image. Notes towards improvisation and performance, Hampshire: Dance Books 1990.

Vietta, Egon: Briefe über den Tanz, Hamburg: Hauswedel 1948.

Villa, Paula-Irene: Sexy Bodies. Eine soziologische Reise durch den Geschlechtskörper, Opladen: Leske + Budrich 2001.

Waganova, Agrippina: Grundlagen des klassischen Tanzes, Wilhelmshaven: Noetzel 1987.

Weikmann, Dorion: Der dressierte Leib: Kulturgeschichte des Balletts, Frankfurt/M.: Campus 2002.

Wigman, Mary: Tanzerlebnis und Tanzgestaltung, in: Schriftenreihe der Akademie der Künste der Deutschen Demokratischen Republik (Hg.): Mary Wigman – Die Sprache des Tanzes, Berlin: Akademie der Künste der DDR 1998, S. 17.

Witte, Maren: Anders wahrnehmen, als man sieht. Zur Wahrnehmung und Wirkung von Bewegung in Robert Wilsons Inszenierungen von Gertrude Stein: ‚Doctor Faustus Lights the Lights' (1992), ‚Four Saints in Three Acts' (1996) und ‚Saints and Singing' (1997), Berlin: Lit 2006.

Wortelkamp, Isa: Flüchtige Schrift/Bleibende Erinnerung. Der Tanz als Aufforderung an die Aufzeichnung, in: Klein, Gabriele/Zipprich, Christa (Hg.), Tanz Theorie Text, Münster: Lit 2002.

Zacharias, Gerhard: Ballett - Gestalt und Wesen: Die Symbolsprache im europäischen Schautanz der Neuzeit, Köln: DuMont Schauberg 1962.

Filme/Videos

Fall after Newton. Contact Improvisation 1972-1983, Contact Collaborations, Charleston: Videoda 1987.

Ich will nicht hübsch und lieblich tanzen. Die Tänzerin und Tanzpädagogin Gret Palucca (1902-1993), R: Hirsch, Konrad/Stabel, Ralf, Dresden 2002.

Expedition Ballett - William Forsythe und das Ensemble des Balletts Frankfurt, R: Eva-Elisabeth Fischer, Frankfurt M.: Hessischer Rundfunk 1987.

The Stop Quartet, Ch: Jonathan Burrows, R: Adam Roberts, London: Jonathan Burrows Group Production 1996.

Four for Nothing, Ch: Amanda Miller, R: Dieter Schneider, Bremen: Deutsches Tanzfilminstitut Bremen, ZDF/3sat 2002.

Once in a lifetime, Improvisationsabend des Ballett Freiburg Pretty Ugly, private Videoaufnahme, Freiburg 1999.

Abbildungen

Abb. 1: Robert Ellis Dunn: The logic of improvisation, Quelle: Danielle Bélec: Improvisation and Choreography. The Teachings of Robert Ellis Dunn, in: Contact Quarterly Winter/Spring, Northampton (1997), S. 65.

Abb. 2: Improvisatorische Bewegung in Form einer Welle, Graphik: Friederike Lampert. S. 136.

Abb. 3: Trisha Brown: *Locus* (1975), Foto: Babette Mangolte, Foto entnommen: Trisha Brown: Dance and Art in Dialogue, 1961 - 2001, Addison Gallery of American Art, Phillps Academy Essays, Massachusetts 2002, S. 149.

Abb. 4: Steve Paxton und Curt Siddall (1976), Foto: Uldis Ohaks, Foto entnommen: Cynthia J. Novack: Sharing the Dance. Contact Improvisation and American Culture, Wisconsin: University of Wisconsin Press 1990, S. 156.

Abb. 5: William Forsythe: *Self meant to Govern* (1994), Ballett Frankfurt, Foto: Domimik Mentzos, Foto entnommen: Kerstin Evert: William Forsythes Poetry of Disappearance, in: Gesellschaft für Tanzforschung (Hg.), Jahrbuch Tanzforschung 9, Wilhelmshaven: Noetzel 1998, S. 159.

Abb. 6: Amanda Miller: *Two Pears* (1994), Foto: Tina Ruisinger, Foto entnommen: Tanztheater heute. Dreißig Jahre deutsche Tanzgeschichte, eine Foto-Ausstellung des Goethe-Institut, S. 166.

Abb. 7: Jonathan Burros mit Henry Montes in: *The Stop Quartett* (1996), Foto: Richard Dean, Foto entnommen: Edith Boxberger: Zurück zum Tanz, in: Ballettanz 6/96, Berlin (1996), S. 171.

Abb. 8: Improvisationsgrade, Graphik: Friederike Lampert, S. 187.

Abb. 9: Gerüst der drei Ebenen mit jeweils neun Punkten, Skizze: Friederike Lampert, S. 193.

TanzScripte

Reto Clavadetscher,
Claudia Rosiny (Hg.)
Zeitgenössischer Tanz
Körper – Konzepte – Kulturen.
Eine Bestandsaufnahme
Oktober 2007, ca. 140 Seiten,
kart., ca. 21,30 €,
ISBN: 978-3-89942-765-3

Sabine Gehm,
Pirkko Husemann,
Katharina von Wilcke (eds.)
Knowledge in Motion
Perspectives of Artistic and
Scientific Research in Dance
September 2007, ca. 275 Seiten,
kart., ca. 14,80 €,
ISBN: 978-3-89942-809-4

Sabine Gehm,
Pirkko Husemann,
Katharina von Wilcke (Hg.)
Wissen in Bewegung
Perspektiven der
künstlerischen und
wissenschaftlichen
Forschung im Tanz
September 2007, ca. 275 Seiten,
kart., zahlr. farb. Abb., ca. 14,80 €,
ISBN: 978-3-89942-808-7

Friederike Lampert
Tanzimprovisation
Geschichte – Theorie –
Verfahren – Vermittlung
Juni 2007, 222 Seiten,
kart., 24,80 €,
ISBN: 978-3-89942-743-1

Gabriele Brandstetter,
Gabriele Klein (Hg.)
**Methoden der Tanz-
wissenschaft**
Modellanalysen zu Pina
Bauschs »Le Sacre du
Printemps«
Juni 2007, 302 Seiten,
kart., zahlr. z.T. farb. Abb., inkl.
DVD, 28,80 €,
ISBN: 978-3-89942-558-1

Sabine Sörgel
Dancing Postcolonialism
The National Dance Theatre
Company of Jamaica
März 2007, 238 Seiten,
kart., 27,80 €,
ISBN: 978-3-89942-642-7

Christiane Berger
Körper denken in Bewegung
Zur Wahrnehmung
tänzerischen Sinns bei William
Forsythe und Saburo
Teshigawara
2006, 180 Seiten,
kart., 20,80 €,
ISBN: 978-3-89942-554-3

Susanne Foellmer
Valeska Gert
Fragmente einer Avantgardistin
in Tanz und Schauspiel der
1920er Jahre
2006, 302 Seiten,
kart., zahlr. Abb., inkl. DVD, 28,80 €,
ISBN: 978-3-89942-362-4

TanzScripte

Gerald Siegmund
Abwesenheit
Eine performative Ästhetik des Tanzes.
William Forsythe, Jérôme Bel, Xavier Le Roy, Meg Stuart

2006, 504 Seiten,
kart., 32,80 €,
ISBN: 978-3-89942-478-2

Gabriele Klein,
Wolfgang Sting (Hg.)
Performance
Positionen zur zeitgenössischen szenischen Kunst

2005, 226 Seiten,
kart., zahlr. Abb., 25,80 €,
ISBN: 978-3-89942-379-2

Susanne Vincenz (Hg.)
Letters from Tentland
Zelte im Blick: Helena Waldmanns Performance in Iran / Looking at Tents: Helena Waldmanns Performance in Iran

2005, 122 Seiten,
kart., zahlr. z.T. farb. Abb., 14,80 €,
ISBN: 978-3-89942-405-8

Leseproben und weitere Informationen finden Sie unter:
www.transcript-verlag.de